创新驱动战略
与广东新兴产业发展

制度设计与政策创新
Innovation-driven Strategy and the
Development of emerging Industries in Guangdong

林红 著

SPM
南方出版传媒
广东人民出版社
·广州·

图书在版编目（CIP）数据

创新驱动战略与广东新兴产业发展 / 林红著. —广州：广东人民出版社，2019.9
ISBN 978-7-218-13623-3

Ⅰ. ①创… Ⅱ. ①林… Ⅲ. ①新兴产业—产业发展—研究—广东 Ⅳ. ①F269.276.5

中国版本图书馆CIP数据核字（2019）第118134号

CHUANGXIN QUDONG ZHANLÜE YU GUANGDONG XINXING CHANYE FAZHAN
创新驱动战略与广东新兴产业发展
林红　著

版权所有　翻印必究

出　版　人：肖风华

策划编辑：王俊辉
责任编辑：杨冰然
装帧设计：艺文志设计
责任技编：周　杰　吴彦斌

出版发行：广东人民出版社
地　　址：广州市海珠区新港西路204号2号楼（邮政编码：510300）
电　　话：（020）85716809（总编室）
传　　真：（020）85716872
网　　址：http://www.gdpph.com
印　　刷：广州市人杰彩印厂
开　　本：787毫米×1092毫米　1/16
印　　张：19　字　　数：320千
版　　次：2019年9月第1版　2019年9月第1次印刷
定　　价：68.00元

如发现印装质量问题，影响阅读，请与出版社（020-85716849）联系调换。
售书热线：（020）85716826

本书的研究得到2018年广东省科技厅软科学课题"创新驱动发展战略跟踪审计政策研究（编号2018B070714018）"的资助。

自　序

创新驱动是党中央确定的重大发展战略，广东省委省政府以"两个率先""四个走在前列"为己任，更是将创新驱动发展战略作为全省的核心战略，以此推动全省经济高质量发展。为贯彻落实中央和国务院关于加大对中央各大政策措施落实情况跟踪审计力度的指示精神，广东省审计厅将创新驱动发展战略政策落实跟踪审计作为厅的"1号工程"来抓。而作为教科文处的主要负责人，本人责无旁贷地承接了省审计厅的"1号工程"，并将持续若干年组织全省审计机关开展此项工作，因此必须对我省新兴产业的历史、现状和未来有较系统的了解和梳理，才能更好地找准审计的切入点、落脚点和审计目标的实现路径，有效有序地谋划全省创新驱动发展战略政策落实跟踪审计的行动方案，为推动全省贯彻落实好省委省政府的重大战略提供参考，而团队以及需要我们指导的全省相关审计工作者，也需要尽快了解掌握这方面的情况。为此我在相关专家的指导下，展开了这方面的课题研究，将收集的资料加以整理并集结成书。

然而，收集整理资料和研究的过程非常漫长，非常艰难，且苦于日常工作繁忙，所以从起心动念到成稿成书经历了近两年的时间，幸得好朋友广东省社科院产业研究所向晓梅所长仗义相助，提供了许多宝贵资料和修改意见，终得成稿，个中甘苦，实在比十月怀胎的感悟还要深刻。此书成稿过程也得到暨南大学胡军校长的悉心指导，其严谨的治学态度和百忙中不辞辛劳的良苦用心实在令我感激不尽。广东省社科院、广东省科技厅、广东省统计局的相关负责同志，为本书提供了翔实的统计数据。广东省人民出版社肖凤华社长、王俊辉编辑对本书的出版提供了大力支持和宝贵意见。在此一并表示衷心的感谢！由于本人水平和研究经验所限，书中仍有许多有待深入研究的东西和不足之处，敬请各位专家学者、读者朋友们批评指正。

前　言

2014年6月，习近平总书记在两院院士大会上首次提出我国经济增长要从要素驱动、投资驱动向创新驱动转变，并在不同场合多次要求广东等地要争当创新驱动发展的排头兵，发挥带头作用。2018年3月，广东省科技创新大会在广州召开，广东省委书记李希指出"把深入实施创新驱动发展战略作为贯彻习近平总书记重要讲话精神的具体实践和重大举措，摆在发展全局的核心位置，以实际行动贯彻落实总书记重要讲话精神"。

2018年3月，习近平总书记在参加十三届全国人大一次会议广东代表团审议时对广东作出了"四个走在全国前列"的重要指示，其中之一是在建设现代化经济体系上走在全国前列，并进一步提出"把新一代信息技术、高端装备制造、绿色低碳、生物医药、数字经济、新材料、海洋经济等战略性新兴产业发展作为重中之重，构筑广东产业体系新支柱"。广东省围绕实施创新驱动发展战略，将发展战略性新兴产业作为推进产业结构调整、加快经济发展方式转变、抢占经济科技发展制高点的重要举措，取得良好成效，主要表现在以下几点：

综合经济实力走在全国前列。2017年，广东经济总量接近九万亿元，连续29年居全国第一。特别是十八大以来，广东经济发展引领全国，2012年至2017年，广东GDP、地方一般公共预算收入等主要指标的增速均高于全国平均增速。2018年一季度，广东整体经济稳中向好，实现地区生产总值21705.29亿元，同比增长7.0%，比全国同期高0.2个百分点。

产业转型升级成效明显。广东产业结构不断向高端优化。2017年，三次产业结构为4.2∶43.0∶52.8，呈现服务业主导经济增长的格局。创新成为产业发展的主要驱动力，新产业新动能加快成长。2017年，广东区域创新综合能力居全国首位；国家级高新技术企业居全国第一；逐渐形成了新一代移动通信、新型显示、软件、半导体照明、生物医药、智能制造装备、新材料等7个产值超千亿元的新兴产业集群。供给侧结构性改革深入推进，"三去一降一补"成效明显，实体经济不断优化，2017年先进制造业增加值占规模以上工业比重达53.2%；全省超千亿元企业25家，进入世界500强企业增至11家，民营经济和中小微企业快速发展。

支撑环境不断改善。广东在全国对外开放格局地位进一步增强。2017年，全省进出口总额68155.9亿元，连续32年位居全国首位；2018年一季度，实现外贸进出口总值15607.5亿元，占全国的23.1%。区域协调度有所提高。十八大以来，广东推进珠三角和粤东西北地区产业共建、对口帮扶等制度建设，形成珠三角和粤东西北两大板块协调发展的经济新格局。稳步推进乡村振兴战略，农村新产业新业态成为农村经济和农民增收的新增长点。率先启动商事制度改革，全省企业和个体工商户总量超过1000万户、居全国首位。

广东在实施创新驱动战略和发展新兴产业方面已取得明显成效，但是与国内先进地区、特别是与国际先进水平相比，仍存在不少问题，主要表现在：战略性新兴产业对经济增长贡献不足，新旧动能转换接续不力的矛盾仍然存在；产业自主创新水平有待提高，"缺核少芯"问题突出，关键核心技术竞争力不足；金融、人力资源发展相对滞后，对发展战略性新兴行业的支撑力度不够；产业发展的绿色水平不高，与生态环境的矛盾依然尖锐等。

目录

第一章 新兴产业的内涵和发展模式 　1

第一节 新兴产业发展理论研究综述 　2
一、新兴产业概念界定 　2
二、新兴产业发展的理论基础 　3
三、国内外相关研究综述 　9

第二节 新兴产业的内涵和种类 　12
一、新兴产业的内涵 　12
二、新兴产业的种类和划分 　14

第三节 新兴产业的发展模式 　15
一、市场自发培育式 　16
二、政府培育式 　18
三、市场自发与政府扶持相结合模式 　19

第四节 新兴产业发展的影响因素甄别 　19
一、新兴产业形成发展的动力机制 　19
二、影响新兴产业发展的因素 　20

第五节 国外新兴产业发展经验借鉴 　27
一、美国战略性新兴产业的发展 　27
二、欧盟战略性新兴产业的发展 　29
三、日本战略性新兴产业的发展 　30
四、韩国战略性新兴产业的发展 　31
五、巴西战略性新兴产业的发展 　33

第二章 创新与新兴产业的成长　　35

第一节 创新的基本概述　　36
一、创新的概念界定　　36
二、创新的内涵特点　　37

第二节 产业创新的内涵　　39
一、产业创新的三个理论基础　　39
二、产业创新的内涵　　40
三、产业创新系统与竞争力　　42

第三节 创新驱动与新兴产业成长　　43
一、创新驱动的概念　　43
二、创新驱动战略的流程与要素　　44
三、创新驱动传统产业向战略性新兴产业升级的机理　　45

第四节 产学研合作与新兴产业的发展　　49
一、产学研合作的理论基础　　49
二、产学研合作的动力机制　　53
三、产学研合作的模式　　55
四、新兴产业发展的产学研合作制度创新　　57

第三章 制度环境与新兴产业的成长　　63

第一节 制度在新兴产业发展中的作用定位　　64
一、制度是新兴产业发展的内生性要素　　64
二、制度是新兴产业发展的首要因素　　64

第二节 新兴产业发展的制度系统　　67
一、新兴产业发展的制度系统构成　　67
二、各子制度安排在制度系统中的地位　　68

第三节　新兴产业发展的制度创新机制　　69
一、新兴产业制度创新机制　　69
二、启示及建议　　71

第四节　产业政策、制度环境与新兴产业的成长　　72
一、产业政策概述　　72
二、关于产业政策的探讨　　73
三、新兴产业政策的"深圳经验"　　78

第四章　广东创新驱动战略与新兴产业的发展　　81

第一节　广东新兴产业的发展现状　　82
一、产业规模　　83
二、产业发展质量与效益　　86
三、产业集聚程度　　88

第二节　广东创新驱动战略的实施内容　　89
一、广东实施创新驱动发展战略的背景　　90
二、广东实施创新驱动发展战略的主要内容　　92
三、广东实施创新驱动发展战略的成效　　97

第三节　创新驱动下广东新兴产业的发展路径　　104
一、把握全球技术革命发展趋势，超前谋划由前沿科技带动的新兴产业　　104
二、应对资源环境约束压力和低碳需求导向，发展绿色低碳新兴产业　　106
三、着力发展产业融合衍生的新兴业态，带动传统优势产业转型升级　　107

第四节　广东新兴产业发展空间布局　　109
一、总体空间布局　　109
二、重点产业布局　　111

第五章　广东新兴产业的发展重点与发展思路　　121

第一节　新一代信息技术产业　　122
一、新一代信息技术产业的国内外发展现状及趋势　　122
二、广东新一代信息技术产业发展现状及存在问题　　130
三、广东新一代信息技术产业的发展方向及推进思路　　136

第二节　智能机器人产业　　141
一、智能机器人产业国内外发展现状及趋势　　142
二、广东智能机器人产业发展现状及存在问题　　148
三、广东智能机器人产业的推进思路　　151

第三节　节能环保产业　　154
一、节能环保产业的国内外发展现状及趋势　　154
二、广东节能环保产业的发展现状及存在问题　　159
三、广东节能环保产业的发展方向及推进思路　　163

第四节　生物医药产业　　166
一、生物医药产业的国内外发展现状及趋势　　166
二、广东生物医药产业发展现状及存在问题　　174
三、广东生物医药产业的发展方向及推进思路　　177

第五节　新能源汽车产业　　181
一、新能源汽车产业的国内外发展现状及趋势　　181
二、广东新能源汽车产业发展现状及存在问题　　185
三、广东新能源汽车产业的发展方向及推进思路　　190

第六章　提升广东新兴产业发展的创新能力研究　　195

第一节　广东新兴产业区域创新体系发展历程　　196
一、科技创新摸索前行阶段　　196

二、创新与经济结合改革阶段 　　197

三、高新技术引领产业升级阶段 　　198

四、全面自主创新阶段 　　199

五、创新驱动发展阶段 　　200

第二节　广东科技创新环境建设的成绩　　201

一、区域创新基础设施不断完善 　　201

二、创新资源更加丰富 　　202

三、公共服务平台建设进程加快 　　202

四、创新政策体系逐步完善 　　203

五、创新与金融结合日益紧密 　　204

六、特色专业镇加速转型升级 　　204

第三节　广东区域创新体系建设的战略新思路　　205

一、构建开放的生态型区域创新体系 　　206

二、实施现代产业体系下的产业创新战略 　　206

三、改革广东区域创新体系建设的体制机制 　　207

第四节　企业创新能力的提升　　208

一、企业创新能力的内涵与模式选择 　　208

二、广东企业自主创新能力建设的成效与不足 　　210

三、广东新兴产业的企业创新能力提升路径 　　217

第五节　产业创新体系的构建　　219

一、产业创新体系及构成 　　219

二、广东构建产业创新体系的现状分析 　　221

三、推动广东构建产业创新体系的路径选择 　　226

第六节　产学研合作的强化　　229

一、产学研合作在新兴产业发展中的作用 　　229

二、广东产学研合作的成效与问题分析 … 232

三、以产学研合作推动广东新兴产业发展的思路 … 237

第七章 促进广东新兴产业发展的制度设计与政策创新 … 239

第一节 广东新兴产业发展的现行政策评析 … 240

一、支持新兴产业发展的相关政策概述 … 240

二、新兴产业相关政策存在的不足 … 255

第二节 推进广东新兴产业发展的制度环境建设 … 259

一、加强顶层设计，统筹规划新兴产业发展 … 259

二、推进体制机制创新，消除新兴产业发展障碍 … 261

三、加强软环境建设，形成高效完备的保障体系 … 265

四、加强粤港澳大湾区创新基础能力建设，聚焦关键核心技术攻关 … 266

第三节 加快广东新兴产业发展的政策建议 … 268

一、加大财政投入，扶持新兴产业发展 … 268

二、加强扶持力度，完善新兴产业投融资体系 … 269

三、培养和引进相结合，培育新兴产业创新人才队伍 … 270

四、加快创新载体和平台建设，强化新兴产业自主创新体系 … 271

五、依托龙头企业和产业集聚优势，建设新兴产业集群 … 273

六、积极利用国内外创新资源，加强创新资源整合能力 … 274

七、优化粤港澳大湾区创新环境，加快实现要素资源高度自由流动 … 275

参考文献 … 276

第一章
新兴产业的内涵和发展模式

第一节　新兴产业发展理论研究综述

一、新兴产业概念界定

新兴产业是同传统产业相比较而言的，它不是在传统产业的经济形态下新出现的若干产业，而是一批具有全新经济形态的产业群。所以，新兴产业是指随着新的科研成果和科学技术的发明、应用而出现的新部门和行业，它对经济社会的发展起到了决定性的作用。现在讲的新兴产业，主要是指电子、信息、生物、新材料、新能源、海洋、空间等因新技术的发展而崛起的一系列新兴产业部门。

对于新兴产业的学术定义，国内外专家学者各持己见，并未统一。波特（Porter, 1990）在其著作《国家竞争优势》中认为新兴产业是新出现的或重新塑形的产业，它产生的原因包括科技创新、相对成本结构变化、新的市场需求，或是经济、社会的演变使得某项新产品或服务具备了开创新事业的机会。周新生（2000）指出，新兴产业是承担着新的社会分工职能，代表着市场对作为经济系统整体的产业结构的新要求、产业结构转换的新方向以及新科学技术产业化新水平的，具有一定规模和影响力的产业。苏东水（2000）指出，新兴产业是技术层次尚在萌芽阶段，符合长期经济发展趋势，并在未来具有较强竞争力的产业集群。程巍、郎丽（2006）认为新兴产业是指由于技术创新的结果，或新的消费需求的推动、或其他经济技术因素的变化使某种新产品或者新服务成为一种现实的发展机会，从而新形成或者重新形成一个产业，它对国民经济发展与人类社会生活发生了深刻广泛的影响，它与其他行业一样，是衡量一定时期内区域经济发展状况的标志之一，对引导新的经济发展趋势,培育新的经济增长点具有重要的现实意义。王海霞(2006)在《甘肃省新兴产业发展问题研究》中指出,针对新兴产业目前存在四种观点:第一,新兴产业相对旧产业来说,是在业已存在的产业基础上,伴随着社会进步而出现的新兴生产的事业,是一种革命的力量,特别是体现时代特征的新兴产业,将对整个经济社会的发展起着决定的作用;第二,新兴产业,就是针对各地区不同的特点,其发展能够发挥各地区的优势,能够有效化解目前主要困难,从而有力推动各地区均衡发展、扩大就业、提高国际竞争力的产业;第三,新兴产业是指那些依靠有别于传统技术的新技术形成的一系列产业,故也称为高新技术产业。黄南(2008)认为新兴产业有狭义和广义之分,狭义的新兴产业,主要是指依靠科技革命成果而发展起来的高新技术产业;广义的新兴产业,是指那些利用先进革命成果而建立起来的一系列对经济发展具有战略意义的产业,这些产业普遍采用先进的生产技术,是科技创新最为集中的生产领域,也正是因为其创新性突出,因此具有较高的劳动生产率,处于产业生命周期曲线中的成长期阶段,同时,这些产业需求旺盛,其对经济增长的拉动作用十分明显。

综合以上学者的研究成果,本文认为新兴产业的出现主要受技术、市场需求、社会分工以及产业结构转型升级等因素的影响,概括而言新兴产业就是随着科技的发展应运而生,具有一定规模和影响力,能够承担新的生产分工职能,并且代表了市场对经济产出的新要求和产业结构升级的新方向,自身发展正处于生命周期成长阶段的产业。

二、新兴产业发展的理论基础

(一)产业演化和产业生命周期理论

产业演进理论认为产业演进的动态性表现为单一产业的生命周期、产业时序作用周期、不同产业或产业综合体在地位上演进的阶段性和周期性、产业结构高度的演进过程这四个方面。因此,学者们围绕这四个方面展开了比较深入的研究，取得了较多的成果，其中成果最为丰富的就是产业生命周期理论。

在继承斯密定律的基础上，斯蒂格勒提出了产业生命周期的假说。根据他的理论，在一个产业的新生期，市场狭小，因此，在生产过程中的各个环节规模较小，不足以一一分化出来由独立的专业化企业承担，所以这个时期的企业大多是"全能"企业。随着产业的发展和市场的扩大，企业的内部分工便转化为社会分工，各专业化企业会承担起各个环节的任务。但到了产业的衰落期，随着市场和生产规模的缩小，各个生产环节又重返"娘家"，社会分工又转化为企业内部分工。斯蒂格勒论证了随着市场容量和劳动分工的变化，厂商功能的变化和产业整个生命周期变化的特征。

在弗农等人的产品生命周期理论的基础上，Gort和Klepper（1982）提出了产业生命周期的概念，完成了以观察个别产品作为分析单位的产品生命周期观念向以产业组织方法分析内生的产业演化的转移，创立了G-K产业生命周期理论，他们的论文引出了几十篇关于产业生命周期的论文，如上世纪90年代Klepper与Graddy的K-G模型、Agarwal与Rajshere的产业生命周期理论，使该理论在各个分支的纷争和融合中逐步走向成熟。

Hirsch（1965）将产业的生命周期分为早期、成长期、成熟期三个阶段，C. Freeman和L. Soete（1997）认为在产业生命周期的不同阶段，产业发展要素的重要性并不一样。例如，在产业发展的初期，比较重要的产业发展要素是科技因素与外部经济；进入成长期，产业发展要素中厂商管理因素和资本因素的重要性比较高。

表1 生命周期各阶段产业发展要素的重要性

要素	早期	成长期	成熟期
管理	★★	★★★	★
科学与工程关键技术	★★★	★★	★

(续上表)

要素	早期	成长期	成熟期
不熟练	★	★★	★★★
外部经济	★★★	★★	★
资本	★	★★★	★★★

资料来源：C.Freeman &L.Soete（1997）
注：重要性表示：★★★高；★★中度；★低

新兴产业与其他产业一样，都需要经历不同的发展阶段，但是其发展阶段与一般产业不完全一样。同时，新兴产业作为高新技术产业化的结果或者满足新兴市场的结果，具有比较独特的发展特征。对于新兴产业而言，形成期需细分为种子期和创建期两个阶段。发展到成熟期，将演变为一个经济系统中的支柱产业，属于成熟产业范畴。而到衰退期，则有可能被其他新兴产业所替代，沦落为衰退产业。因此，新兴产业主要包括种子期、创建期、成长期这三个阶段。当然，在成熟期，尽管已经不再属于严格意义上的新兴产业，但作为投资资金的"出口"阶段，属于新兴产业的延续期[①]。

（二）产业竞争力钻石模型

美国哈佛大学教授、战略管理家波特（Porter，1990）建立了一个"钻石模型"（也称之为"菱形模型"）。该模型认为，一个产业的竞争力主要取决于四个因素：需求条件，生产要素，相关产业与支持产业的表现，企业的战略、结构与同业竞争。另外，还存在两大外部影响因素：政府与机会。其中政府的政策是一个非常重要的外在影响因子，政府应该为企业创造一个适宜的、鼓励创新的政策环境。

这六大要素相互联系、相互影响，共同决定着一个产业的竞争力水平。这一模型能够解释一个产业发展的影响因素或者影响一个产业竞争力

---

① 袁中华：《我国新兴产业发展的制度创新研究》，西南财经大学博士学位论文，2011年。

的主要因素。

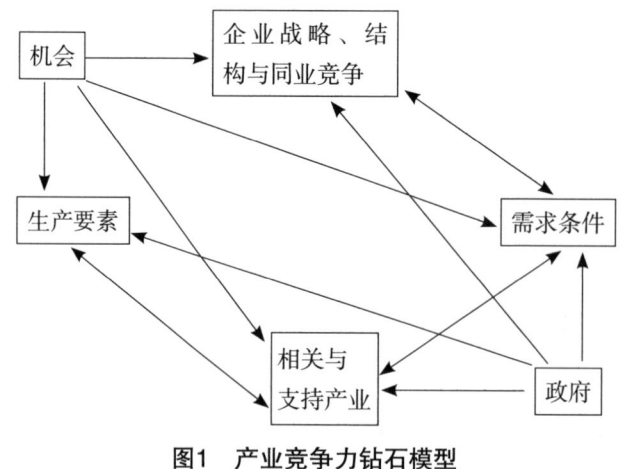

图1 产业竞争力钻石模型

资料来源：Porter（1990）

波特在《竞争战略》一书中还专辟章节论述新兴产业的竞争战略，他指出，新兴产业中的战略制定过程必须处理好产业在这一发展阶段的风险和不确定性，如竞争活动法则的不确定，产业结构未确定并可能变化，对竞争者几乎不了解等等，新兴产业必须在以下这些方面关注战略的选择：①塑造产业结构。通过不断的选择，新兴企业可以试图在生产方针、市场营销方法和价格策略等方面建立游戏规则，以使自身在较长时期获得最有利的地位。②产业发展的外部性。在新兴阶段，企业自身的成功在某种程度上依赖于产业中的其他企业，因此，新兴企业应致力于促进标准化的形成，并在顾客、供应商、政府与金融机构面前结成统一阵线。③转变的移动壁金。新兴产业中早期的移动壁金容易被迅速侵蚀，当产业在规模上发展和技术上成熟时，这些壁金经常被非常不同的壁垒所代替。企业必须准备为维护自身的地位而发现新的方法，而不仅仅依靠专有技术或独特的产品种类。

（三）创新理论

创新理论是由约瑟夫·熊彼特在1912年出版的《经济发展理论》中提出

来的。在熊彼特（Schumpeter）看来，"创新"就是"建立一种新的生产函数"，也就是把一种从来没有过的关于生产要素和生产条件的"新组合"引入生产系统，提高社会潜在的产出能力。

按照熊彼特的创新理论，创新包括五个方面的内容：引进一种新产品或提供一种产品的新质量（产品创新）、采用一种新技术或新的生产方法（技术创新）、实行一种新的企业组织形式（组织创新）、获得一种原材料新的供给来源、开辟一个新市场（市场创新）。熊彼特认为企业的创新汇集起来就是产业的创新，甚至会造成"产业突变"，然后引起整个经济的创新。

熊彼特在其《经济周期》一书中深入分析了经济发展、经济周期与技术创新革命之间的关系：创新浪潮是导致经济并非平稳"增长"，而呈现出周期性"发展"趋势的主要原因，即创造性的破坏（Creative Destruction）；同时，经济从衰退和萧条中重现复苏和繁荣，则依赖于新一轮创新浪潮纠正失误和过度投资行为、重组生产要素并走向新的均衡。

继熊彼特之后，经济学家对创新理论进行了进一步的发展和完善，创新理论也开始出现分野，主要包括三个方面：以技术变革和技术推广为对象的技术创新经济学，以制度变革和制度建设为对象的制度创新经济学，产业创新理论。

索洛（Slow，1956，1957）在其两篇经典论文《对经济增长理论的一个贡献》《技术进步与总生产函数》中论证了只有技术进步才是经济持续增长的源泉[1]。随着技术进步在经济增长中作用的提高，对技术创新规律的研究也日益高涨。阿罗（Arrow，1962）认为竞争的市场结构比垄断更有利于极力影响产品成本的过程创新[2]，卡曼（Caman）和施瓦茨（Schwartz）也用理论分析方法发现最有利于技术创新活动开展的是垄断竞争市场结构。

---

[1] Solow. Technical change and the aggregate production function. Review of Economics and Statistics [J], 1957（8）：312-320.

[2] Arrow.The Economic Implications of Learning by Doing [J]. The Review of Economic Studies, 1962, 29（3）：155-173.

斯通曼（Stoneman，1976，1983）分析了技术创新扩散路径，曼斯菲尔德（Mansfield，1976）对技术创新中的技术推广、技术创新与技术模仿之间的关系及两者的变动速度等问题进行了深入的研究，而勒梅特（Lemaitre，1988）和厄特巴克（Utterback，1994）等人则使对技术创新的研究走向综合，技术创新经济学的理论体系也日趋明晰与完善。

弗里曼（Freeman，1974）第一次系统提出产业创新理论，他认为产业创新包括技术和技能创新、产品创新、流程创新、管理创新（含组织创新）和营销创新[①]。另外，卢森伯格（1994）、道格森（Doggson，1994）等人的论著均包含了产业创新的思想，哈梅尔（Hainel，1994）在《竞争大未来》中，也提出了产业创新的理论。

以诺斯为代表的制度创新学派，把创新与制度结合起来，研究制度因素与企业技术进步和经济绩效之间的关系，强调制度环境与制度安排对经济发展的重要性。上个世纪90年代以来，在经济全球化和知识化趋势愈加明显的背景下，创新理论在分野之后又开始出现融合化态势，融合化的一个重要表现就是国家创新系统理论的出现，国家创新系统理论又可以分为宏观学派、微观学派及综合学派。宏观学派以弗里曼、纳尔逊为代表。弗里曼（Freeman，1987，1997）在产业创新理论的基础上，提出了国家创新理论，并指出国家创新的核心是产业创新，只有将技术创新与政府职能相结合，形成国家创新系统，才能实现一国经济的追赶与跨越。纳尔逊（Nelson，1993）在其论著《国家创新系统》中强调技术变革的必要性和制度结构的适应性，制度安排应当有弹性，发展战略应当具有适应性和灵活性。以伦德瓦尔（B.A.Lundvall）为代表的国家创新系统微观学派则基于企业行为探讨国家创新系统的微观层面，认为国家创新系统包括大学、科研机构、企业等与研发密切相关的机构设置和制度安排，还包括所有影响学习、

---

① 芮明杰，张琰：《产业创新战略——基于网络状产业链内知识创新平台的研究》，上海财经大学出版社，2009年，18-20页。

研究、创新的经济结构和经济制度①。

三、国内外相关研究综述

（一）国内的相关研究

1. 关于新兴产业的评价指标和市场需求的研究

国内学者设计了较为复杂的指标体系，比如运用Weaver-Thomas法、因子分析法、层次分析法和综合模糊评价法等选择战略性新兴产业。

杨以文认为，创新设计是否符合国际市场需求，直接影响战略性新兴产业在世界市场的竞争力和未来发展路径，并以长三角的企业为例，从管理学角度论证战略性新兴产业会受市场需求和渠道商控制等因素影响。

谭洪波研究了消费者特征影响新产品和新技术的市场需求，进而影响战略性新兴产业的兴起过程。

刘险峰认为发展战略性新兴产业，不但要重视针对技术、资金、土地、人才等生产要素的供给激励政策，还要推进激励需求政策，即从需求角度，通过调整、优化、创造、管理社会需求的手段来引导和促进产业发展。

傅利平对212家企业所做的问卷调查表明，新兴产业的技术跨越能力与市场跨越能力具有严格正向相关关系。

2. 关于新兴产业培育和发展现状的研究

2010年，科技部部长万钢提出，战略性新兴产业发展须把握好产业发展规律、科技超前部署规律、新兴产业发展规律、政策引领和推动作用规律、人才聚集和成长规律。朱瑞博认为，培育战略性新兴产业要以体制改革为主线，以抢占主导产业制高点为重点，以提升重点产业技术竞争力为目标，加强企业研发机构和产业化基地建设，完善技术创新公共服务平台建设。

资料显示，2010年我国新兴产业增加值为25513.71亿元，占GDP的比重

---

① 袁中华：《我国新兴产业发展的制度创新研究》，西南财经大学博士学位论文，2011年。

为6.36%，比2004年提高1.51个百分点。从构成看，新一代信息技术产业和高端装备制造业占全部战略性新兴产业比重为84%，节能环保产业、生物产业、新能源产业、新材料产业和新能源汽车产业等较为薄弱。从技术储备看，余江等对新兴产业1985—2010年国内市场的代表性专利所做的统计分析发现，我国七大战略性新兴产业创新已经跨越到科学技术商业化的大科学阶段，但与在华跨国公司相比，中国本土企业优势不足，在电子通信领域的技术创新产出份额逐渐占据上风，而在新能源汽车领域，以丰田为首的日美韩等在华跨国公司优势突出。

3. 关于新兴产业的区域发展研究

柳卸林综合研究了区域创新体系建设与战略性新兴产业发展。

祝尔娟侧重研究了"十二五"时期京津冀区域重化工业和战略性新兴产业现状、趋势与升级问题。

吴金明以失衡、转型与新兴产业为题，研究了长株潭城市群新兴产业的发展问题。刘嘉宁认为战略性新兴产业发展与区域产业结构升级之间存在强烈的耦合关系，耦合点包括科技创新和产业结构升级着眼点等。

邓龙安认为产业技术范式转移下，区域新兴产业必须进行模块组合和构架组合的产品创新管理、模块网络的组织创新管理和综合开发的市场创新管理。

我国学者一致认可高新区的重要作用，特别是国家高新区，是新兴产业发展极重要的空间载体。高新区在产业集群、技术转移、企业孵化、创新服务环境、科教资源和人才资源等方面具有优势，是发展新兴产业的强大引擎和载体[①]。

（二）国外的相关研究

1. 关于新兴产业发展的影响因素和贡献的研究

迈克尔·波特界定为：新建立或重新塑型的产业，它的出现主要是由

---

① 高雪莲：《新兴产业国内外研究综述》，国家社科基金重大项目，2014年。

于相对成本结构的改变、科技创新、新需求的产生,或是经济与社会上的改变使得某项新产品或服务具有开创事业的机会(波特,2005)。Chesnais(1992)指出,法国新兴产业发展的历史反映了政府的主导角色,在一系列的产业中,法国政府作为第一大客户促使市场的形成,包括高速客运列车、超音速喷气机等。Krugman(1979)认为,每次技术革命都形成了与其相适应的"技术—经济"范式,每次技术革命都可以划分为"导入期"和"拓展期"。在导入期,新技术、新产品、新产业呈现爆炸性增长特征,新的技术经济范式开始形成,金融资本也开始介入;在拓展期,核心技术的创新潜力逐步耗尽,曾经作为增长引擎的核心产业的市场开始饱和,经济增长出现停滞。Hicks(1969)研究了金融市场与技术创新产业化之间的关系,认为金融市场的缺乏和不健全会影响科技创新和创新成果的产业化[1]。

新兴产业虽然在短期内无法产生经济效益,但对经济增长和社会发展的影响却是长期的、持久的,研发创新与经济增长互为促进。Romer[2]等的新经济增长理论,阐释了内生性技术创新对经济增长的贡献。全球企业监测研究项目(GEM)于1999年调查了10个国家,2000年增加到19个,2001年增加到29个,2002年增加到37个,2007年增加到42个,发现企业创新活动与国家经济增长高度相关[3]。BulentGuloglu等研究了OECD高收入国家的研发支出、创新与经济增长的因果关系,发现技术创新、市场规模与经济增长呈多重互动关系,说明了技术推动和需求拉动的重要性。

Trajtenberg(1990)依据比较优势理论,认为国家或地区应通过发展比较优势产业带动整个产业结构发展,形成具有区域优势或区域特色的产业

---

[1] 刘思峰、施红星等:《战略性新兴产业生长机理研究》,科学出版社,2013年。
[2] Romer Paul.Increasing returns and long-run growth {J}. Journal of Political Economy, 1986(5):1002.
[3] The Global Entrepreneurship Monitor. GEM 2007 Report: Entrepreneurship is Going Global{EB/OL}. http://www.gsom.spbu.ru/en/research/eship/projects/gem.

结构；Kremer（1993）强调竞争力，认为有竞争力的产业才会有持久的生命力，对经济社会有更大的影响；Klepper和Graddy（1990）通过政府规范和创新传统市场运营模式发展新兴产业；Keizer（2002）认为主导产业具有较大的产业关联性和就业效应，应通过发展主导产业带动整个产业发展；迈克尔·波特（2002）在研究产业集群时提出了"菱形架构"，其中概括了产业发展所需的种种要素，并认为最关键的是要有一系列的制度安排。Maryann P. Feldman研究发现，战略性新兴产业发展受产业地理布局的影响较大。

2. 关于新兴产业集群分类和发展要素研究

菲舍尔等依集群三维度（时间、联系、地理）将集群分为现有集群、新兴集群、潜在集群和技术集群。奎特以巴西堪培拉新兴高科技产业集群为例，研究了新兴产业集群的发展要素包括国家和地区环境、高科技企业、支撑机构、本地联系、竞争联系和政府政策等各方面。波特分析了澳大利亚新能源产业集群从1949—2007年的发展情况。克里波研究了硅谷电子集群和底特律汽车产业集群的初创与成长过程。利费夫研究了加拿大魁北克地区的新材料产业集群，指出其发展因素包括知识转移、充足供应、公共资金支持、基础设施发展、特定服务和技术集群[①]。

第二节　新兴产业的内涵和种类

一、新兴产业的内涵

战略性新兴产业一词，是中国政府和学术界对全球新兴产业发展态势进

---

① 高雪莲：《新兴产业国内外研究综述——基于新兴产业和新兴产业集群的视角》，《郑州轻工业学院学报（社会科学版）》，2014年第4期，36—42页。

行提炼和升华后提出的，目的是将新兴产业塑造成具有国际竞争优势的经济增长新动力。国外文献多采用新兴产业这一提法，相近的概念还有初生产业和孵化产业等，这些概念都是指产业发展的早期和成长阶段，需要精心培育才能走向繁荣昌盛。这里将战略性新兴产业与新兴产业视作同一概念。学界对于新兴产业的内涵主要有以下三类看法。

一是认为新兴产业是完全原生性的，在全球发展前景较好的新产业。如经合组织把生物经济、绿色增长战略产业和知识经济（知识、信息和高技术制造业，以及知识密集型服务业，如金融保险通讯教育和健康产业）视为新兴产业。国务院界定的战略性新兴产业是以重大技术突破和重大发展需求为基础，对经济社会全局和长远发展具有重大引领带动作用，知识技术密集、物质资源消耗少、成长潜力大、综合效益好的产业。

二是融合新技术改造提升传统产业的新产业。辜胜阻等认为，在工业化发展阶段，传统产业的高新化需成为首要任务。厉以宁指出我国高新技术产业应与传统产业相结合，否则不利于双方发展。熊勇清等也认为，升级转型并激发培育新兴产业应以现有传统产业为基础，这是新兴产业培育和发展的主要途径之一。陆立军等论证了传统产业与新兴产业融合的3个阶段，即相互适应、协调发展和分化替代阶段。Sarah Lubik等也认识到，新兴产业既可以是运用现有技术的新产业，也可以是打破现有价值链以便满足消费者要求的新技术。

三是在发达国家发展成熟但在欠发达国家仍属于较新管理和技术的产业。大量文献从贸易保护和产业保护视角，认为欠发达国家应该保护新兴产业使其参与国际竞争，并运用正式模型来说明哪种保护（配额、关税或补贴）能够达到最佳效果。

近年来，各国对前两类新兴产业特别是第一类新兴产业非常重视，即使是发展中国家也在大力发展自有知识产权的高新技术产业。随着我国工业化进入后期阶段，第三类产业已不再是关注焦点。新兴产业是全球发展的共同热点，同时也以产业集群的形式集聚在某些区域。

二、新兴产业的种类和划分

政府和学者们根据不同的标准对新兴产业进行了不同的分类。

1. 三类产业分类法

（1）新技术产业化形成的产业。新技术一开始，属于一种知识形态，在发展过程中其成果逐步产业化，最后形成一种新的产业。比如说生物工程技术在五六十年代或者说在更早的时候，它只是一项技术，那么现在成为生物工程产业。在美国，生物工程产业被誉为一个非常有前景的新兴产业。同样，IT产业，由于数字技术的发展，也被认为是朝阳行业。

（2）用高新技术改造传统产业形成的新产业。如蒸汽机技术改造手工纺机，形成纺织行业，使得整个纺织行业产生了飞速发展。纺织行业相对来讲，在当时就是新兴产业。现在新技术改造传统行业，比如改造钢铁行业，就成了新材料产业，生产复合材料以及抗酸、抗碱、耐磨、柔钢性好的新兴材料。同样，用新技术改造传统的商业，变成现在的物流产业。

（3）社会公益事业的行业进行产业化运作。在国外，传媒业是一个重要的行业，而我国把传媒当成事业来看待。如教育，由于事业化的运作使得本来非常有潜力的产业没法满足人民群众日益增长的物质文化生活的需要。这就需要我们对教育特别是非义务教育的高等教育当成产业来运作。

2. 日本分类法

近年来，日本制定的新兴产业战略，将致力于开拓新的发展领域，创建新的产业群。并将新产业群分成三大领域[①]：

（1）尖端的新产业群。主要包括：一是燃料电池产业，如燃料汽车、定置用燃料电池等；二是信息家电产业，在该产业内形成一个生产、加工系

---

① 唐宁：《日本的新兴产业战略》，《日本研究》，2006年第1期，16页。

列化的企业群；三是机器人产业，主要是工业用机器人和智能化机器人。

（2）适应消费需求的新产业群。主要包括：一是健康、福利和服务性产业；二是环境、能源等产业，主要是世界领先的关键技术。

（3）重振地方经济的新产业群。主要是以各地方为基础创建各具特色的高技术产业，开拓新的生产领域，改革地区间的服务，推进食品产业的高附加价值化；同时，在地区间建立高透明度的信誉网络，制定立足于传统、文化的综合性地域发展战略。

3. 列举法

如美国奥巴马政府通过列举法来界定新兴产业类型，包括再生能源及节能项目、生物医学、环境保护、航空航天、海洋、大气等领域，其中涉及生物技术、计算机和通信技术、新材料技术、航空航天技术等高新技术；德国将生命科学、新能源、信息、先进制造、新材料等产业列入新兴产业。

目前，普遍得到认可的新兴产业领域主要有：新材料产业、新能源、环保、生物医学、健康、航空航天、海洋等领域。

第三节　新兴产业的发展模式

新兴产业的发展路径在不同视角下有着不同的模式，但其中仍以在"市场–政府两分法"下所确立的发展路径最为典型，其他发展路径可以视为这一总体模式下的具体模式再现。这一模式的主要思路是：新兴产业需要经历从形成到成长再到市场地位确立、巩固和持续的过程，在这个过程中，究竟是通过市场自发调节、引导，还是政府培育，抑或是两者的结合，有三种不同的发展路径；在不同的国家，针对不同的产业类型，抑或在不同的时代、经济背景下，对新兴产业采取的发展路径可能均有区别。

一、市场自发培育式

新兴产业形成之后，依靠自身的素质和创新优势，与其他产业进行生存竞争，博得市场自发式的拉动与培育，获取产业发展所必需的生产要素来源和稳定的市场，从而实现产业的成长、发展和市场地位的确立。这样的产业一般不属于政府视野范围内关系到国计民生的战略性产业，但往往拥有强劲的市场需求。也正是因为如此，该类产业具备了较强的生存能力、应变能力和自主创新能力。这种通过市场自身力量发展新兴产业的方式在市场经济相对比较完善的欧美国家出现较多。

（一）市场自发培育模式优点

1. 促进人力资本的市场化集聚

知识经济时代，知识已经取代了农业经济中的土地、工业经济中的资本而成为第一位的生产要素，而从事知识生产、传播应用的劳动者则成为主体，他们能够更加有效地驱动现存的实物资本，实现较高的价值转移。对于新兴产业而言，由于其高技术性的特征，必然要求较高的投入强度以增强其研发能力，而研发必须通过人的创造性劳动来完成。另外，与新兴产业的发展伴随的是产业网络化、集群化和虚拟化等一系列新的组织形式，管理边界变得模糊，管理的复杂性更加凸显，创新型管理人才的需求也日益重要。在市场化培育阶段，新兴产业企业能够更好地了解企业发展过程中的人才需求结构和数量，并通过市场化手段甄选企业所需要的人才，从而更好地满足新兴产业企业发展的人才需求。

2. 降低新兴产业企业运营成本

目前的新兴产业投资中，以国企为代表的投资者，不计代价、不讲成本的投资是十分严重的。在风电、光伏行业的"大跃进"中，国企无疑是最不计代价和不讲成本的，也是最终出现损失和浪费最多的。而市场化培育的新兴产业企业，由于更为全面的接触市场、融入市场，能够将将市场机制引入企业管理，实现节支降耗和开源增收。市场化培育鼓励新兴产业企业以价值链理论为指导，以目标管理和全面预算为基础，以市场主体为价值结点，构建对上、对下、对外、对内的多维立体结算架构，对生产经营管理进行业务流程再造，对市场主体间发生的经济活动进行高效服务，从而实现了企业运营成本的降低。

（二）市场自发培育模式缺点

1. 培育周期较长

市场自然选择和自发式培育的过程往往比较漫长，而且市场本身所具有的盲目性、波动性，亦将影响新兴产业的稳定发展，这是该种模式不可避免的缺陷。开放市场对于投资方、对于资本并没有准入门槛，这就导致了绝大多数进入新兴产业行业的企业和投资者都没能在技术上获得优势，没有在技术上处于领先地位，更多的是想借着产业的"新"捞个眼前利益。在风电和光伏行业，有很多企业和投资者项目尚未建成，行业已经崩塌，投资回报也就无从谈起了。而市场的自发培育过程使一部分技术水平低、经营水平差的企业退出，行业深度调整，这是一个漫长的培育过程。

2. 面临资金难题

资金也是新兴产业发展过程中必须面对的难题。新兴产业的资本投入不单纯是生产性资本的投入，更重要的是对技术研发、产品创新和市场化拓展的投入。例如在种子期，属于技术研发阶段的中后期，此时资本的需求量相对较少，资金投入大约50%—60%为研究与开发人员的工资开支；到创建期，需要投入大量的机器设备、原材料、能源及建筑物等，进入到资本密集型阶段，这个阶段的投资量是种子期投资的10倍左右，要实现从样品到商品的关键性跳跃；在成长期，产品已经进入市场并有了一定基础，技术较为稳定，但需要更多资金以扩大生产规模和大规模开发市场，资本投入量是种子时期的100倍左右。虽然我国目前已经初步形成了从VC/PE到股权投资再到资本市场上市一整套完备的融资渠道，但一般市场化培育的企业，在整个资本投入周期中都面临很大的资金缺口，对于资金的安排也缺乏整体把控能力，同时也导致了部分新兴产业企业为了融资将很大一部分精力放在了"讲故事"上，造成了极大的资源浪费。

二、政府培育式

这类产业属于政府视野范围内关注的可能对国民经济增长、产业结构升级和国际竞争力提升等有着重大影响的新兴产业。这类新兴产业在政府的倾斜政策扶持下与其他产业展开市场竞争，获得必要的生产要素与市场份额，维持产业的生存与发展。这种方式在日本和韩国等比较多见，由于政府产业政策目标明确、投入集中，可以缩短新兴产业从萌芽到市场地位确立的时间，较快建立相对独立的新兴产业体系。

（一）政府培育模式优点

政府是最大的信用主体，由政府主导的培育模式能够在很大程度上解决企业发展过程中的融资难题；由于政府是产业政策的制定者和决策者，能够较好地把握产业发展方向，掌握发展情况，在投资方向上不会发生"信息不对称"的问题；集中力量办大事是我国体制的优势之一，随着我国发展逐步接近世界前沿，一些重大核心技术和关键装备很难从国外购买，靠市场自发的力量非常困难，必须发挥集中力量办大事的制度优势，解决新兴产业发展技术瓶颈，推动新兴产业发展。

（二）政府培育模式缺点

由于政府培育的新兴产业未经历市场残酷的竞争与考验，市场生存能力不高，离开了政府的扶持，往往缺乏自我发展、自主创新的能力。而且这一模式还有一个致命的缺陷，就是政府本身的预见性值得怀疑，过度的政府参与，如果发展方向的选择上出现错误，则将导致整个战略的失败，日本政府对第五代计算机发展培育的案例充分说明了这一问题。

三、市场自发与政府扶持相结合模式

这种模式是指在新兴产业的发展过程中,一方面发挥市场机制在资源配置中的基础性作用,各种资源在新兴产业与其他产业之间合理流动,产业自由竞争,另一方面政府对新兴产业的发展方向给予一定引导,制定相应的公共政策尤其是对一些保护幼稚产业的产业政策予以支持和培育。新兴产业在市场与政府政策共同构筑的环境中形成与发展,是一种市场推动与政府拉动相结合的模式。

这种路径可以克服单纯市场形成模式和单纯政府培育模式的不足,可以把二者的长处结合起来,形成市场推动和政府拉动的合力,更有利于新兴产业的发展[①]。这种路径不但符合我国的国情,同时符合新兴产业的发展特征,也解决了新兴产业发展过程中的资金难、培育周期长等难题,应当大力推广。

第四节 新兴产业发展的影响因素甄别

一、新兴产业形成发展的动力机制

新兴产业形成的原因是指新兴产业形成与发展的内在根据性。关于新兴产业的衍生方面以及某个区域如何诱导某个新兴产业的形成等相关问题,有不同的解释,诸如:相关产业的影响(Klepper & Simons,2000)、产业分化和产业转型中企业家的作用(Buenstorf & Fornahl,2009)等。在这里将其归结为以下三个原因。

---

① 袁中华:《我国新兴产业发展的制度创新研究》,西南财经大学博士学位论文,2011年。

（一）技术创新引起的产业化

技术创新是新兴产业的主要来源。所谓技术创新就是技术发展中的突破，是技术领域发生根本性的、对技术本身和经济活动有着广泛而深刻的重大变化。技术创新能够发现新的原材料，生产出全新概念的产品，或者增加产品的新功能、新品质。技术创新出来的产品科技含量高，附加值大，因而往往具有较强的竞争力（李小建，曾刚2006）。技术创新出来的新产品大规模生产时，便形成了相应的生产行业或部门。

（二）产业分化

从传统产业分化，这是新兴产业形成的重要基础。产业分化主要通过两种方式衍生出新产业。一种是基于产品技术的升级换代。一种则是在产业链上向技术含量高、附加值高的领域延伸。通过产业分化所形成的新产业具有一个明显的特征：新企业往往靠近其母公司布局，这一点在美国的汽车工业（Klepper 2007）、英国的轮胎工业（Buenstorf and Klepper 2008）以及意大利的塑料区（Patrucco 2005）得到了集中体现。茶余饭后是社会生产力发展和产业内部分工的必然结果。

（三）产业融合

形成新的产业是现代经济衍生出的新业态。它是指技术进步的基础之上，不同的产业或者同一产业不同行业交叉、相互渗透，最终融为一体，逐步形成新产业的动态发展过程。两种技术融合得越彻底，对一个区域来说，新兴产业出现的可能性也就越大。另外，通过产业融合形成的新业态，也是现代经济衍生出新兴产业的主要形式。随着社会经济发展，当物质产品的短缺基本消除后，经济增长必然更多地依靠产业融合带动。

二、影响新兴产业发展的因素

新兴产业的发展与一般产业有着一些相同的影响因素，但作为一类特殊的产业，一些特殊影响因素或者某些因素的影响程度会与一般产业有所差异。

（一）物质资本存量

从宏观角度分析，资本投入对产业发展的作用争议颇多，有些认为资本对新兴产业的投入存在所谓的"生产率悖论"，但反对意见却认为这主要是传统的GDP统计方法对某些服务行业（如贸易、保险、金融、房地产以及商业服务部门）的真实产出增长存在"统计误测"或者主要是由于信息技术投资的时滞效应所导致[①]。

从微观角度看，"巧妇难为无米之炊"，没有资本的投入，就难以有技术研发投入、产品的批量制造、机器设备的更新改造等。新兴产业的资本投入不单纯是生产性资本的投入，更重要的是对技术研发、产品创新和市场化拓展的投入。例如种子期，它属于技术研发阶段的中后期，此时资本的需求量相对较少，资金投入大约50%—60%为研究与开发人员的工资开支；到创建期，需要投入大量的机器设备、原材料、能源及建筑物等，进入到资本密集型阶段，这个阶段的投资量是种子期投资的10倍左右，要实现从样品到商品的关键性跳跃；到了成长期，产品已经进入市场并有了一定基础，技术较为稳定，但需要更多资金以扩大生产规模，资本投入量是种子时期的100倍左右。

（二）制度因素

吴敬琏（1999）认为，产业发展对制度环境的需求程度，远甚于资本、技术和人力资本等要素的投入，而且这些要素的投入的数量、质量本身亦与制度安排、供给有关。而新兴产业的发展，需要一系列的制度创新以促进各种资源在新兴产业的集聚，在新一轮经济发展中调整产业结构，抢占产业发展制高点。本文主要从要素培育制度、企业制度和政府管理制度三个方面论述其对新兴产业发展的影响。

---

① 刘志迎：《基于效率理论的高技术产业增长研究》，南京农业大学博士学位论文，2006年。

1. 新兴产业发展的要素培育制度

（1）融资制度方面

新兴产业主要包括种子期、创建期、成长期这三个阶段，不同发展阶段对金融工具需求也具有多样性。在种子期，企业尚未建立，产品尚未形成，属于技术研发阶段的中后期，此时资金的需求量相对较少，资金投入大约有50%—60%为研究与开发人员的工资开支，主要依靠自有资金或政府资助，但也有少量为了解所关注行业最新发展动向的"天使投资者"的介入；到创建期，需要投入大量的机器设备、原材料、能源及建筑物等，进入到资金密集型阶段，这个阶段的投资量是种子期投资的10倍左右，要实现从样品到商品的关键性跳跃，投资风险最大、资金缺口也最大，但由于没有经营记录，获得以稳健为原则的商业银行的贷款支持难度较大，资金获取渠道较为有限，风险投资在这一阶段就显得极为重要，此外，政府的创业基金对于这一阶段的企业也有明显支持作用。在成长期，产品已经进入市场并有了一定基础，技术较为稳定，但需要更多资金以扩大生产规模和大规模开发市场，资金需求量是种子时期的100倍左右，此时需要从金融机构获得贷款支持，风险投资资金也因行业与企业发展前景的逐渐明晰而大规模参与，并以此获得超额回报。

（2）人力资本制度方面

新兴产业与传统产业最大区别在于它是建立在知识的基础之上的，对知识和技术的依赖性更大，知识密集程度更高，从而对掌握知识与技术的主体——人的要求更高，人力资本在诸要素中扮演了非常重要的角色。根据舒尔茨的观点，人力资本（Human Capital）是劳动者的知识、技能、健康状况的总和。贝克尔则将人力资本定义为人们在教育、职业培训、健康等方面的投资所形成的资本。

对于新兴产业企业而言，它需要多种技术、多门学科、多种专业所组成的综合型人力资本，新兴产业的人力资本群体包括：风险企业家与经营管理者、技术专业人员和技术创新人员等。所谓人力资本制度就是指在人力资本形成、培育、激励等过程中一系列规则的总和。具体包括人力资本培育制度、人力资本引进制度、人力资本激励制度、人力资本流动制度等。

（3）科技制度方面

本文中的科技制度是指为促进科学技术的研究、开发以及科技成果的产业化，一个国家在一定时期内，对科技活动的组织方式、管理体制、运行机制等一系列组织安排与规则。那么新兴产业发展的科技制度则是指为促进新兴技术的研发及其产业化而形成的一系列机制、规则的总称，一般来说，它包括以下几个方面的内容：有关促进新兴技术研发与创新的制度，有关新兴技术成果扩散、产业化和商品化的制度，有关知识产权保护的制度等。

2. 新兴产业发展的企业制度

本次国际金融危机之后，企业生存和发展的外部环境发生了重要变化，而新兴产业本身亦有其独特的发展特征与规律，因此，相应的，需要对企业制度进行创新以满足内外环境的变化，为新兴企业的发展提供更好的组织保障和产权制度环境。

（1）组织制度方面

新兴企业所面对的是快速变化的技术以及快速变化的市场，市场的不确定性，消费者需求变化的多样性与不确定性，需要企业通过缩短产品研发时间，减少产品生命周期，同时，新兴企业中创新型人才对自主性、创造性更高的追求，传统的企业组织制度已经不再适应当前环境下的种种要求，需要对新兴企业制度进行相应的变革。

企业组织制度亦为一个涵义广泛的概念，因此，企业组织制度的创新既包括企业内的组织创新，也涵盖企业与外部的组织形态的创新，也就是说组织创新可以是职能部门间的重新分工或企业流程再造，可以是部分调整或全面革新，还可以是企业内部调整或企业供应链和经营方式的重塑。

鉴于新兴产业企业的特征，结合现代企业组织发展的新趋势，未来新兴企业组织形式将朝着扁平化、虚拟化、网络化等方向发展。

（2）产权制度方面

对于新兴产业的企业而言，在影响创新的产权体系中，知识产权和人力资本产权是两个最重要的支点，是促进自觉创新行为必不可少的因素。知识产权制度规定了创新成果的权利归属，是激励创新的重要的外部产权机制；人力资本产权制度充分尊重创新主体的劳动，激发人力资本创新积极性、主动性，促进人力资本效率的内生力量。根据二者对创新主体的影响，可以认为知识产权制度是激励创新的外显维度，人力资本产权制度是激励创新的内在维度，二者相互联系、相互作用，形成激励创新的巨大合力[①]。

3. 新兴产业发展的政府管理制度

新兴产业发展的制度创新绝大部分需要政府自身或依靠政府的力量来完成，政府是制度变迁的主要推动力量。政府管理制度是新兴产业发展的制度系统中重要组成部分，也是各项制度创新的最终决定力量，一国的政府管理制度会随着其经济社会发展、经济结构演变而发生变迁，政府在制度创新方面的职能是政府的重要经济职能之一。本文主要从财税制度、法律制度和产业政策三个方面来论述政府管理制度对新兴产业发展的影响。

（1）财税制度方面

由于新兴产业具有高风险性、高投入性特征，因此融资困难，这时政府的财税方面的政策扶持显得尤为重要。政府通过建立财政投入增长长效机制、优化财政支出结构、创新财政资金支持方式以及多元化的税收扶持政策促使新兴企业能够在不同发展阶段健康的成长。

（2）法律制度方面

新兴产业的发展，涉及技术进步、产权保护、人力资本收益、融资制度等诸多方面的内容，对这些方面的激励与约束，不仅需要政府政策、方针的

---

① 邱爽：《产权创新与经济增长》，博士论文，2008年。

支持，更需要通过正式的法律进行约束和规范，因此，要根据产业发展的最新进展和社会的实际需要，出台相关法律法规，不断完善新兴产业发展的法律体系。

（3）产业政策方面

产业政策主要涉及产业结构政策、产业组织政策和产业布局政策。其中产业结构政策产业结构政策的调整目标之一是保持新兴产业内部结构的合理性，协调好新兴产业之间的发展比例，即优化新兴产业的内部结构；产业组织政策通过大力扶持拥有核心技术链的新兴企业、积极鼓励中小型民营企业进入新兴产业以及鼓励并推进新兴企业兼并重组和纵向分工的形成的方式，促使新兴产业集群的形成，实现专业化分工协作和规模经济效应；产业布局政策则是通过高新园区的平台搭建、区域经济的协调以及产业对口帮扶等政策来推动新兴产业的集群和分工协作[①]。

（三）创新因素的影响

现阶段，培育和发展新兴产业，对我国产业转型升级和经济增长具有重要意义，而新兴产业的培育和发展离不开创新要素的有效支撑。创新要素是指产生创新的机构、服务创新的机构、促进创新的资源和支持创新的环境等要素的组合，同时也包括将上述要素进行组合的机制，该界定认为创新要素主要包括创新主体要素、创新资源要素和创新环境要素[②]。

1. 创新主体要素

创新主体要素是指与产生创新相关的机构，包括直接产生创新的企业、科研机构、大学院校，以及服务于创新的政府、中介机构和金融机构。创业是产业发展的动力，产业萌芽的标志就是出现以相关产品为主的企业群，针

---

① 袁中华：《我国新兴产业发展的制度创新研究》，西南财经大学博士学位论文，2011年。

② 罗肇鸿：《高科技与产业结构升级》，上海远东出版社，1998年，100-133页。

对特定产品范围的大规模创业活动能够加速产业的形成和升级,而其中基于技术的大规模创业行为则能够加速新技术的产业化,进而形成新兴产业。从培育创业企业的角度而言,创新主体要素是创业的关键。创业首先是基于企业的创业行为,这种创业行为同时也会受到其他创新主体要素的影响,比如大学、科研机构对企业人才和技术方面的支持,金融机构所提供的资金支持,政府政策方面的引导以及科技中介机构的技术推介等。

2. 创新资源要素

创新资源要素是指促进创新的资源,主要包括技术、人才、资金等要素。其中技术创新对经济发展最直接和最重要的作用就是促进经济的发展,使新兴产业成为国民经济发展中最具活力的"朝阳产业"。新兴产业形成和发展的原因之一就是技术创新引起的产业化。技术创新通过引起产品、产业的更替,使得一些新兴产业不断兴起和发展壮大,部分原有产业的地位逐渐下降从而引起区域产业结构的更新。由于技术创新的缘故,新兴产业技术含量高、附加值大,相对其他产业在区域中保持较强的竞争力。技术创新是新兴产业发展的动力,也是推动产业高度化和优化的关键,技术发展的周期决定新兴产业的生命周期。当大量的产业进行重组融合时,当其中的知识创造出新的产品和服务时,新的产业就出现了,其中技术创新在新兴产业形成中发挥着重要作用。

3. 创新环境要素

创新环境要素主要是支撑创新的资源,包括支撑创新的市场状况、基础设施、文化氛围、制度环境以及政策环境等。创新环境要素是新兴产业培育与发展的保障。较好的市场环境、有利的政策引导、有效的制度保障、完善的基础设施和鼓励创新的文化氛围,对于创业行为的萌生具有重要作用。比如,世界范围内创业最活跃的地区——硅谷,其成功就归功于其良好的游戏规则、容忍失败的氛围、开放的商业环境、专业化的商业服务机构等创新环境要素①。

（四）本地化要素

新兴产业之所以出现在某个空间而不是在其他地点，主要是地方的"机会窗口"引起的。"机会窗口"是尝试解释为什么新兴产业会出现在新的地点，并导致旧的产业区域衰退的理论。之所以出现这样的状况，原因在于新兴产业的要素投入需求很多，比如：劳动技能、基础设施、资源禀赋、资本等等，这些区域条件构成了影响新兴产业形成和发展的本地化要素。例如，基础设施要素禀赋和地理位置能显著影响地区经济的增长速度（Demerged，2001）。在研究分析中国经济发展和经济政策时，从基础设施网络密集度角度关注并强调了地理因素在产业发展中的重要作用（Kim，2001）。资本和劳动力是产业发展的基石，林毅夫（2003）指出，战略产业、技术水平的选择要和资本、劳动力等要素禀赋适配。另外，Michael Wyrwich的文章分析了区位条件对知识密集型商业服务业的出现产生的影响。特别参考了东德的过渡区，结果发现知识密集型商业服务区一般出现在市场广阔的人口密集区②。

第五节　国外新兴产业发展经验借鉴

一、美国战略性新兴产业的发展

近年来，美国政府十分强调新能源、干细胞和宽带网络等产业的技术开发和产业发展，显示出美国期待以新能源革命作为整个工业体系新的标志性

---

① 刘新艳，陈圻，张新婷：《创新要素对新兴产业的牵引分析》，《科技进步与对策》，2011年第24期，50—54页。

② 夏锋：《新兴产业形成与发展的影响因素分析》，《山西青年》，2016年。

能源转换的驱动力，发动一场新的经济、技术、环境和社会的总体革命。20世纪后半期，美国经济的持续发展得益于电子、信息、生物和新材料等一系列新兴技术的发展和应用，但是，因技术应用成本较高而没能在20世纪被广泛应用。美国政府在依靠航天、新材料、生物科技和纳米技术尤其是IT产业称雄世界多年以后，从小布什政府开始，就把目光锁定在以新能源为核心的新兴产业上。

2005年以来，《2005国家能源政策法》和《美国能源独立及安全法》先后出台，提出了对光伏系统投资和使用的激励政策，明确了到2025年对清洁能源技术和能源效率技术的投资规模。金融危机爆发之后，美国政府不断加大对新兴产业的支持力度，尤其是重视新能源装备制造业的发展。美国能源部选择了部分新能源制造企业予以资助，扩大规模，拉动就业。2009年2月，美国总统奥巴马签署了《2009年美国复苏和再投资法案》，推出了总额为7870亿美元的经济刺激方案。其中，新能源为重点发展产业，主要包括发展高效电池、智能电网、碳捕获和碳储存以及以风能、太阳能等为重点的可再生能源。美国高度重视发展清洁能源和低碳技术，主张依靠科学技术开辟能源独立的新路径，在18年内把能源经济标准提高1倍，在2030年之前将石油消费降低35%。2009年6月，众议院通过了《美国清洁能源安全法》，虽然参议院对其内容存在很大争议，但该法案中的可再生能源部分已经通过审议，这表明美国国会在新能源的议题上已经达成基本共识。在2010年初发表的首次国情咨文中，奥巴马提出从2011年起，除国家安全、医疗和社会保障以外的政府开支将被冻结3年，但仍将继续在新能源、教育和基础设施等方面增加投资。

由于美国当前能耗的69%用于交通业，奥巴马还要求政府投资6亿美元促进消费者购买更加节能的车辆。美国在发展新能源的过程中，坚持政府牵动、市场拉动和科技推动三者联动，其中的核心环节则是政府的相关政策。政府借助税收补贴等手段，利用杠杆效应撬动社会资本在新能源领域的投资,还采取了组建公私合营企业探索清洁煤技术的商业化模式等一系列措施,推动民众参与科技开发和利用,以保持美国的创新活力和经济增长。

二、欧盟战略性新兴产业的发展

与美国努力探寻新的可利用能源不同,欧盟各国纷纷把发展的重点放在了本土已有的优势产业上,希望通过提高绿色能源的利用率、开展低碳环保技术研发和结合本国特点促进经济发展。在金融危机发生之前,欧盟已经开始积极倡导发展节能环保产业。2007年,欧盟委员会提出欧盟一揽子能源计划:到2020年将温室气体排放量在1990年的基础上至少减少20%,将可再生能源占总能源耗费的比例提高到20%,将煤、石油和天然气等一次性能源消耗量减少20%,将生物燃料在交通能源消耗中所占比例提高到10%,以及在2050年将温室气体排放量在1990年的基础上减少60%至80%。为了实现上述目标,欧盟进一步提出了新能源综合研究计划,该计划包括欧洲风能、太阳能、生物能、智能电力系统、核裂变、二氧化碳捕集、运送和贮存等一系列研究计划。金融危机之爆发之后,欧盟委员会制定了一项发展"环保型经济"的中期规划,将筹措总金额为1050亿欧元的款项,在2009年至2013年的5年时间中,全力打造具有国际水平和全球竞争力的"绿色产业",初步形成"绿色能源""绿色电器""绿色建筑""绿色交通"和"绿色城市"(包括废品回收和垃圾处理)等产业的系统化和集约化,为欧盟的发展提供持久的动力,并以此作为欧盟产业调整及刺激经济复苏的重要支撑点,为欧盟在环保经济领域长期保持世界领先地位奠定基础。

欧盟将低碳经济列为新兴产业的重点,期望能够带动经济向高能效、低排放的方向转型。在发展低碳产业问题上,从排放指标的制定、科研经费的投入、碳排放机制的提出、节能与环保标准的制定等方面,欧盟都采取了一系列有力措施,统领成员国大力发展低碳产业,以期在全球应对气候变化行动和低碳产业中发挥领导者的作用。例如,欧盟要求成员国救助汽车业的资金必须用于小排量、洁净型、混合燃料汽车或电动汽车等节能型汽车的研制和生产;提出到2012年12月31日淘汰所有白炽灯,用绿色环保的节能灯取而代之的计划。欧盟发展节能环保和新能源产业的最重要做法之一是建设统一的市场,为产业发展创造条件,以法律法规保障产业发展。《欧盟能源政策绿皮书》提出了强化对欧盟能源市场的监管,要求各成员国开放能源市场,共同制订能源政策。为了实现环保和减排目标,欧盟制定了一系列法律法规。例如,以《报废电子电器设备指令》(WEEE)和《关于在电子电气设备中限制使用某些有害物质指令》(ROHS)为代表的环保指令等。在促进绿色产业发展方面,欧盟实行灵活的市场机制与严格的法律制度相结合,在鼓励低碳发展的政策上不断推陈出新,制定了很多具有法律约束力的计划,以保证欧盟节能与环保目标的实现。

三、日本战略性新兴产业的发展

以长期需求为目标加强产业政策引导日本在应对危机、发展新兴产业方面积累了丰富经验。在过去的石油危机期间,日本就运用产业政策重点扶植计算机、电子、新材料和新能源等产业,促进了经济的复苏与快速发展。进入20世纪以来,日本非常重视发展信息技术等新兴产业,对新兴产业的发展给予一定程度的资金扶持。2004年6月,日本通产省公布了新能源产业化远景构想,计划在2030年以前把太阳能和风能发电等新能源技术扶植成商业产值达3万亿日元的基干产业之一,石油占能源总量的比重将由现在的50%降到40%,而新能源所占比重将上升到20%;燃料电池市场规模到2010年达到8万亿日元,成为日本的支柱产业。国际金融危机爆发之后,日本政府吸取以前应对危机的经验,在产业政策方面提出了不以增加短期需求为目标的指导原则,力求以"结构改革促经济发展"的方式取代"通过扩大政府支持刺激经济增长"的方法;继续提出了普及、开发节能技术,加大研究清洁能源力度的目标,并给予了相当大的预算支持,体现了通过解决危机促进能源结构转型、继续保持日本在节能方面优势地位的战略目标。

2009年,日本政府在颁布的《新国家能源战略》中提出了8个能源战略重点:节能领先计划、新一代运输能源计划、新能源创新计划、核能立国计划、综合资源确保战略、亚洲能源环境合作战略、强化能源紧急应对和制定能源技术战略。具体的目标是:2050年之前实现消减温室气体排放量60%—80%;在2020年左右将太阳能发电规模在2005年的基础上扩大20倍;建立购买家庭太阳能发电剩余电力的新制度;3年内在全国3.6万所公立中小学中集中设置太阳能发电设备;3—5年内将太阳能系统的价格减半;环保汽车和绿色家电方面,3年后开始电动汽车的批量生产和销售,到2020年59%的新车为环保汽车,在世界上率先实现环保车的普及。为了实现上述目标,日本政府根据每种能源的特性和发展阶段,进行相关产业群的培育,并为风险性投资提供支持。日本是一个运用产业政策时间较长、效果较好的国家,在新能源产业发展及节能环保方面,日本坚持实行政策引导。例如,在政策投资的公共设施中,积极采用与新能源有关的设施,并通过提供诸如补贴和税收等措施扩大市场需求。在新能源利用方式方面,通过建立太阳能发电产业群、燃料电池和蓄电池产业群、风力及生物质能等"地产地销"的商业模式,形成与新能源产业相关的工业结构。在促进创新技术开发和试验证明方面通过提供政策支持,开发和推广高效利用能源的创新技术,扩大对新能源风险性投资的支持。

四、韩国战略性新兴产业的发展

为了实现经济的跨越式发展,韩国曾多次明确提出要集中财力、物力和人力发展重要的新兴产业。20世纪80年代以后,为了加快处于弱势地位的新兴产业的发展步伐,韩国专门设立了"特定研究开发事业费"用于扶植"有希望的幼稚产业"的技术开发。进入21世纪后,根据信息产业的发展需要,韩国在2000—2004年间将4万多亿韩元集中用于互联网、光通信、数字广播、无线通信、软件和计算机6个新兴产业的技术研发，同时，投资5000多亿韩元用于开发光因特网技术的基础核心设备及备件。

2008年8月底，面对国际金融危机的冲击及其影响，韩国政府在公布《国家能源基本计划》的基础上，又于2009年初公布了《低碳绿色增长基本法》，提出了"绿色新政"：拟争取在2012年向"绿色经济"投入50万亿韩元，创造96万个工作岗位，建设200万户具备太阳能热水器等的"绿色家园"；争取到2030年将能源的自主性、绿色技术水平和环境绩效指数等提高到发达国家水平，树立绿色国家的形象，使韩国进入世界环境前十大强国。这一绿色新政对于促进经济增长、增加就业和帮助韩国渡过经济危机意义重大。韩国总统李明博还主持制定了《新增长动力前景及发展战略》，将绿色技术、尖端产业融合和高附加值服务等三大领域共17项产业确定为新增长动力产业，其中有6项属于绿色技术领域。同时，韩国环境部还提出了加速绿色经济发展的十大绿色技术，知识经济部则表示要加大对新能源和再生能源的研发投入。

2009年7月6日，韩国政府总统办公室绿色增长委员会制定了应对气候变化及能源自立、创造新发展动力、改善生活质量及提升国家地位等三大推进战略。这三大战略涉及绿色能源、绿色产业、绿色国土、绿色交通和绿色生活等领域的政策方针，确定了韩国发展"绿色能源"的道路：在未来5年间累计投资107万亿韩元（1美元约合1265.90韩元）发展绿色经济，争取使韩国在2020年年底前跻身全球七大"绿色大国"之列。韩国政府将低碳与绿色发展作为重要的主题之一，综合推进新兴产业发展。韩国政府强大的资金扶持对不同时期的新兴产业的发展起到了极大的促进作用。此外，政府还提供了一系列的减税配套措施，通过引入各种商业产品来吸引私营投资者，以期为研发机构提供支持。

五、巴西战略性新兴产业的发展

作为"金砖四国"之一的巴西也在大力推动新兴产业。巴西独特的自然条件适宜种植甘蔗和油料作物,可用于提炼乙醇和生物柴油。依托这一农业优势,巴西开发出了以乙醇为中心的产业链,成为了世界上开发利用替代能源做得最好的国家之一。早在20世纪70年代,巴西就制定并开始实施了以甘蔗为原料生产乙醇燃料的替代能源发展战略,把立法作为推广乙醇燃料的必要手段,通过法律形式保障乙醇燃料、汽车生产商及消费者的利益,并通过补贴、设置配额、统购乙醇以及运用价格和行政干预手段鼓励使用乙醇燃料,为发展乙醇燃料提供了法律政策保障。金融危机爆发后,巴西经济明显下滑,失业增加,消费下降。为了应对危机,巴西努力支持企业提高自主创新能力,加大科研投入,发展节能低碳新兴产业。

2009年,联邦政府在"科技创新行动计划"(2007—2010年)的预算投入总额达到410亿雷亚尔(1美元约合1.8雷亚尔),约占GDP的1.1%—1.2%,计划到2010年卢拉政府任期结束时将科技创新投入进一步提高到占GDP比重的1.5%。在得天独厚的自然条件下,巴西政府因地制宜,着力发展生物能源产业,鼓励发展生物燃料汽车,制定发展生物燃料的发展规划和产品标准。在第二代生物燃料研发方面,巴西已经尝试从甘蔗渣、各种植物纤维、秸秆及其他农产品加工废弃物中提取纤维素乙醇的技术,加快第二代生物燃料乙醇研发生产。巴西已经成为全球第二大乙醇燃料生产国和第一大出口国,并在此基础上继续推进风能、核能等新能源产业发展。巴西政府通过Proinfa立法(对可替代资源发电项目的鼓励计划),制定了管理风电场发展的政策,已经拥有"安格拉1号""安格拉2号"两座核电站,并开始建设"安格拉3号"核电站。

与此同时,巴西正在建立一个电动汽车计划网络,已经启动了电动汽车研发项目,并为此成立了电动汽车电池研究专项小组。巴西政府认为,发展本国电动汽车是能源技术选择的重要路径。从巴西新能源产业发展来看，政府支持是取得成功的一个关键因素，通过补贴、设置配额及运用价格和行政干预手段鼓励使用乙醇燃料，综合运用金融、法律、经济和科技等多种手段，在生物能源发展的每个环节上扎实推进，形成了国家发展战略—科技研发—市场应用的完整链条，进而实现预期目标。

第二章
创新与新兴产业的成长

第一节　创新的基本概述

一、创新的概念界定

熊彼特率先在《经济发展理论》一书中提出创新就是建立一种新的生产函数，是把一种从来没有过的生产要素和生产条件等新组合引入生产体系以获得利润。其中"新组合"包含以下内容：引入新产品，即刚生产上市、消费者不熟悉的产品；引进新技术，即新的生产方法；开辟新市场，使产品进入不曾进入的市场；获得一种原料的新的供给来源；实现企业的新的组织形式。

华尔特·W·罗斯托，将创新概念具体化为技术创新理论，从技术性角度突出创新；诺斯直接将技术创新定义为资本的投入、组织的建立、制订计划、招募员工和开辟市场几种行为综合的结果，突出技术创新从研发—生产—销售—市场的整个企业生产运作流程中的全过程渗透性；弗里曼认为技术创新是技术、工艺和商业化全过程，并促进新产品的市场实现和新技术工艺与装备的商业化应用；我国学者吴贵生首先提出技术创新本质上是一种经济活动，是一种以技术为手段实现经济目的的活动，强调技术创新具有基于技术活动、所依据的技术变动允许有较大的弹性、技术和经济结合的三个特点。此外，还有很多学者把创新定义为组织采纳一个新设想或新行为[①]。

综上所述，创新可以分为广义和狭义两个层次。狭义的创新概念为：创

---

① 李光敏：《创新的内涵——基于技术、经济、服务、社会四个维度》，《商业文化》，2014年。

新是一个从新思想的产生到产品设计、试制、生产、营销和市场化的一系列活动。可见狭义理解的创新概念把技术与经济结合起来。而广义的创新的概念为：创新表现为不同参与者和机构之间（包括企业、政府、大学、科研机构等）交互作用的网络，在这个网络中，任何一个节点都有可能成为创新行为实现的特定空间。创新的行为因而可以表现在技术、制度或管理等不同的侧面。

二、创新的内涵特点

（一）创新主要表现为创造性

这是创新最根本的特点，若新创造的事物或经过改进的事物与原有的东西基本相同，甚至完全相同，既没有任何新意，也没有任何相对较突出的优点，这样的创新也就失去了其本身的价值。创造性主要体现在三个方面：第一，思想观念的更新。社会实践的发展会使某些思想观念显得陈旧过时，有的需要代之以新的内容，有的需要进一步解释，使之与时代要求更相符合。第二，修改或重新制定制度、规则、体制、机制。制定制度、规则和规定体制、机制应遵循事物的客观发展规律，当客观条件变化时，要么局部地修改，要么整体废除，代之以新的东西。第三，技术、设备、工具、工艺流程的改进或新创，这是创新的主要内容，是推动生产力发展的最经常、最主要的动力，突出地表现在创造新的事物、提高生产效率、给人们生活提供更多便利上。

（二）创新是理论与实践高度结合的产物

这是实现创新的关键，也是根本途径。20世纪中期以来，在使用复杂的机器体系，特别是在使用自动化机器的条件下，若是没有科学理论作先导，不但根本不能发明创造新的现代化生产工具，就是操纵或重复制造已有的现代化生产工具也是困难的。在社会管理、思想文化等方面更是如此。创新更离不开实践，实践是前者的温床，在实践中人们发现了问题和解决问题的办法,然后才能付诸实施。若没有实践,无论多么先进的理论也不能提供现成的办法,更不能转化为现实的生产力。就理论与实践对创新的意义来讲,理论是实施创新的先导,实践是实施创新的载体。没有先进的理论做指导,是盲目瞎撞,要想有所突破极其困难,不在实践中摸索,想在理论中找到现成的方法,那是闭门造车。

(三)创新具有无限发展的趋势

针对某一具体问题来说,一旦找到了解决方案,并付诸实践,即使完全取得了成功,也只是解决了这个问题而已。然而客观世界存在着更多尚未解决的问题,即使已经解决的问题,也不能做到一劳永逸。客观条件变化了,还会产生新的矛盾。受社会历史条件制约,一定时期的创新只能解决一定广度和深度的矛盾,社会在不断发展,老问题解决了,又会出现新问题。人类对生产效率提高和生活条件改善的追求注定了创新具有无限发展的趋势。我国20多年的改革开放在促进经济发展、提高生活水平的同时,也带来了一些必须给予正确解决的消极问题,如金钱至上论、极端个人主义等,这就给法制建设和思想道德建设提出了新的任务,要求我们在法治工作、精神文明建设方面要有新思路、新举措。创新的无限性要求我们绝不能对过去的成绩沾沾自喜,应该坚持虚心好学的态度,戒骄戒躁,力争取得更多的成果。

(四)创新能产生良好的社会效益和经济效益

这种积极效果是人们实施创新活动的根本目的,社会进步既包括物质文明的进步发展,也包括精神文明的进步发展。进入文明时期以来,人类所实施的各种创造性工作推动了物质文明、精神文明由低级向高级发展,特别是一些重大创新对生产力发展和思想境界的提高有显著长远意义。20世纪中期以来,高速交通工具、移动通信工具、自动化系统和电脑等高科技产品的普遍应用使人们的生活方式、时效观念和思维模式发生了前所未有的变化,有些即使在当时看来似乎不显眼的创新也在其实施领域起到巨大的推动作用。

综上所述,创新的内涵可概括如下:建立在实践基础之上,综合运用相关知识,在以科技为核心的政治、经济、思想文化等方面实施的有益于社会进步的,无限发展的创造性活动①。

第二节 产业创新的内涵

一、产业创新的三个理论基础

(一)熊彼特的技术创新理论

产业创新理论起源于奥地利经济学家熊彼特(Schumpeter, J.A, 1939)提出的"创新"概念和理论。熊彼特认为创新就是把一种从来没有过的生产要素和生产条件的新组合引入生产体系,实现创新的途径主要靠企业的创新行为,特别是有创新性的企业家精神和掌握先进技术和生产能力的垄断企业。技术创新是其研究的核心内容。

(二)诺斯的制度创新理论

20世纪中叶兴起的新制度学派将创新的研究深入到制度层面,关注制度创新问题。诺斯(1999)运用熊彼特的创新理论来考察制度变迁现象,首次提出了制度创新的概念,并基于此建立了制度创新理论。诺斯认为制度创新是使创新者获得更大利益的对现有制度的变革,制度创新的动力来源于对创新的预期收益大于预期成本,而这种预期收益在现有制度下是无法实现的,因而只有通过主观地改造现有制度中的阻碍因素才能实现预期收益。

(三)弗里曼的国家创新系统理论

真正对产业创新进行系统阐述的是英国经济学家弗里曼。20世纪下半

---

① 李金华:《创新的内涵特点及其实现条件》,《河南社会科学》,2003年第3期,137—139页。

叶,知识创新的重要性引起人们的高度重视,知识经济、信息经济等概念的提出,使人们更加认识到社会整体的互动性不断增强。创新是各种社会活动的有机统一整体,弗里曼提出了国家在技术创新中的重要作用,并形成了"国家创新系统理论"。此后,国家创新系统理论不断被深化,逐步形成了国家创新系统的宏观学派、微观学派和综合学派。宏观学派以弗里曼和纳尔逊为代表,其基本思想是强调国家在推动技术创新中的重要作用,将技术创新与政府职能结合起来,形成国家创新系统,以实现经济的追赶和跨越。弗里曼(1997)对日本、美国和苏联的产业发展进行了对比研究,认为一国只有建立起将技术创新转化为产业创新的能力才能在国家竞争中占据优势,他进而从历史变迁的角度对电力、钢铁、石油、化学、合成纤维、汽车、电子和计算机等许多产业的创新作了实证研究,得到的结论是,产业不同,产业创新的内容也不同。纳尔逊在《国家创新系统》(Nelson,1993)一书中指出,现代国家的创新系统是一个包括各种制度因素、技术行为因素以及大学、政府等职能机构的复杂的体系。由于科学和技术的发展过程充满了不确定性,因此国家创新系统中的制度安排应当具有弹性,发展战略应该具有适应性和灵活性。微观学派以伦德瓦尔为代表,基于企业行为讨论国家创新系统的微观层面,认为大学、科研机构、企业等的知识创新行为和保障创新顺利进行的、制度史创新的关键因素,知识的价值很受重视。综合学派以迈克尔·波特韦代表,将微观机制和宏观绩效联系起来考察。波特(2002)在《国家竞争优势》一书中进一步完善了价值链理论,并指出创新存在于产业价值链的任何环节,国家竞争力的核心是产业竞争力。他提出了打造国家创新优势的"钻石体系",即包括要素条件、国内需求状况,企业战略以及相关支持性产业。因此,国家应该构建一个有利于创新的环境。

二、产业创新的内涵

基于以上三个理论基础,产业创新被从不同视角赋予内涵。

技术创新是一个将科技成果转化为生产力的过程。美国国家科学基金会（NSF）在《1976年：科学指示器》中提出，"技术创新是将新的或改进的产品、过程或服务引入市场"，联合国经济合作发展组织（OECD）在1988年的《科技政策概要》中将技术创新定义为"发明的首次商业化应用"，认为技术进步是包括技术发明、技术创新以及技术扩散的三阶段过程。弗里曼也指出，创新是将新产品引入市场，新技术工艺投入实际应用的技术的、工业的以及商业的系列步骤。

制度创新是指制度主体通过建立新的制度以获取追加利润的活动，包括产权制度创新、组织制度创新、管理制度创新和约束制度创新四个方面的内容。从变革的强度上来说，既包括根本制度的变革，也包括在基本制度不变的前提下的体制模式的转换，而且制度创新是一个演进的过程，包括制度的替换、转换和交易（卢现祥，1996）。

产业创新是把产业自身及关联产业的关联要素重新组合并引入体系（张治河，2003），产业创新包括产业组织创新、产业结构创新（Rothwell，1992），其目的是实现产业的可持续发展（Dosi，1988），是特定产业在成长过程中或在激烈的国际竞争环境中主动联手而开展的企业间的合作创新（严潮斌，1999）。陆国庆（2002，2003，2004）认为，产业创新就是企业突破已结构化的产业约束，运用技术创新、产品创新、市场创新或组合创新等来改变现有产业结构或创造全新产业的过程。产业创新是企业创新战略的核心和最高目标，是企业技术创新、管理创新、市场创新的系统集成，也是企业家创新精神的主要体现。从能力的角度看，产业创新是指新兴产业的形成过程，产业创新能力是指形成新兴产业的能力，即指能够满足新的需求，或者满足同样的需求却可以节约更多资源的产业的形成与普及能力（张耀辉，2002）。

综合以上文献综述，有关产业创新的研究分别从不同的视角进行研究，给出的产业创新定义也不同，但基本围绕两个方面来阐述。从狭义上讲，产业创新是以技术创新为核心，创新主体之间通过协同作用，实现技术的创造发明和产业化应用，从而实现产业突破性的进步、企业竞争力的大幅提升；从广义来看，产业创新指的是产业创新主体（政府、企业等）通过制度创新、技术创新、组织创新、环境创新和组合创新，充分利用社会资源和能力，培育新兴产业，使得原有产业在一定区域内处于领先地位或使其获得突破性的发展，从而促使产业发展，实现质的飞跃的创新活动。

三、产业创新系统与竞争力

弗里曼（1997）认为，产业创新是一个系统的概念，系统因素是产业创新成功的决定性因素。可以说，产业创新系统是技术创新、产品创新、市场创新等的系统集成，是企业创新的最高层次和归宿，是企业突破已结构化的产业约束，运用技术创新、产品创新、市场创新或组合创新等来改变现有产业结构或创造全新产业的过程。

产业创新系统是当前国际上国家创新系统理论研究的热点，相关理论研究成果也非常丰富。弗里曼（1997）在产业创新理论的基础上首创了国家创新系统理论，并指出国家创新的核心是产业创新；迈克尔·波特在其创新模型中，把产业基础纳入创新系统，贯穿了深刻的产业创新系统思想。Rothwell（1992）提出的并行工程为基础的综合创新模型是产业创新系统思想的又一体现。Carlsson（1997）的技术系统理论为产业创新系统的建立和完善奠定了良好的基础。理论发展的基础上，一些学者讲理论与实践结合起来，考察不同区域的创新系统发展。萨克森宁（Saxenian，1994）结合当地情况研究了"128高速公路"和硅谷创新系统；Cook（2003）研究了欧洲的区域创新系统，并提出了发展战略和政策建议。

自主创新国家战略的重要意义得到越来越多的重视，推动了国内学者对国家创新系统的研究。陈劲（1999）提出了建立"包括企业环境要素"的创新体系与框架的产业创新系统思想，率先将产业创新系统与国家创新系统、技术创新系统联系起来，认为"国家创新系统应当被看成是各子系统的综合体，而各子系统又可以根据不同的产业、区域和关键技术进行进一步划分。而且，国家创新系统可视为许多产业创新系统构成。由于每一个产业中都存在创新的源——用户关系，因此可将国家创新系统的概念应用到产业中，通过推动主要创新源之间的协作和信息流动，加强产业的竞争力"。张凤、何传启（1999）把产业创新系统视为国家创新系统的重要组成部分，根据国家创新体系的功能，把国家创新系统分为四个子系统，这四个子系统和地区、产业创新系统一道，构成国家创新体系的二级结构。刘洪涛（1999）等将国家创新系统结构划分为生产——学习系统、搜寻系统、探索系统和选择系统四个子系统，并对各个子系统的主要功能、主体构成、能力来源、机构层次、创新层次进行了系统的研究。宁钟、司春林（2002）提出了国家创新系统的核心要素（企业、公共研究机构、教育培训机构、政府机构、金融机构），并从其演化角度具体分析了宏观、中观和微观层次的集群含义。

第三节　创新驱动与新兴产业成长

一、创新驱动的概念

"创新驱动"的概念最早由波特（1990）提出，他在《国家竞争优势》一书中，将国家竞争力发展为要素驱动、投资驱动、创新驱动和财富驱动四个阶段，并全面阐释其特征及演进过程。此处的创新驱动概念是把创新作为推动经济增长的主要动力。国内学者近几年开始探索我国转型动力问题，其中洪银兴（2011）对创新驱动概念理解较为深入，认为转向创新驱动就是利用知识、技术、企业组织制度和商业模式等创新要素对现有的资本、劳动力、物质资源等有形要素进行重新组合，以创新的知识和技术改造物质资本、提高劳动者素质和科学管理。

二、创新驱动战略的流程与要素

创新驱动战略是一个系统工程（如表2所示）。在创新驱动的不同阶段，创新驱动的重点、创新的主体、投入来源和创新的主要类型不同，特点鲜明。前端驱动阶段是知识的创造和积累，面对收益未知、风险高的科技创新探索，政府及跨国性企业研发机构的大规模投入是主力，主要创新形式为原始创新、知识创新体系构建，抢占未来科技发展的制高点。中端驱动阶段重点在科技成果转化，需要不同创新主体的协同，以及各种转化媒介的介入搭桥。后端驱动阶段直接面向市场，企业和产业集群发挥重要作用，创新的形式更加多样化。前端驱动阶段对国家的基础科研投入和实力提出较高的要求，中端驱动阶段需要创新要素在各种媒介的作用下有效衔接，后端驱动阶段对市场发育程度有较高要求。在创新驱动的整个过程中，驱动创新的体制机制和社会环境是强有力的保障。现今，三个驱动阶段同步性越来越强，间隔的时间越来越短，在知识、信息、媒介流通顺畅和市场发育完备的发达国家，一项新技术的发明很快就可能被风险投资家发现并投入生产投放市场。并且，在创新资源分布不均的前提下，三个不同的阶段要素相互影响相互作用，形成复杂多样的创新生态系统[①]。

表2 创新驱动战略的流程和要素分解

	前端驱动	中端驱动	后端驱动
创新驱动的重点	创新投入	科技成果转化	技术和产品的市场化、规模化

---

① 张银玲，邓玲：《以创新推动传统产业向战略新兴产业升级》，《经济纵横》，2013年。

(续上表)

	前端驱动	中端驱动	后端驱动
创新的主要类型	原始创新、知识创新、协同创新	基础应用研究、协同创新、集成创新、技术创新	技术创新、集成创新、引进、消化吸收再创新、产品创新、市场创新、商业模式创新、组织创新
创新主体	高校、研发机构	企业、产学研联盟、孵化器、科技型企业家	企业、产业集群
创新投入来源	政府、大型企业研发机构	企业、中介机构、政府	企业
驱动创新的体制机制保障	科技创新评价标准、激励机制、转化机制、知识产权保护、创新的社会氛围、创新资源的配置等		

三、创新驱动传统产业向战略性新兴产业升级的机理

创新驱动过程分为前端驱动、中端驱动和后端驱动，共同作用于传统产业向战略性新兴产业演进过程中科技创新路线的每个相应环节，促进了知识积累、学习、创造及扩散，推进传统企业技术结构、生产方式、组织结构等变革，实现从以传统业务为支柱向以新兴业务为核心的转变。前端驱动传统产业促进知识积累、学习和创造，中端驱动传统产业中的部分传统企业的新技术新产品研发的成果转化，后端驱动传统产业向战略性新兴产业转型升级的整个过程。三个阶段是相互影响相互作用的循环过程，在传统企业转型的初期，三个驱动阶段可以独立作用于转型的某个环节或阶段，当传统企业转型升级不断步入正轨，三个驱动阶段在空间上并存在时间上继起。

1. 前端驱动阶段

实施前端驱动战略的传统企业一般具备以下特点：一是现有知识结构与新兴产业技术知识具有相关性。二是具有创新投入的能力和基础或者得到政

府等部门的资金政策支持。三是企业具有良好的创新文化环境。在此创新驱动阶段，主要是知识的学习、匹配、吸收、整合和创造的阶段，参与的主体包括企业、高校、研发机构、政府部门等，通过独立研发或共同合作，攻克关键技术，进行原始创新。传统企业个体将外部知识及技术需求纳入组织内部，消化吸收后传递到组织的知识库，结合企业自身的知识积累和外部关联的主体知识及市场环境，寻找知识的匹配即合适的知识吸收对象，经过"匹配"过滤过程后，采取适当的原始创新模式（如独立型或合作型），整合新的创新资源，进行知识创造。前端驱动阶段风险高、收益不确定性强，政府的创新投入支持、政策法规、创新融资的渠道和市场对新产品的需求是重要的外部影响因素。

2. 中端驱动阶段

中端驱动阶段强调从知识生产到转化为生产力的过程，对于传统企业来说，是应用研究及实验室发展环节所产生的战略性新技术、新装置的应用形成新产品或新业务。传统企业通过企业内部自行转化模式、支付专利费获得技术转让、产学研合作转化、依托孵化器转化等模式实现成果的转化。在成果转化过程中对成果转化的预期效用最大化，是科技成果顺利转化、高效转化的内在要求。以上假设的是传统企业单个或重要的系列技术的转化，现实中，学科交叉和技术融合加快，新兴产品的制造工序更加复杂，需要不同学科领域知识。例如，新能源汽车的生产就需要整合电学、材料学、软件学等多领域专业知识，企业想在设计研发中把握所有领域的技术和新进展几乎不可能，以大学、企业、研究机构为核心要素，以政府、金融机构、创新平台、中介组织、非营利组织等为辅助的多元主体协同互动，以实现知识创造主体和技术创新主体间的深入合作和资源整合的协同创新尤为重要。

3. 后端驱动阶段

后端驱动阶段直接面向市场，实现新兴技术和产品的市场化和规模化，由于直接面向市场，驱动的创新形式也更加多样化。后端驱动阶段主要通过以下几种途径作用传统产业向战略性新兴产业转型升级：一是在前端及中端阶段形成的新产品，通过商业模式创新，实现市场化。由于战略性新兴产业尚处于发展初期，市场不确定性与发展潜力并存，商业模式创新旨在对产品价值、客户价值、合作伙伴、收益方式、销售渠道等要素进行重构，以扩展新兴产品的市场空间，寻求产业链上各主体最佳契合。例如，"车电分离"商业模式创新对新能源汽车产业的积极促进作用。由于纯电动汽车的价格比其他汽车高出许多，其中电池的造价接近一半，如果整车造价由消费者承担，整个产业发展将受限。"车电分离"模式下顾客只需支付电池外车身价格，电池由运营商租赁给顾客，专业的电池运营商将电池进行维护和管理，在汽车电池寿命结束后，还可用于存储风能和太阳能，实现梯次利用。传统企业在不断转向战略性新兴产业业务时，必须不断融入和创新商业模式，才能实现新产品的市场化。二是通过技术创新、产品创新生产出满足市场需求的新兴产品。三是通过流程创新、引进、消化吸收再创新、技术改造，延伸或再造产业链及产品链，成为战略性新兴产业中间产品的供应商。例如，原玻璃深加工企业通过技术创新和流程再造等发展薄膜太阳能电池基板的高档伏法玻璃、光伏光热玻璃，延长伏法玻璃产业链，进入太阳能光伏、光热、发电产业。四是以市场为导向，剥离传统制造业务，向高端服务转型。例如，1990年初，IBM在受到微软、康柏等IT巨头挤压下几乎陷入困境并开始转型，剥离打印机、个人电脑等低利润业务，调整业务范围和创新经营理念向高端服务转型，现在已形成以高端软件、全球信息科技服务、云计划等业务为核心的服务体系。五是依托原有专利技术及高技术嵌入，由服务于传统产业向服务于战略性新兴产业转变。例如，从事焊接行业的传统企业，通过进一步融合现代微电子、数字控制、工业机器人、激光等技术服务轨道交通、海洋平台等产业建设，并开发生产用于战略性新兴产业的高温钢、深冷钢等各种高性能优质焊接材料。六是实现与战略性新兴产业演化特征、运行模式和发展规律相匹配的组织创新。熊彼特（1950）将组织变革视为"创新性破坏"的主要因素,与开发新产品、新工艺以及开辟新市场等因素并列。组织创新是成功利用创新资源和新技术的前提,同时,新技术的引进对一个组织来说既是挑战也是契机,会带来一系列的管理实践改变,催生新的组织形式。传统企业在转向战略性新兴产业时,制度转型、管理创新、人员转型也是同步展开。

4. 创新的生态系统

传统企业在创新驱动的作用下,相关产业和支撑机构(大学、科研机构、金融机构、咨询中介)在传统企业向战略性新兴企业转型升级过程中,为了获得和分享更多的创新资源而不断达成共识和合作默契,形成创新网络。创新的产出吸引更多的合作关联,企业外部关联又推动创新,创新网络的组织和协调能力不断加强,促进网络内生发展和创新,进一步形成一个良性的创新互动循环,最终演化为创新的生态系统。在这个系统形成中,产业的空间集聚非常重要。传统产业集聚驱动的要素是运费成本、劳动力成本、市场、交通等一般性要素,而战略性新兴产业区域集聚的因子不仅仅是包含一般性要素,关键是领先的研发与开发能力、高素质的人力资本、新兴产业的配套能力、完善的市场技术转化平台和区域政府制定的战略性新兴产业区域集聚的远景规划和发展模式。因此,在从传统产业集群向战略性新兴产业集群转型升级的过程中,新的集聚因子的培育尤为重要。同时,不同传统产业集群转向不同的战略性新兴产业集群,又受到不同战略性新兴产业发展规律的影响,例如,形成的新能源产业集群,一般不具备成本竞争优势,政策驱动更显重要;新材料产业集群产业关联性高,要求整个产业上下游的协同;对于生物医药产业集群,科技创新是最大驱动力[①]。

---

① 张银银,邓玲:《创新驱动传统产业向战略性新兴产业转型升级:机理与路径》,《经济体制改革》,2013年。

第四节　产学研合作与新兴产业的发展

一、产学研合作的理论基础

在最初的产学研合作研究中，学者们主要从国家创新系统理论、三螺旋理论、协同理论等理论视角对产学研合作进行研究。随着时间的推移，学者们研究所采用的理论视角也在扩展。迄今为止，除了国家创新系统理论、三螺旋理论、协同理论之外，产学研合作研究的理论视角还包括交易成本理论、资源依赖理论、博弈论等。

（一）国家创新体系理论

国家创新体系概念产生于20世纪70年代后期，源于熊彼特的创新理论和李斯特的国家学说。随着创新实践的不断发展，创新研究开始逐步延伸到国家层面，国家创新体系理论应运而生。1978年，弗里曼在《技术政策与经济业绩：来自日本的经验》一书中正式提出了国家创新体系概念，并认为日本在20世纪70年代的技术追赶和超越与其国家创新体系有着密切联系。国家创新体系不仅包括技术行为因素，也包括各种制度因素；不仅包括致力于公共技术知识的大学，也包括政府基金和规划之类的机构。其主要特点是政府干预、厂商主导研发以及教育培训系统与独特产业结构的支撑，而厂商是创新体系的核心。之后，纳尔逊在对美国创新体系进行研究时，将国家创新体系与高技术产业的发展联系起来，并认为国家创新体系分析的核心在于企业、大学与国家技术政策之间的相互作用。此外，伦德瓦尔等人从微观角度对国家创新系统的组成要素进行了划分，并探讨了企业、大学及科研机构、政府、金融机构等创新主体之间的相互关系。1997年，经济合作与发展组织（OECD）出版的《国家创新体系》一书强调，国家创新体系就是政府、企业、学研机构等社会主体就生产、储存、转移以及应用不同类型知识、技能的相互联系的机构系统，而企业则是这一系统的核心。

（二）三螺旋理论

三螺旋（Triple Helix）的概念最早出现在生物学领域，主要用来解释基因、生物体与环境之间的关系。20世纪90年代中期，亨利·埃茨科威兹和勒特·雷德斯道夫将该概念引入创新研究领域，用来分析知识经济时代政府、产业和大学之间的新型互动关系，由此提出了三螺旋理论。与国家创新体系理论类似，三螺旋理论也强调各创新主体之间的互动机制，认为政府、企业和大学的交迭是创新系统的核心单元，三方互动是推动知识生产和传播的重要因素，在知识和技术转化为生产力的过程中，三方参与者互相作用，从而推动创新螺旋的不断上升。与国家创新系统理论特别强调以产业为创新主体不同，三螺旋理论认为，大学、产业或者政府都可以成为创新的组织者、主体和参与者，无论以哪一方为主，最终都是要形成动态的三螺旋来推动各种创新活动深入开展。在这个过程中，三方相对独立但和谐地相互作用、协作创新，推动创新与区域经济的发展。作为创新研究的新范式，三螺旋理论强调通过制度设计以及结构安排等加强产学研各合作主体以及政府之间信息与资源的交流分享，从而有效提升科技资源的运用效率与效能。

（三）协同理论

早在1965年，Ansoff就提出了协同的概念，认为协同就是相对于各独立组成部分进行简单汇总而形成的企业群整体的业务表现。其后，日本的战略学者伊丹敬之进一步将Ansoff的协同概念分解成了"互补效应"和"协同效应"两部分，并认为协同是一种发挥资源最大效能的方法。20世纪70年代，德国物理学家哈肯系统地提出了协同学理论，认为协同是在复杂大系统内各子系统的协同行为中所产生出的、超越各要素自身的单独作用的、整个系统的联合作用。

随着协同思想的盛行，一些学者开始将协同理论引入技术创新的研究领域。事实上，随着技术的不断进步，单一主体或单一要素的创新已经无法满足国家、区域以及企业发展的需要，这就使得涉及多主体、多要素的协同创新成为技术创新研究的必然选择。产学研合作是政府、学术界和产业界等多个领域的主体之间的协同创新过程。通过产学研合作，不仅能够充分利用政府、学术界和产业界等不同主体的优势，而且可以发挥出重要的协同作用，加速新技术与新产品的开发过程，更加有效地促进企业、区域以及国家创新活动。

（四）交易费用理论

1937年，英国经济学家科斯提出了交易费用理论，认为企业和市场是两种可以互相替代的资源配置机制，究竟采取何种资源配置机制则取决于市场交易成本与资源内部配置成本的高低，而交易费用是获取市场信息、谈判和签订交易契约并在契约实施中监督以及必要时调解与仲裁的费用。之后，达尔曼从契约过程对交易费用的性质做了进一步的说明，认为交易费用包括信息成本、讨价还价和决策成本以及执行和控制成本。与此类似，张五常将交易费用分为信息成本、度量成本和谈判成本三种。为使交易费用的度量更加可操作化，威廉姆森以交易为基本分析单位，从资产专用性、交易频率和不确定性三个方面考察了交易费用，从而大大推动了交易费用的概念诠释、量化及其实证检验的进展。

作为一种市场行为，产学研合作在实际中也存在各种交易成本，因此，学者们也广泛从交易成本理论视角来探讨产学研合作问题。例如，苏敬勤认为产学研合作的交易成本包括沟通成本、谈判成本、履约成本以及主要表现为风险成本的其他成本；类似的，张米尔等将产学研合作的交易成本分为沟通成本、谈判成本、履约成本三部分，并认为交易成本对产学研合作创新具有重要影响。此外，学者们研究也发现，企业参与产学研合作的动机包括降低交易成本、降低研发成本、控制合作风险与获得知识溢出效应等。

（五）资源依赖理论

资源依赖理论认为，没有任何一个组织是自给自足的，所有组织都必须为了生存而与环境进行交换。在与环境的交换过程，环境给组织提供了关键性的稀缺资源，缺乏这样的资源，组织就无法生存并获得发展，由此，对资源的需求构成了组织对外部环境的依赖，资源稀缺性和重要性决定了组织对环境的依赖程度。Nohria 与 Garcia-Pont 认为，跨组织合作形成的动因之一就是为了整合不同组织所拥有的互补性资源。资源依赖理论部分解释了产学研合作形成的原因，即通过合作主体之间的联结，可将不同组织所拥有的互补性资源整合起来，以获取对关键性资源的控制和利用来发展技术创新。事实上，很多企业、高校以及研究机构在实践中之所以愿意参与产学研合作，是因为通过这种合作可以有效获取与充分利用合作伙伴的稀缺资源和能力，从而快速地实现创新。

（六）博弈论

博弈论是研究组织冲突和合作的主要理论之一。1944年，数学家约翰·冯·诺伊曼和经济学家奥斯卡·摩根斯坦合作出版了《博弈论与经济行为》一书，书中对经济主体的典型行为特征进行了概括，并提出了策略型与广义型（扩展型）等基本的博弈模型、解的概念和分析方法，从而奠定了经济博弈论大厦的基石，也标志着经济博弈论的创立。

从博弈论的视角来看，产学研合作是指企业、学研机构、政府等合作主体在合作过程中形成的"非零和博弈"的平台。将博弈论运用于产学研合作研究，可以帮助参与产学研合作的相关主体在面对瞬息万变的外部环境时作出正确的博弈决策，从而实现产学研合作参与主体之间的密切协作和创新发展。目前，学者们采用博弈论主要是为了围绕产学研合作的利益机制、收益分配、报酬激励与风险承担等问题进行相应的研究[①]。

---

① 曾萍，李熙：《产学研合作研究综述：理论视角、合作模式与合作机制》，《科技管理研究》，2014年第22期，28-32页。

二、产学研合作的动力机制

所谓产学研合作的动力机制是指产学研合作各方参与者为了追求潜在的共同利益,实现各利益方个体收益(物质和非物质)的最大化,在宏观环境和市场变化的影响下,围绕产权、交易费用、剩余价值分割等一系列利益进行博弈,从中形成的各利益方相互激励与监督约束的行为过程的总和。根据产学研合作的相关理论的分析,本文将产学研合作动力机制划分为环境动力和内部动力两个部分。

(一)环境动力

随着市场经济的深入,企业和高校体制不断改革,产学研合作处于一个转型时期,即产学研各方由原来相对封闭的状态过渡到开放合作的状态。在高校体制改革之前,企业的生产、高校的教学和科研都相对独立,随着高校体制改革的不断深入,这种相对独立的状态在一定程度上被打破,但至今还没有完全被打破。当高校进行教育体制改革时,高校被推入到市场经济的大环境中去,高校不能再故步自封,唯有进行产学研合作才有出路,产学研的目标和功能也发生了一系列的变化。随着市场经济的不断发展,企业的生存与发展也越来越需要科技来支撑,产学研合作则成为了高校与企业博弈的最终选择。高校作为科研单位的代表,不仅仅要注重学术水平的提高,也越来越注重地区经济发展和社会服务的贡献,高校在完成教学、科研等本身必需的职能时,还必须参与经济建设中,搞好社会服务,并从社会服务与投身经济建设中获取收益,从而达到高校、企业和地方的协调发展。从这一层面来说经济利益成为产学研合作各方的共同利益。随着体制改革的不断发展与深入,以及产学研各方对共同利益的预期博弈,产学研各方均作出了合作与否的预期。企业作为市场经济的主体和市场经济最基本的细胞,要想在市场经济的竞争中取得优势,首先就必须进行技术创新,其最好的方式就是产学研合作。同时,作为市场经济的宏观调控者,政府也会通过颁布相关政策、法律来推动高校与企业进行产学研合作，以期实现全体社会资源的优化配置，获取更多利益。由此可以看出，产学研所面临的外部环境成为了高校和企业进行产学研合作的外部动力。

（二）内部动力

制度经济学的创始人科斯认为：资源所有者联合生产比独自生产出来的产品成本更低，在市场中更具有竞争优势。消费者如果想购买一系列组合商品，需要与多个独自生产的企业进行交易，这种交易成本较高。为了解决交易成本高的状况，其办法之一就是设立一名中心代理人，他与所有资源拥有者订立双边购买契约，最终由他来销售产品，以此来降低交易费用，经过不断发展，该代理人可以形成新的企业。从产学研合作的角度来看，产学研合作各方均拥有一定的优势资源，为了在市场竞争中处于不败之地、降低交易成本与交易费用，产学研各方可以联合起来，选择合作，这样产学研合作代替了一系列原有的生产，新的交易产生，取代以往的旧交易，资源在一定程度上达到了优化配置，产学研合作各方优势互补，从而形成规模效益，降低交易成本。追求最大利益是合作的原动力，而产学研合作产生的利益大小主要由交易成本决定。合作能实现资源优化配置，取长补短，取得规模效应，这样会大大提高产学研各方寻求合作的积极性，推动产学研合作的进展。

从以上分析可以看出，产学研合作的动力机制包括2个方面，分别是环境动力和内部动力。其中环境动力是产学研合作的外因，在模型中表现为"推力"，它主要包括市场运行状况、政府宏观调控和科学技术的发展；内部动力在产学研合作过程中起着基础性的作用，在模型中表现为"拉力"，它来自于产学研合作参与方对各自潜在利润的追求，通过资源优化配置，取得规模效应，从而降低交易成本，获取更高利润[①]。

---

① 付俊超：《产学研合作运行机制与绩效评价研究》，中国地质大学博士学位论文，2013年。

三、产学研合作的模式

产学研合作模式直接决定着科技成果转化的路径和效率。世界各国的产学研合作模式各有特色。本文主要对国内外比较成功的五种产学研合作模式的组织架构和运行机制进行具体分析,即科技园区模式、网络中心模式、英国教学公司模式、德国费朗霍夫模式和工程研究中心模式。

(一)科技园区模式

科技园区模式是以研究型大学为依托,利用大学的科研与人才优势创建高科技园区,发挥高新技术的辐射作用。科技园区模式主要有6种形式:1. 单所大学为主举办和经营,如斯坦福研究园、剑桥科学园;2. 国家主办,如日本筑波科学城;3. 地方政府主办,如马萨诸塞州的128号公路高技术园区;4. 企业与金融机构主办,如德国卡尔斯鲁厄技术工厂;5. 国家与地方联合主办,如法国和巴黎市法兰西岛科学城;6. 官产学合办,如日本关西科学城。

该模式主要功能在于作为大学高新技术成果的"孵化"基地,积极扶持大学创办各种高技术开发公司,为大学科研人员和学生提供实践基地,缩短理论与实践的结合周期;使得大学的教学质量通过企业迅速得到反馈,以不断修正大学的教育目标,培养出更加适应企业需要的合格人才。

(二)技术转让网络中心模式

技术转让网络中心模式是政府为了促进科研成果的转让,加快大学、国家实验室和私人研究机构的科研成果向企业界转移,建立全国性的技术转让网络,将政府所属科研机构开发技术成果并入网络,并通过这个服务网络将研究成果迅速地向企业界转让的模式。这一模式在美国发展得比较成熟。该模式使得企业与科研机构之间的信息交流不再受地域的限制,使高校和科研机构第一时间了解市场的需求,使企业能够迅速了解相关领域的新成果和新技术,是知识流动的快速通道。该模式的建立和运行需要健全的网络设施和法律政策环境，以保障科技成果的安全和科技人员的合法利益。

（三）教学公司模式

教学公司模式是英国特有的产学研合作模式，由英国政府和一些经济组织联合组建，主要任务是组织高校和企业共同参加科技协作项目，使得高校和企业界之间建立稳固的合作渠道。

该模式的优势在于由教学公司组织高校和企业共同参加科技协作项目，使得高校和企业界之间建立起比较稳固的合作渠道。教学公司项目由政府牵头，具备一整套完整的管理制度，参与项目的高校和企业都倍加重视，这为项目的顺利完成打下了良好的基础。但是该模式的管理和经费完全依赖于政府，是一种福利性质的模式，国家负担比较重，适合经济较发达的国家。

（四）弗朗霍夫模式

弗朗霍夫模式是由拥有41个研究所、涉及八大研究领域的弗朗霍夫联合体主导，政府、高校和企业共同参与的模式，其组织机构为弗朗霍夫学会。其中大学承担基础研究工作和培养学生（雇员）的重任；政府在自己的实验室进行应用性研究并为弗朗霍夫学会提供财政支持以保障合同研究的最低成本；工业企业提供合同以及制造条件和营销能力；弗朗霍夫学会的研究机构培养工程人员并致力于基础研究和工业应用之间的应用研究。它们之间的相互作用在技术商业化方面创造了可观的效益。

弗朗霍夫学会研究机构的服务包含以下几项：1. 产品和加工技术的最大化，产品原型和新流程的改进和开发；2. 支持新的技术和操作方法的引进；3. 提供技术信息和建议、可行性研究、市场调查、技术和生产趋势分析等技术咨询；4. 对产品及加工流程创新获得政府资助的可能性提供建议。弗朗霍夫模式的优点是：1. 科研机构众多，科研实力强，行业分布广；2. 充分利用大学培养人才和基础研究的特征，发挥企业、学校、研究机构的特长和优势，实现长期稳定的合作关系网。同时，其专利所有权带来的收入也大大降低了国家的负担，是一种有效的产学研合作模式。

（五）工程研究中心模式

工程研究中心模式是依靠国家资助、依托高校或者研究机构的研究实力、倚重企业参与、共建研究机构的产学研合作模式。其最早开始于美国的"大学—工业合作研究中心"模式，由国家科学基金会代表政府给予资金支持，将中心建立在大学或者大学附近，企业以会员身份参与。成员分为三个等级，公司根据自己的财力和需求来决定其等级，并按其参加的等级享受工程研究中心的成果。研究中心经费的30%来自国家科学基金会，30%来自工业界，20%来自其他联邦机构，10%来自所在大学，10%来自地方政府及其他渠道。工业界除了在经费上给予支持，还为工程研究中心无偿提供科学研究设备和仪器。

工程研究中心模式的优点是：1. 通过建立研究实体，促进高校、科研机构和企业的长期合作；2. 工程研究中心充分发挥了高校与科研机构的研究力量和企业生产经营的优势，为培养实用人才和促进科研成果转化提供了广阔的平台[①]。

四、新兴产业发展的产学研合作制度创新

在市场经济高度发达的今天，国家、地区间的竞争早已不再是产品、企业间的竞争，而是产业链与产业链之间的竞争。发展培育新兴产业当前必须深化传统产学研合作制度，从根本上改变创新与创业脱节的困局，把创新前端的基础研究、前沿研究，中端的关键技术、共性技术的研发、技术服务，后端的技术投融资服务、项目产业化、人才培训等合成一个有机的创新创业网络，引领新兴产业的技术进步，提升产业核心竞争力。

（一）合作目标：从基于企业技术需求到基于产业技术需求

一直以来，我国产学研合作主要是基于企业技术需求而开展的，大多

[①] 王成军、王二霞：《典型产学研合作模式研究及其经验借鉴》，《中国高校科技与产业化》，2010年第11期，32-34页。

以"短、平、快"的项目合作为主，普遍缺乏产业技术层面的战略合作，导致对相关技术领域缺乏长期的跟踪和研究，不利于解决制约产业发展的重大技术问题。随着产业竞争力成为一国国际竞争力的核心，产学研合作目标也必须从基于企业技术需求转移到基于产业技术需求上。具体包括这样一些内容。

一方面，着力突破产业关键技术。新兴产业是充分利用科技革命和重大技术创新成果建立起来的，产学研合作的根本着力点应该放在突破产业核心技术和掌握自主知识产权上。近年来，江苏推出了"高技术产业发展'841'攀登计划"，组织产学研联合攻关，集中突破制约新兴产业发展的800项关键技术，实施400项重大科技成果转化项目，培育100项具有自主知识产权和引领产业发展的重大战略产品，目前已取得了重大进展，如已形成4000t碳纤维原丝和1400tT300碳纤维生产能力，风电装备实现了兆瓦级风机动态载荷和核心控制系统的独立设计，光伏产业自主研发的"冥王星"太阳能电池生产技术，使单晶硅电池转换效率达19%的市场最高水平。另一方面，构建产业链协同创新机制。以配套集群的模式，在一定空间范围内实现上下游衔接，有助于知识和技术的转移扩散，尽快形成新兴产业整体竞争能力。

（二）合作主体：从点对点分散式合作到网络集成式合作

点对点分散式合作是指产学研单个主体之间的合作，如一所高校或一个科研院所与一个企业的合作，甚至是一所高校、科研院所的某个学科或团队与一个企业的合作。这种合作一般是基于企业技术需求、以项目合作为主要内容，合作形式以短期、一次性合作为主。由于点式合作简单灵活，交易成本低，当前正在实施的大部分产学研合作以点式合作为主。在点式合作过程中，虽然一些企业尤其是龙头企业、高新技术企业能产生一些高科技、高知识含量的科技产品，但从总体上看，这种合作只能解决一般的、临时性的技术问题，而难以应对需要多学科合作、长期攻关的产业共性问题和重大技难题。

由于产业关键技术和共性技术投入大、战略性强,迫切需要形成产业链、学科链、高校链、政府链、资本链等,因此,产学研合作要从初期的点对点分散式合作,逐步扩展到政府、企业、高校和科研院所以及金融中介服务机构等参加的全方位网络集成式合作。这种合作模式不仅通过政府、金融中介服务机构等相关要素的支持,来为产业技术开发与产业化提供集成式服务,更重要的是深化了传统产学研点对点分散式合作。广东数字电视产学研战略联盟就是由国内众多知名大学、科研院所以及重点企业组成,包括清华、华南理工、中兴通讯、华为、创维、TCL等机构。这种紧密联系、有序分工的产学研合作网络,不仅可以实现资源共享、优势互补、风险共担,能够有效地解决单个企业或高校技术创新能力不足的问题,降低创新活动中技术和市场的不确定性,还可以将企业需求和国家需求有效地融合起来,解决我国科技与经济相脱节的问题。

(三)合作本质:从知识技术的单向转移到双向互动

产学研合作的本质是知识与技术的转移,是知识与技术在"学研方"与"产业端"之间的流动。在创新"线性模型"(Linear Model)中,产业创新是"基础研究→应用研究→商业化"的过程。根据这种观点,高校和科研机构的研究属于独立于技术发展的上游,产学研合作就是知识与技术从"学研方"向"产业端"转移和溢出的过程。在这一阶段,一般是由大学或者科研院所将自己的研究成果推广到企业,或者部分不具备研发实力和能力的企业向大学或者科研院所购买研究成果,进而提升企业产品的科技含量。这种单向技术转移的产学研合作模式虽然能够较好地解决企业当前面临的技术难题,但各方合作是表层的、短期的,不仅难以提升企业的技术创新能力,还因技术保密程度低,极易被模仿,企业很难在市场上获取垄断利润。

"互动模型"(Interactive Model)表明,创新是一个互动过程,有的是高校科研机构的研究引领新技术发展,有的则是先前的技术发展或用户反馈引发出高校科研机构需要解决的问题。产学研合作扩大了企业知识存量，为其输送最新的专业知识与技术，同时，企业所提供和反馈的知识对高校和科研机构来说也是一种互补性资源。因此，新型产学研合作并不只是技术知识从高校和科研机构向企业的单向转移，合作过程所创造的新知识和技术以及企业的知识也在不断地往高校和科研机构转移。作为一种开放式的创新，产学研合作不仅是将基础研究的理论知识转化成生产力的知识深化和产业化的过程，更是产学研之间互惠共进、不断创造新技术、新知识并满足市场的互动过程，只有它们之间良性互动，才能促进彼此长期合作。

（四）合作模式：从契约式合作到一体化合作

在产学研合作过程中，最为常见的合作模式是契约式合作。这种合作一般由企业提供经费，通过签订契约委托高校或科研院所进行项目开发或出让科研成果。合作以技术合作为主要形式，以单元式合作机制运行，契约双方通过具体合作项目来维持合作关系，合同到期则合作中止。虽然这种合作能使科技成果在较短时间内投入应用，从而产生规模经济效益，但由于高校、科研院所只需按照合同条款履行职责，履行完合同后与企业就无权责关系了，因此这种合作一般适用于一些成熟的、投资小、见效快的技术，却难以为企业提供技术持续支撑和后续开发。

在新的形势下，产学研合作主体逐步意识到仅仅依靠短期、单项合作，单独依靠显性知识主导的转移难以满足各自高层次发展的需求，需要进一步探寻更加紧密的一体化合作模式。表现在合作形式上，进一步强化产学研合作的组织化程度，针对战略性新兴产业发展的紧迫需求和技术瓶颈，联合成立产业研发基地或者共建产业研发平台，通过契约明晰合作各方的责权利关系，确立投入、决策、风险承担、利益分配、知识产权归属等机制，保障联盟正常运作；表现在合作内容上，不仅注重技术合作，联手突破和发展产业关键核心技术，加速创新成果的大规模商业化运用，努力形成产业技术标准，还强调联合培养人才，推动人员交流互动，增强产业的持续创新能力。一体化合作克服了契约式短期合作的弊端，有利于建立长期稳定的合作关系，实现了更多的显性知识、隐性知识在合作实体之间的内部扩散和共享①。

---

① 申俊喜：《创新产学研合作视角下我国战略性新兴产业发展对策研究》，《科学与科学技术管理》，2012年第2期，37—43页。

第三章
制度环境与新兴产业的成长

第一节 制度在新兴产业发展中的作用定位

一、制度是新兴产业发展的内生性要素

正如前所述,新兴产业的不断衍生与扩张,需要有保障资源自由流动的市场制度(如产业融资制度、劳动力市场制度等),需要有相应的企业制度作为微观基础,需要反不正当竞争制度、反垄断制度、政府的产业政策和相关管理制度等,因此,任何一个产业的发展都是劳动、资本、技术、制度等多种要素综合作用的结果,产业的发展过程永远不能脱离制度这一要素,将制度视为既定的理论不能完美地解释产业的发展和经济的长期增长。

二、制度是新兴产业发展的首要因素

就新兴产业而言,由于其高技术特征,技术创新与人力资本无疑是不可或缺的要素,这些要素聚集数量的多寡、质量的高低,会决定着新兴产业发展的快慢与演变方向。因此技术决定论认为,只有技术进步才能带来新兴产业的发展。我们丝毫不怀疑、不否认技术进步在新兴产业发展中的重要作用,更不否定人力资本的巨大能量。但制度高于技术,制度高于资本,是居于首位的要素,其理由有三点:

第一,不管是技术进步与创新,还是人力资本的数量与质量,均是在一定制度框架、制度背景下获得的。奥斯特罗姆等认为"技术创新的进程依赖于一套复杂的制度安排",技术创新在很大程度上依赖于制度安排和制度创新,它在本质上更多的是一种制度现象,技术创新在不同的制度背景下所带来的绩效也会有较大的差异。技术创新是否发生、何时发生、朝什么方向发

生等都不是随意的,取决于一定的制度安排。弗里曼肯定了制度变迁对日本技术创新飞速发展所起的巨大作用,"当日本在某些重要技术领域处于前列时,并不仅仅是或甚至主要是与研究发展的规模有关,而要与诸如社会或制度的变革有关"。

事实上,技术创新取决于新知识的积累,而新知识的产生又是制度发展过程的结果。在新兴产业中,人力资本的投入已经远超物质资本的投入成为主导,这就要求对人力资本实现最有效的激励,包括产权激励、物质激励和精神激励等,营造出一种鼓励创新、创造和学习的气氛,只有在一个激励人的制度环境中,人的主观能动性、创造性才能得以充分的发挥。没有激励技术进步的制度,恐怕技术进步本身也难以发生,没有有效的新兴技术产业化机制,没有官产学研一体化机制,新兴技术也只能束之高阁。我国拥有四大发明,宋代技术大量涌现,却未能导致一次产业革命,柯武刚与史漫飞对此研究的结论是"制度发展的不足使技术进步成果的积累和潜在的巨大市场不起作用"。此外,不完善的市场结构、不恰当的公共政策等,都会导致技术创新与生产率增长的方向发生偏差。

目前新兴技术创新日益表现出两个鲜明的特点:一是投资的风险越来越大,二是投资管理知识的依赖程度越来越高。这样两个特点使得技术创新的成功更加依赖于有效的制度环境,包括完善的风险投资体系、国家创新政策、知识产权体系、企业间合作创新情况等。具体地说,制度创新对于技术创新的贡献主要表现在以下三个方面:一是减少技术创新风险,二是培育技术创新条件(技术创新主体的积极性、权利保护和社会保证等方面的问题),三是完善技术创新的机制环境,体现在宏观经济政策、劳动力市场和收入分配等不同层次、不同领域和不同方面的制度创新具有广泛的社会影响,形成一系列有利于技术创新的社会机制。

第二,从系统论的角度,经济系统是一个不断发展的系统,而资本、技术和制度则分别属于这一系统中的子系统。从资本、技术、制度的影响范围或载体来看，其对经济系统的影响分别是从微观、中观和宏观层次上进行的，依次属于这个系统的底层、中层和高层子系统。按照系统论的层次性观点，高层次系统制约和支配着低层次系统的状态和行为。制度变迁，特别是涉及一些根本制度的变革，所需的本征时间较长，属于慢变量或称序参量，而根据系统论中的"役使原理"它本身的变革将支配其他快变量如资本、技术等的变化，无疑对于整个国民经济增长和社会发展方向起着决定作用。因此，以此视角来看新兴产业的发展，资本和技术属于微观、中观的子系统，而制度则属于高层子系统，资本和技术是快变量，而制度属于慢变量，资本和技术在短期内可能起作用，但从长期来看，真正起支配作用的则主要是制度。

第三，在这些要素中，资本、技术、人力资源都在一定程度上存在着相互替代性，只有制度才具有"资产专用性"，短缺的制度不能被其他要素替代。制度才是新兴产业发展中第一位的、首要的因素。在资金、人才、技术、制度这四大要素中，制度是解放生产力的，它不仅能促进其他要素向新兴产业集聚，而且还具有整合功能，可以实现资金、人才和技术三大要素的互动与集成。

制度在新兴产业发展中的作用定位：首先，制度、人才、资本和技术构成是新兴产业发展的四大内生性要素；其次，制度对其他三大要素均有着极其重要的促进作用；再次，制度也促进了人才、资本与技术之间的融合，同时，技术是人才、资本、制度的函数，而技术对制度也有一定的反作用力。

第二节　新兴产业发展的制度系统

新兴产业发展所需的制度绝非单一的某个制度,而是各种制度相互配合、互相协调形成一个制度系统。制度系统具有整体性、结构性、开放性的特征,即制度系统是由许多制度子系统、子子系统为实现某种目的或功能,以一定的组织形式或结合方式组合起来,彼此相互作用、相互联系,并与外界环境交换信息和能量的一个有机整体。

一、新兴产业发展的制度系统构成

首先,按照诺斯的观点,可以将新兴产业发展的制度系统分为正式制度和非正式制度。然后,在正式制度中,受波特产业竞争力钻石模型的启示,即生产要素、企业战略与政府对产业竞争力提升的重要作用,并考虑第三章实证检验的结果,本文按照"市场—企业—政府"三分法的框架,将正式制度分为要素培育(市场)制度、企业制度和政府管理制度。其中,要素培育制度包括了融资制度、人力资本制度和科技制度。企业制度由企业组织制度、企业产权制度、法人治理制度、管理制度等构成。政府管理制度包括财税制度、法律制度和产业政策等。非正式制度则涵盖了价值观、意识形态、风俗习惯、文化传统等内容。对于各种制度更为详细的介绍,将在以下各章中再具体论述。需要提前说明的是,尽管非正式制度对新兴产业的发展亦有非常重要的意义,但基于篇幅所限,本文仅研究正式制度的创新,对于非正式制度创新,只待后续研究再行开展。

需要特别说明的是:因为这里的制度系统是从制度需求角度进行的分类,新兴产业的发展需要对各种要素进行培育、需要以企业制度为基础、需要政府管理制度的支持。从制度供给的角度看,新兴产业发展的这些子制度的构建,需要其他子制度的配合,而各个子制度也并非独立地起到某个方面的作用，即要素培育制度、企业制度与政府管理制度并非完全平行的三项子制度，这恰恰体现的就是制度系统的耦合性。例如要素培育制度中的科技制度，技术进步不仅需要科技制度，还需要资本市场（如风险投资）、人力资源和财税制度的支持；同样，融资制度、人才培育制度的建立需要政府的相关法律制度和财政税收政策的支持；通过政府的财政和税收的扶持，为新兴产业发展导向，可以增加新兴产业企业的收入和利润，或者降低市场交易成本，其最终目的是对人力资本的培育与激励，为企业开展研发以促进技术进步提供相应的扶持。因此，本文在具体行文时会略微有交叉，例如在论述人力资本制度创新时，将人力资本产权激励的具体措施放在了企业制度中的人力资本产权制度创新之中；知识产权从归属上是归于企业产权制度，但对于知识产权法律制度保护的论述，则放在了法律制度创新部分。显然，新兴产业发展所需的制度系统，不仅包括产业的内部制度，如企业制度，也包括产业外与宏观环境有关的所有制度。

二、各子制度安排在制度系统中的地位

要素培育制度是新兴产业发展的核心制度。资本在新兴产业发展中的作用不容忽视，为避免融资障碍和资本增速滞后导致的新兴产业发展低谷，融资制度仍非常重要；建立和完善能够发挥人力资本创造性、积极性的制度环境与制度安排至关重要；新兴产业具有高技术特征，技术进步在新兴产业发展中的作用也非常关键，建立以企业为主体、以市场为导向、产学研相结合的技术创新体系是科技制度创新的主要方向。因此，要围绕各种高级要素的培育，实现高级要素向新兴产业集聚，要素培育制度必须是新兴产业发展的核心制度。

企业制度是新兴产业发展的微观基础。企业组织制度的变革，一方面是迎合组织制度的最新发展，提高组织效率，但同时，也是为了协调各部门的行动，形成企业内部技术创新的协作；企业产权制度改革既是为了明晰产

权，建立完善治理结构的需要，也是为了扩大融资渠道的需要和组织激励的需要。仅有其他方面的制度创新，难以实现制度之间的对接，只有同时进行企业制度的改革，才能为新兴产业的发展奠定良好的微观基础。

政府管理制度是新兴产业发展的重要支撑。市场能够自发调节资源向产业的集聚，能够促进企业为适应经济发展而进行各种企业制度的创新，但市场有缺陷，企业行为亦有盲目性，这就需要政府的宏观调控与管理，政府管理制度是新兴产业发展的制度系统中的重要组成部分。所以，新兴产业发展制度系统各子制度之间的关系是：以要素培育制度创新为核心（体现市场的基础性作用），以企业制度创新为微观基础（体现企业为主体），政府管理制度为支持要素培育制度和企业制度创新起到辅助性作用。终极目标是促进各种高级要素向新兴产业的集聚，引导企业制度的有效创新，从而实现新兴产业的可持续发展。

第三节　新兴产业发展的制度创新机制

新兴产业制度系统的形成不是一蹴而就的，是基于收益与成本比较原则下产业发展对制度需求与制度供给的非均衡状况所引发的制度创新，并在不断的"试错"过程中实现制度系统与产业发展相结合的结果。

一、新兴产业制度创新机制

本文首先假定，在原有的制度系统下，制度供求是均衡的，即原有的制度系统能够满足原有产业系统发展的需要。当新兴产业出现并形成，由于其独有的特征产生了对制度的特殊需求，比如高风险性需要以风险投资为主的投融资制度，知识、技术的外部性需要以知识产权为主的产权制度，创新性需要比传统产业更加高素质的人才和一个鼓励创新的氛围等等，也就是说新兴产业与传统产业相比，对制度需求的类型与适应的制度安排会存在较大差异，所以，新兴产业形成之初总是会对制度产生一些新的需求（需要注意的是这种需求变化不一定是要求增加制度供给，也可能是需要减少制度供给）。但这种制度需求并不会导致制度的即时自动供给，其主要原因有制度的相对稳定性、制度变迁的时滞性等等。所以，作为新兴产业，从它诞生开始，总是或多或少要经历一段"制度真空""政策寂寞"阶段，也就是制度的非均衡阶段，这种非均衡是否会打破，最终取决于新兴产业发展所带来的潜在收益与制度创新成本之间的比较。

新兴产业的发展从某个意义上来说给产业、政府、个人新增了潜在的利益，这种潜在利益对企业而言，是由于技术进步、成本和相对价格的变化、投资于新兴产业而获得的收益；对政府而言，则是发展新兴产业所带来的产业结构的调整与升级、经济新增长点的出现、就业水平的提高等等；对个人（如新兴技术研发人员）来说，或将带来施展才华的机会和更好的发展平台。但这种潜在利益不是在原有制度框架下自然获得的，要获得这种潜在收益需要新兴产业持续快速的发展，只有通过相应的制度变革才能获得，而制度变革亦需成本，制度创新的成本包括规划设计费用、组织实施费用、清除旧制度的费用、清除变革阻力的费用、制度变革带来的损失及变革的机会成本等等。

如果潜在收益大于创新成本，就将导致制度的变革，制度系统的帕累托改进得以实现，利益相关者获得潜在利润，新兴产业制度系统的供给与需求达到暂时的均衡状态，新兴产业在新的制度环境与制度安排下获得良性发展。但如果潜在收益小于制度创新成本，就可能由于制度的路径依赖性而沿着原有路径继续沿着非绩效方向发展，甚至"锁定"在某种无效率状态，制度与新兴产业的发展需求不相称合，新兴产业在得不到有效制度支持的情况下低效发展,甚至消失。当有某个外部事件出现增加了潜在的收益或者降低了制度创新的成本,而一旦潜在收益超过了制度创新成本,受利润驱使的组织便会从事制度创新活动。

引发制度创新的外部事件概括起来有三个方面:一是政治、经济上的某些变化。这些变化可能影响到制度环境,使得利益集团获得潜在利润或实现收入再分配。一旦制度环境发生改变,相应的制度安排可能也就面临调整。二是技术的重大突破。技术变革降低了交易费用,或改变了资源的相对价格从而引发新的获利机会的出现,或使制度安排集合中的制度组织实施成本发生变化,最终导致制度创新。三是市场规模的变化。市场规模的扩大降低了固定成本对制度创新的阻碍作用,也使得一些与规模经济相适应的制度安排得以创新,并有效降低制度的运作成本,促进分工的进展和深化。制度创新实际上是对制度失衡的一种反应,简单而言,制度创新就是指能使创新者获得追加利益的现存制度的变革。

新兴产业制度系统实现制度供求均衡之后,也会因为新的外部事件引起制度的非均衡从而诱发制度创新与制度变迁,与产业发展需求在经历漫长的"试错"之后实现称合,绝非一蹴而就的。另外,如果出现新兴产业的更迭,则可能导致的是新一轮的制度博弈过程。

二、启示及建议

一是由于与传统产业相比对制度的特殊需求,新兴产业的出现必将导致制度的非均衡(如果原来制度是均衡的),而且这种制度的非均衡会在一定时期内存在,也即新兴产业从诞生开始,总是或多或少要经历一段"制度真空"时期。因此,政府和企业应加强对新兴产业发展规律、影响因素、适应的制度、技术和产业发展趋势等方面的基础性研究,尽量减少认知时滞,缩短制度非均衡存在的时间,尽早形成有利于新兴产业发展的制度环境和制度安排。

二是由于制度创新仅在潜在收益大于创新成本时才发生,新兴产业出现后引发的制度失衡并不必然导致制度的"适应性"创新,"制度真空"时段的长短取决于是否有某个外部的力量来改变潜在收益与制度创新成本之间的比例。所以每一次危机之后,都会给新兴产业的快速发展带来新的机遇,对政府而言,要充分利用这个发展机遇,适时创新制度,转危为机。

第四节 产业政策、制度环境与新兴产业的成长

产业政策的必要性及其调整取向是当前产业经济学界讨论的热点问题。当前,我国正处于产业转型升级的关键时期,产业政策的调整和转型是解决当前产业发展各种问题的"牛鼻子"。传统上我国实施的产业政策总体上是选择性产业政策,未来产业政策的调整和转型是要走向功能性产业政策,要增进和培育市场功能,强化竞争机制的作用,弱化产业政策的选择性。选择性产业政策的实施已经产生了各种严重问题,如产能过剩(甚至所谓新兴产业也出现了产能过剩)、新能源汽车骗补贴、官员腐败等等。尽管根据全球产业、技术和市场的变化趋势,我们可以准确地选择新兴产业,但如果我们仍然按照原有思路实施产业政策,那就仍然难以推动未来国家和地方的产业转型升级。

一、产业政策概述

(一)产业政策是制度环境的表现和抓手

产业政策(industrial policy)一词最早出现在1970年日本通产省代表在经济合作与发展组织(OECD)大会上所作的题为《日本的产业政策》的演讲

中。产业政策是一个经济体的各级政府为了实现长远经济发展而主动干预产业活动的各类政策总和。

产业政策、财政政策和货币政策通常被认为是能够影响宏观经济运行的三大经济政策。产业政策表明它的作用对象和范围是产业全体，重视刺激需求。财政政策侧重于合理调节资源配置；货币政策侧重于调节总量目标，起着稳定国内物价、平衡国际收支的作用。

（二）产业政策是一个综合性的政策体系

产业政策是一个综合性的政策体系，包含产业结构政策、产业布局政策、产业组织政策、产业技术政策。产业政策的核心是促进产业结构合理化，产业结构合理化以产业布局合理为前提保证，产业技术政策是产业结构政策的支持政策。产业政策往往出现在我国中央和各级地方政府的发展规划纲要中，具有时代性、区域性、政治性、供给指导性。而金融政策和财政政策往往作为配套政策支持产业政策的推进。一项正确的产业政策，往往需要与其他政策形成合力才能发挥最大效用。

二、关于产业政策的探讨

（一）关于产业政策是否有效的争论，需明确两大前提

前提一：要清晰界定产业政策的内涵。产业政策由于研究的角度不同，在国际上尚没有统一的定义。本文认为，从产业政策的性质和作用范围看，可以将其分为两类。一类属于政府的规制，具有共性，所有的经济主体都必须遵循，例如市场准入标准、竞争规则、关税政策、国际贸易规则等。另一类是带有特殊性的、针对个别产业制定的发展规划、投融资和税收等政策。前者属于广义的产业政策，后者属于狭义的产业政策。

基于定义的不同，对产业政策的认识和判断也不同。如果从广义来看，产业政策从政府一出现，就已经存在了。无论我们愿不愿意承认，产业政策都在那里。那么，"产业政策的存废之争"就是一个伪命题，再笼统地争论产业政策应不应该存在、或产业政策有用还是没用就没有任何意义了，对于我们认识问题和解决问题并无裨益。如果从狭义来看，产业政策的出现、认可和推广是在第二次世界大战之后。随着二十世纪50至60年代日本经济的复苏，其采用的通产省管理模式在全球得到认可和推广，而欧洲部分国家也采取直接或间接手段扶持重点产业发展，实现了经济的快速振兴和崛起。中国政府自改革开放以来，重度依赖产业政策来推动工业化。这些产业政策包括政府采购、持有国有股权、关税与税收优惠、政府直接补贴、提供低成本贷款等。狭义产业政策的特征，就是政府对行业发展和企业经营行为的直接干预。依据这一界定，张林之争对于反思当前中国的产业政策具有十分重要的意义。

前提二：要区分产业政策实现的方式。从发达国家的经验来看，政府对产业的指导可以分为两个层面：一类是宏观层面，政策的基本目标是确保经济稳定增长，调整对象是通胀率、失业率等总量指标，对企业增长速度和收益有重要影响，但政府并不因此直接指导、干预企业微观决策活动。这种方式的典型国家为美国。另一类是微观层面，即政府干预影响企业微观决策及活动。其方式又可以分为两类，一类是直接干预，如价格、产量、准入等；另一类是间接干预，如财税、信贷、信息等，诱导、影响企业微观决策。这种方式的典型国家为日本。

基于上述两大前提，本文认为，政府在宏观层面对产业的适度干预，能够有效解决市场失灵问题，并成为经济增长重要动力。以美国为例，虽然美国理论界对产业政策反对一直是最猛烈的，美国经济顾问委员会主席查尔斯·舒尔茨曾直接将产业政策与中央计划挂钩，提出美国不欢迎也不需要计划经济。计划越多，也就意味着更高的政治成本。但二战后，通过国家立法的形式，美国仍然出台了不少的产业扶持政策。如《国家州际及国防公路法案》开启了大规模的高速公路建设；《复兴美国制造和创新法案》支持和保护了美国工业化进程。就是在硅谷的发展过程中，美国政府也是以顾客身份而不是以组织者身份给予了支持,也就是说,虽然政府并不直接定目标、搞项目、充当供给方,但在产品采购方面仍然给予了倾斜。

但如果政府对产业发展和企业微观经济活动过度干预,则会破坏市场机制的正常运行,而且衍生效率损失、权力腐败、管制成本高企等问题。以日本为例,1955—1973年,日本经济连续18年高速增长,年均增长率达9.8%,这也是日本政府积极推行产业政策,推进日本从农业走向制造业、从以纺织为主的轻工业向钢铁、石油冶炼和汽车重工业转型的重要阶段。日本通产省利用财政补贴、税收优惠和贸易保护来支持政府选定的战略性产业的发展。通产省管理的行业宽,政策涉及面广,构成了一个庞大体系,集中体现在各种经济法规及纲要、计划中。据统计,到1989年初,日本规则性产业占全产业附加值的比例,按"几种直接干预都有"的口径计算为21.8%,按"至少一种直接干预"的口径计算为40.1%。例如,为了防止同一产业内企业之间的过度竞争,通产省对私营企业进入目标产业的数量进行限制,曾计划把汽车制造商减少为3家,著名的本田公司也被列入取缔的对象。随着二十世纪80年代之后日本经济的衰退,作为产业结构升级推动力之一的政府产业政策日渐式微。一是日本经济的持续萧条从需求等方面抑制了产业政策作用的发挥;二是经过多年的市场化改革,产业政策赖以发挥作用的体制基础已经空前弱化,再也不能像过去那样保护和扶植有关的产业,而充分利用市场机制、促进竞争成了时代主旋律;三是产业政策自身的若干特点,如操作的繁琐性和效率低下也使得它难以达到预期的目的。

(二)当前的关键在于重塑有效的产业政策

产业政策一定程度上以政府控制代替市场协调,易导致政策传导机制僵化,管制成本高昂。对于曾长期处于计划体制指导下、目前市场体系仍不健全的中国,转轨过程中许多看似"市场失灵"的现象,表面上是市场制度缺失和政府对微观经济管束的结果,实则是"制度局限"与"政府失灵"。马克思《资本论》在对平均利润率的考察中,早就论证了资本竞争的创新机制与资本对利润的追求,是在价值规律的作用下通过部门之间的投资竞争和企业在产业间的自由进出实现的。试图通过政府对微观经济更为广泛和细致的管束来治理这种所谓的"市场失灵"只能是南辕北辙,进一步限制经济主体分散协调试验的空间,导致"制度局限"或"政府失灵"的问题更加难以得到解决。例如,在房地产价格的新一轮快速上涨、购房杠杆不断加大之后,2016年"十一"期间,先后共有21个城市重启限购、限贷等楼市调控政策,或提高首套房或二套房首付比,或抬高房贷门槛,竭力控制需求。这些极富短缺经济特征的手段,固然在短期内能使房地产交易量价有所回调,但从长期来看,仍不能从根本上解决房价暴涨的扭曲状态。

部分创新产业在成长过程中,易受到产业政策的歧视性选择。由于新技术的市场应用前景、产业化的支撑创新平台、系统生态的成型以及规模化经营盈利过程,往往存在许多不确定性和风险,容易成为政府部门关注和规范的焦点。各地政府对合法的产业进行不合法的产业政策歧视性选择,人为决定要什么不要什么。例如,当年阿里巴巴刚成立,以及淘宝、支付宝刚出现时,并不是当年政府产业政策支持的重点,在融资、运营方面还遇到了当时的政策、制度、管理观念等方面的障碍。再如,近年来出现的滴滴、优步网络约车模式,因其具有经济性、环保性、便捷性,在大中型城市普及很快。但根据我国现有的道路运输管理制度,私家车从事了有偿载运乘客行为,就属于无证经营,应属于违法的。9月29日,交通部发言人表示,已会同相关部门制订行业标准《网络预约出租汽车运营服务规范》,拟就网约车的线上能力认定、全过程监管、计程计时设备等有关事项制定细则,向社会公开征求意见。10月8日,北京、上海两地发布网约车细则,对车辆和人员均有了明确限制,如北京要求必须为北京户籍、北京车牌;上海要求网络车需沪籍、沪牌,并对网约车平台公司线上线下服务能力增设若干限制条件;苏州、洛阳直接明令禁止打车软件的使用。深圳严禁网约车车牌以租代售,阻断公司融资租赁业务。

在这样的背景下，对现行的产业政策进行反思的呼声十分强烈。实践中一些部门制定和实施产业政策的权责边界和行为方式发生偏差，政策目标没有达到理想效果且带来了一些问题，往往出现"一放就乱，一控就死"。因此，我们不能把这次张林关于产业政策的争论仅仅看做是学术争论，它关系到中国未来的产业政策导向和经济增长路径，从而影响到中国能否顺利迈过"中等收入陷阱"。

（三）产业政策要由过度干预型向增进与扩展市场型转变

按照国际经验，进入工业化中后期的经济体为了保持经济发展的持续活力，应适时进入主要依靠自身内在力量而不是主要依靠外部力量谋求更大发展的关键时期。通过完善市场秩序、强化自由竞争、深化体制变革和激发市场活力，不断增强经济发展的内生力量。十八大和十八届三中全会提出要"构建成熟市场体制"和"发挥市场配置资源的决定性作用"。这需要由过去产业政策发挥主要作用，逐步向主要依靠市场机制过渡，其中的关键在于要理清政府与市场行为的边界，推动产业政策由过度干预向增进与扩展市场转变。

第一，不同经济发展阶段，应当采取不同的产业政策类型和内容。在由劳动力密集型和资源型产业向技术和知识密集型产业转型的过程中，中国的产业政策取向应从干预市场与限制竞争调整为增进与扩展市场：通过厘清产业政策中市场与政府行为的边界，放松微观管制、逐步建立与完善市场制度体系，拓展市场协调的空间、增强市场的协调功能，进而促进产业的长期健康发展。

第二，重新考量产业政策中政府与市场关系。在发展中国家，政府最为重要的职能就是建立适合市场经济运行的制度基础和制度框架，并促进市场体系的发育。同时，在整个制度框架中，政府必须受到约束，以保证国家权力不被滥用，确保政府不会侵犯公民的财产和权利。

第三，构建增进与扩展市场的产业政策。一是从产业层面放松并逐渐取消对微观经济的广泛干预和管制；二是健全和完善知识产权制度，加强知识产权的保护，加强技术创新的激励机制；三是将产业政策的重点由"生产者优先"转为维护消费者权益；四是对从事产业基础科学技术研究的企业进行普遍性支持；五是制定和实施促进中介机构健康发展的相应政策与制度；六是制定实施长期稳定和严格的环境政策，等等。

第四，中央和地方政府应当在产业政策中各寻其位、各司其职。首先，具备国家战略意义的产业具备"纯公共品"特征，因而可由中央政府进行扶持。其次，具备地方产业集群和产业园区发展基础的产业政策适合由地方政府主导，中央给予配套政策支持，尤其是体制改革的先行先试权。第三，全面清理和废止不利于全国统一市场建设的政策措施，严惩市场垄断和不正当竞争行为，增强竞争和专业化分工，理顺市场资源配置途径。

三、新兴产业政策的"深圳经验"

发展新兴产业，实施创新驱动发展战略，是关系广东长远发展的关键一仗，是必须打赢的关键一仗。深圳是全省新兴产业发展的排头兵，也是全国新兴产业发展的佼佼者，深圳市新兴产业的发展与其良好的产业政策密不可分。深圳始终把创新作为立市之本，发挥创新对发展的支撑作用；善于扬长补短，发挥市场化、国际化的优势，弥补科技资源不足的短板；把创新落实到了创新型企业和新兴产业的发展上，有效破解了科技与经济"两张皮"的问题；形成了有利于创新的制度环境和人文环境，营造了良好社会氛围。深圳新兴产业发展政策有非常多的内容值得学习借鉴。

（一）推进管理创新，全面集聚高端创新人才

深圳积极推进大部门制改革，探索扁平化管理新模式。改革科技评价制度，建立短期和长期相结合的有效评价机制，实行科技分类评价管理。优化科技计划布局，将科技计划整合形成知识创新、技术创新、协同创新、创新环境建设、科技应用示范计划五大类。建立公开统一的科技管理平台，从网

上征集到资金拨付实现"一站式"办理。积极实施人才强市战略，努力打造人才宜居宜业城市。制定出台引进高层次专业人才"1+6"文件、人才安居工程等政策，落实广东省"珠江人才计划"，实施引进海外高层次人才"孔雀计划"等，为创新驱动发展提供了有力的人才支撑。

（二）突出科技创新，切实提升创新发展能级

深圳采取量身定制的政策措施，布局建设一批高端科技基础设施。加大核心技术攻关力度，围绕前沿技术、新兴产业和交叉领域，实施"登峰计划"，积极抢占科技制高点。加速重大创新成果转化，组织实施技术成果应用示范计划，在云计算、物联网、卫星导航等领域建立了45个高水平产学研联盟，推动科学发现、技术发明和产业一体化发展。培育壮大科技服务业，设立科技服务专项资金，成立科技服务业协会，积极培育和壮大科技服务市场主体，形成了涵盖研发设计、技术转移、知识产权等在内的科技服务体系。

（三）促进金融创新，积极构建金融服务体系

深圳积极推进创新链、产业链和资本链有效融合，建立从实验研究、中试到生产的全过程科技创新融资模式。开展财政科技资金投入方式改革，建立无偿与有偿并行、事前与事后相结合的财政科技多元化投入机制，通过银政企合作、科技保险、天使投资引导、股权投资等支持方式，撬动银行、保险、证券、创投等资本市场各种要素资源投向科技创新。实施科技创新券制度，颁布《深圳市科技创新券实施办法》，以普惠性政策提高全民的创新积极性。鼓励银行创新金融服务，支持开展投贷联动、知识产权质押贷款、股权质押贷款等创新业务，加快科技保险等多样化金融服务方式发展。

（四）加强文化创新，激发草根创新创业活力

深圳发挥移民城市的优势，在全社会大力营造"勇于冒险、追求成功、崇尚创新、宽容失败"的创新精神，激发全社会的创新思维和创新活力。积极打造国际创客中心，出台促进创客发展若干措施和三年行动计划，柴火空间等一批众创空间蓬勃发展。2015年，新增新三板挂牌企业239家，同比增长449%，增速位居全国大中城市首位。健全市场监管体系和社会信用体系，积极打造国际化、法治化的市场环境。率先出台《加强知识产权保护工作若干规定》，成立知识产权法庭，推行行政、民事、刑事"三审合一"，从立法、执法等方面全面加强知识产权保护。

（五）推进开放创新，加快融入全球创新网络

深圳积极参与更高层次的全球科技合作竞争，努力在全球范围集聚配置创新资源，打造具有世界影响力的一流科技创新中心。大力引进跨国公司设立研发机构、技术转移机构和科技服务机构，广泛开展国际科技合作，积极参与中微子实验国际合作项目、欧盟地平线2020研发计划、国际基因组计划等国际大科技计划，支持企业在全球布局研发机构。深入推进"深港创新圈"建设，两地累计投入4亿元，联合资助45项科技合作项目，6所香港高校在深建立了产学研基地。

第四章
广东创新驱动战略与新兴产业的发展

党的十八大以来，创新驱动发展战略成为我国发展的核心战略。习近平总书记强调，创新驱动是形势所迫，也是大势所趋，实施创新驱动发展战略关系着中华民族的前途命运。2015年3月13日，《中共中央国务院关于深化体制机制改革加快实施创新驱动发展战略的若干意见》正式出台，拉开了实施创新驱动发展战略的序幕。广东作为全国改革开放先行省份，更加迫切需要实施创新驱动发展战略，依靠科技创新加快要素驱动向创新驱动转变。

战略性新兴产业作为广东省国民经济发展的重点，一直受到全省的高度重视并得到省委、省政府的政策支持，呈现持续进步的发展势头。本章将从广东新兴产业的发展现状、广东省创新驱动战略的实施内容、创新驱动下广东新兴产业的发展路径和广东新兴产业的重点发展领域与空间布局等四个方面展开讨论。

第一节 广东新兴产业的发展现状

战略性新兴产业代表新一轮科技革命和产业变革的方向，加快战略性新兴产业发展，是引领产业结构优化升级、转变经济发展方式、培育经济增长新动能、抢占未来经济发展制高点的重要途径。当前，全球新一轮科技革命和产业变革风起云涌，生物技术、新材料、智能机器人、人工智能等技术不断取得重大突破，以万物互联、大数据、云计算为代表的新一代信息技术加速向相关领域渗透融合，引发制造、能源、健康、服务等领域颠覆性变革，新产业、新模式、新业态爆发式增长，成为支撑全球经济复苏和增长的核心力量。

近年来，广东省新兴产业发展迅速，日益成为新的经济增长点，在全国新兴产业发展中具有举足轻重的地位。主要表现在战略性新兴产业的规模增长迅速,发展的质量和效益逐步提升,结构调整稳步推进,产业集聚效应日益显现等。

一、产业规模

(一)新兴产业实力稳中有升,效益总体向好

广东省根据省委省政府有关发展战略性新兴产业的部署,明确产业发展思路和重点领域,积极培育新兴产业,高端新型电子信息、生物、节能环保、新材料、半导体照明、高端装备制造、新能源和新能源汽车等战略性新兴产业呈现持续稳定的发展势头,产业规模不断扩大,实力不断增强。

近年来,广东省以战略性新兴产业为主体的高技术制造业企业总量不断增加、资产规模日益扩大。2017年,全省规模以上高技术制造业企业由2010年的4390家增加到6655家(统计口径均为规模以上工业),净增2265家;全省规模以上高技术制造业资产总计为36276.72亿元。高技术制造业数量的增加和资金的不断进入,使全省高技术制造业生产规模不断扩大。2017年,广东高技术制造业增加值由2010年的4278.00亿元增加到9516.92亿元,为2010年的2.2倍。

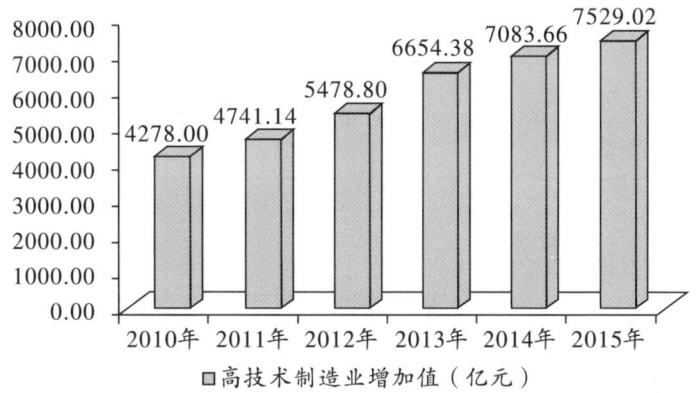

图1 2010—2015年广东省高技术制造业增加值

数据来源:广东省统计局

分行业来看：2015年，全省以新兴产业为主体的高技术制造业实现工业增加值总量较大的产业有电子及通信设备制造业、计算机及办公设备制造业。2017年，该两大分类行业增加值合计占整体高技术制造业增加值比重达89.7%，其中电子及通信设备制造业占84.1%，比2010年提高18.1个百分点，是高技术制造业中的核心行业。电子及通信设备制造业不仅决定着高技术制造业的发展，也成为影响全省工业发展的主要行业之一。电子计算机及办公设备制造业占整体高技术制造业比重为5.6%，比2010年降低18.6个百分点，生产规模在高技术制造业中位居第二。各行业增速的分化及占比的变化，表明随着市场需求的变化，电子信息产业内部在不断地进行结构调整及转型升级。

六大分类行业中涉及医疗卫生的有医药制造业、医疗仪器设备及仪器仪表制造业两大行业。2015年，医药制造业比上年增长7.7%。由于生产规模相对较小，医疗仪器设备及仪器仪表制造业主要受仪器仪表制造业生产收缩影响。六大分类行业中，生产规模最小的信息化学品制造业、航空航天器及设备制造业两个大分类行业，2015其占全省工业比重均为0.3%。

表5 广东新兴产业主要行业增加值占比情况

行业	2010年	2015年
合计	100.0	100.0
一、信息化学品制造	0.5	0.3
二、医药制造业	5.4	5.8
三、航空航天器及设备制造	0.4	0.3
四、电子及通信设备制造业	66.0	82.9
五、电子计算机及办公设备制造业	24.2	7.4
六、医疗设备及仪器仪表制造业	3.5	3.2

数据来源：广东省统计局

（二）主要新兴产业发展总体态势良好，但同时面临巨大的市场竞争压力

高端新型电子信息产业优势明显。广东省新一代通信、物联网、云计算和新型显示等高端新型电子产业迅速增长。2017年，广东省电子及通信设备制造业产值达3.56万亿元，同比增长13.9%；广东电子信息制造业总产值约占全国的三分之一，连续25年排在全国首位。数据显示，这些产业集中分布在深圳、东莞、惠州和广州等市，其中，珠三角地区的产值占全省的比重约达90%，产业优势明显，为珠江东岸电子信息产业走廊注入新的活力。

半导体照明产业发展特色鲜明，国内产业竞争压力增大。广东省半导体照明产业主要集中于深圳、广州、佛山、东莞等地。数据显示，2015年广东省半导体照明产业规模稳中有升，实现工业总产值4156.66亿元，同比增长20.13%，产业规模稳居全国之首[①]。其中，广佛肇、深莞惠和珠中江三个经济圈内的LED产业也呈现出各自不同的特色。例如，广佛肇的LED展会服务业比较发达，每年一度的光亚展是全国乃至亚洲规模最大的展会；珠中江的LED产业格局以我国最大的灯饰集散地中山为辐射中心，产品多以LED家居照明、装饰照明为主，下游应用配套材料发达；深莞惠的LED产业配套最为完善，产业规模也是珠三角地区最大的，世界工厂东莞吸引了众多港台LED企业，深圳则是国内最大的LED封装和LED显示屏生产基地。

生物产业产值规模不断扩大，部分细分行业居全国前列。广东拥有丰富的自然资源，生物产业已成为全省工业的重要支柱产业，其中医药各项经济指标一直位于全国前列，初步形成规模化、高端化的生物医药产业结构。"十二五"期间，广东省生物产业保持了12%的快速增长，生物技术服务等主要生物产业竞争力位居全国前列，珠三角地区已发展成为国内最重要的生物产业聚集区之一[②]。2015年，医药制造业比上年增长7.7%，由于生产规模

---

① 《广东省战略性新兴产业标准体系规划建立》，金羊网，2016年5月18日。
② 《广东省生物产业竞争力位居全国前列》，南方日报，2016年9月22日。

相对较小，对全省工业影响相对较小，其中小分类行业兽用药品制造、生物药品制造、生物药品制造发展迅速，增速均在两位数以上，分别比上年增长18.0%、10.8%和18.2%[①]。

高端装备制造业发展迅速，项目聚集效应初显。2016年装备制造业累计完成增加值12816.46亿元，增长11.1%，占规模以上工业的比重为40.2%，分别比前三季度和上年同期提高0.8个和1.2个百分点。高技术制造业累计完成增加值8817.68亿元，增长11.7%，占规模以上工业的比重为27.6%，分别比前三季度和上年同期提高0.3个和0.6个百分点[②]。高端装备制造业在珠三角地区高度集聚，形成了以广州、深圳、佛山为核心的汽车产业集聚发展区，以广州、深圳、珠海为核心的船舶和海洋工程装备集聚发展区，以广州、江门为核心的轨道交通装备集聚发展区，以珠海为核心的航空装备集聚发展区，以广州、深圳、佛山为核心的智能制造装备集聚发展区，产业链自我配套能力明显增强。

新能源和新能源汽车产业迎来新的重大发展机遇。2015年广东新能源汽车产值超1000亿元，位居国内首位，是2011年47.2亿元的21倍；作为新能源汽车领域的龙头企业，2015年比亚迪新能源乘用车销量61722台，全球销量第一，占据全球市场份额11%[③]。

二、产业发展质量与效益

（一）广东省新兴产业成为全省工业增长的"稳定器"

"十二五"时期，广东省以新兴产业为主体的高技术制造业多项指标较快发展，进一步稳固了其在全省工业中的"龙头"地位，占工业比重逐年增

---

① 《引领企业创新 稳定工业增长——"十二五"时期广东高科技制造业运行情况》，广东省统计信息网，2016年11月28日。
② 《2016年广东工业经济运行情况分析》，广东省统计信息网，2017年2月16日。
③ 《广东省战略性新兴产业标准体系规划建立》，金羊网，2016年5月18日。

大。2017年，从投入类指标看，广东高技术制造业资产总计、从业人员数分别占全省制造业的36.6%和29.1%，比2010年提高1.3个和3.4个百分点。从产出类指标看，2017年，广东高技术制造业工业总产值、主营业务收入、工业增加值分别占33.6%、33.4%和33.0%，比2010年提高2.9个、2.6个和4.4个百分点。从效益类指标看，广东高技术制造业利润总额、税金总额分别占31.5%和25.3%，比2010年提高6.2个和5.7个百分点。广东高技术制造业约占全省工业比重三分之一，其发展有力地拉动全省工业的增长。2015年，广东高技术制造业同比增长9.8%，增幅高于同期全省工业增幅2.6个百分点，对全省工业增长贡献率达58.4%，拉动全省工业增长4.2个百分点。

表6 广东高技术制造业主要指标占全省制造业比重情况

	2010年	2011年	2012年	2013年	2014年	2015年	2016年	2017年
企业数	12.1	12.5	13.2	14.5	14.7	15.1	15.8	16.5
工业总产值	27	26.9	28.7	28.8	28.9	29.9	30.9	33.6
工业增加值	24	24.5	26.9	27.9	28	28.4	29.7	33.0
资产总计	31.6	29.3	29.7	30.3	31.9	32.9	34.9	36.6
主营业务收入	27.5	27.1	28.5	28.5	28.5	30.1	31.4	33.4
利润总额	23.5	20.4	23.4	24.9	26	29.7	27.9	31.5
税金总额	16.4	25.8	23	23.1	22.5	22.1	23.1	25.3
平均从业人员	24.3	25.3	26.2	26.8	27.3	27.7	28.1	29.1

注：数据来源于广东省统计局

（二）广东省新兴产业成为全省工业创新的"领头羊"

"十二五"时期，广东以新兴产业为主体的高技术制造业工业创新R&D投入表现突出，成为引领广东工业创新的"领头羊"。2015年，广东高技术制造业R&D投入强度（R&D投入占主营业务收入的比重）为2.5%，比2012年提高0.2个百分点，比同期全省工业平均水平高1.2个百分点；高技术制造业R&D投入占全省工业比重达54.4%，其主营业务收入占全省工业比重为28.0%，高技术制造业R&D投入对全省工业的贡献远高于其主营业务收入对全省工业的贡献。

分行业看，电子及通信设备制造业占绝对优势。2015年，广东电子及通信设备制造业R&D投入占高技术制造业比重86.4%，比2012年提高5.3个百分点；R&D投入强度为2.7%，分别比整体高技术制造业及全省工业平均水平高0.2个和1.4个百分点。

三、产业集聚程度

（一）战略性新兴产业生产地区相对集中

分区域看，广东战略性新兴产业主要集中在珠三角地区。近年来，随着粤东西北地区新兴产业发展，珠三角地区所占份额虽有所下滑，但绝对优势地位未变。2015年，珠三角地区以新兴产业为主体的高技术制造业比上年增长10.3%，对高技术制造业增长的贡献率为94.0%，拉动高技术制造业增长9.2个百分点；占全省高技术制造业增加值比重达94.6%，比2010年略降0.9个百分点。粤东西北地区高技术制造业合计占比仅为5.4%，尽管个别区域增速较高（如山区比上年增长16.9%），但对全省的拉动作用仍相对有限。

分地市看，深圳是广东战略性新兴产业的主要集中地，也是稳定战略性新兴产业增长的基础。2015年，深圳以新兴产业为主体的高技术制造业占全省比重达55.0%，在全省各地市中所占份额最大，对全省高技术制造业增长的贡献率为47.0%，拉动全省高技术制造业增长4.6个百分点。另外，在珠三角九个地市中，东莞、惠州、广州三地市高技术制造业生产也占有相当份额，分别占全省的12.3%、8.5%及7.9%，同比增长10.2%、8.8%和19.4%。此外，部分地市的高速增长也有力地促进了高技术制造业的发展，如珠海、河源、清远，分别比上年增长18.6%、19.2%和26.6%。

(二)战略性新兴产业生产行业高度集中

从八大分类行业看,与电子信息产业密切相关的电子及通信设备制造业、计算机及办公设备制造业是新兴产业中的优势行业。2017年,两大分类行业增加值合计占整体高技术制造业增加值比重达89.7%,其中电子及通信设备制造业占84.1%,是高技术制造业中的核心行业。电子及通信设备制造业不仅决定着高技术制造业的发展,也成为影响全省工业发展的主要行业之一。2015年,电子及通信设备制造业对整体高技术制造业增长的贡献率达90.7%,拉动高技术制造业增长8.9个百分点;对全省工业增长贡献率达52.9%,拉动全省工业增长3.8个百分点[①]。

第二节 广东创新驱动战略的实施内容

2014年6月,习近平总书记在两院院士大会上首次提出我国经济增长要从要素驱动、投资驱动向创新驱动转变,并在不同场合多次要求广东等地要争当创新驱动发展的排头兵,发挥带头作用。作为对中央政策明确和积极的回应,2015年2月,广东省科技创新大会在深圳召开,前广东省委书记胡春华强调将把创新驱动经济战略作为推动广东经济结构调整和产业转型升级的核心战略,广东省掀开了创新驱动发展的恢弘篇章。2018年3月,广东省科技创新大会在广州召开,广东省委书记李希指出"把深入实施创新驱动发展战略作为贯彻习近平总书记重要讲话精神的具体实践和重大举措,摆在发展全局的核心位置,以实际行动贯彻落实总书记重要讲话精神"。

---

① 《引领企业创新 稳定工业增长——"十二五"时期广东高科技制造业运行情况》,广东省统计信息网,2016年11月28日。

广东实施创新驱动战略是适应国际新一轮科技革命和产业变革的战略要求,是贯彻落实中央关于实施创新驱动发展战略的国家政策的战略要求,是适应经济新常态、破解经济发展难题的重要举措,是实现"三个定位、两个率先"目标的重要途径。自确立创新驱动发展战略以来,广东经济发展和科技进步取得卓越成就,科技创新能力得到显著提升,产业结构不断趋于优化,经济发展的竞争力和活力不断增强。

一、广东实施创新驱动发展战略的背景

(一)广东实施创新驱动战略是适应国际新一轮科技和产业变革的战略要求

放眼全球,新一轮科技革命和产业变革蓄势待发,全球科技创新呈现出新的发展态势和特点:首先,学科交叉融合加速,新兴科学不断涌现,前沿领域不断延伸;其次,传统意义上的基础研究、应用研究、技术开发和产业化之间的边界日益模糊,科技创新的链条更加紧密,技术创新和成果转化周期明显缩短,产品更新换代不断加快;再次,科技创新活动不断突破地域、组织、技术的界限,演化为创新体系的竞争,创新战略竞争在综合国力竞争中的地位日益重要[①]。面对科技创新发展新趋势,世界主要发达国家都在积极强化创新部署,大幅提高科技投入,重点发展战略性高技术产业,创新驱动也成为其谋求竞争优势的核心战略,以求在激烈的国际经济和科技竞争中占据领先地位。对于我们来说,既面临着赶超跨越的历史机遇,又面临着差距拉大的严峻挑战,在新一轮科技革命和产业变革的浪潮下,我们应积极主动地加快科技创新的战略部署,实施创新驱动发展战略,力争在激烈的国际经济和科技竞争中赢得主动。

---

① 《科技创新正改变世界面貌》,《人民日报》,2014年6月14日。

（二）广东实施创新驱动战略是贯彻落实国家创新驱动战略部署的必然要求

改革开放30多年以来，我国的经济发展取得举世瞩目的成就，这主要得益于生产要素驱动和投资驱动。当前经济发展新常态下，我国经济发展从高速增长转为中高速增长，也是更多依靠科技创新引领经济发展和社会进步的关键时期。党的十八大提出实施创新驱动发展战略，强调科技创新是提高社会生产力和综合国力的战略支撑，必须摆在国家发展全局的核心位置。这是中央在新的发展阶段确立的立足全局、面向全球、聚焦关键、带动整体的国家重大发展战略。党的十八届三中全会提出深化科技体制改革，加快建立创新型国家，为科技改革发展指明了方向。而作为全国改革开放前沿阵地的广东省若要继续保持全国经济领先的地位，必须深入贯彻落实中央关于实施创新驱动发展战略一系列重大部署，依靠创新驱动打造发展新引擎，培育新的经济增长点，提升广东省经济发展的质量和效益。

（三）广东实施创新驱动战略是适应新常态、破解经济发展难题的重要举措

经过改革开放30多年的发展，广东已经到了必须依靠创新驱动发展的新阶段。现在广东经济体量已经具有相当规模，但依然大而不强；经济增长仍保持中高速，但发展的后劲存在隐忧。特别是发展的要素资源环境面临挑战，劳动力等要素成本迅速上升，珠三角土地开发已近极限，资源环境约束趋紧，靠土地与劳动力成本优势、规模速度型粗放增长的传统发展方式已难以为继。因此，广东必须主动推进经济结构调整和产业转型升级，实现经济发展从要素驱动向创新驱动的战略转变，而实施创新驱动发展战略无疑是实现这一目标的一把关键钥匙，让全面创新驱动成为经济增长的"倍增器"、发展方式的"转换器"，使广东省成为全国创新驱动发展的先行省，支撑广东在一个更高的平台上实现可持续发展，为国家产业转型升级提供经验和启示。

（四）广东实施创新驱动战略是实现"三个定位、两个率先"目标的重要途径

党的十八大后习近平总书记首次外出调研就选择广东，明确要求广东围绕实现"三个定位、两个率先"的目标，大力实施创新驱动发展战略，加快完善创新机制，加快科技成果向现实生产力转化。2014年在全国"两会"参加广东代表团审议时，习近平总书记进一步要求广东充分发挥创新驱动作用，走绿色发展之路，努力实现"凤凰涅槃"。后来，习近平总书记又几次谈到这个问题，指出广东是经济大省，不仅地区生产总值要支撑全国，结构调整也要支撑全国，必须在推动经济结构战略性调整上走在前列，当好创新驱动发展的排头兵。习近平总书记这一系列重要指示精神，抓住了广东发展的关键，把广东创新驱动发展摆到了全国创新驱动发展大局的重要位置。

二、广东实施创新驱动发展战略的主要内容

（一）创新驱动发展战略的正式确立和发展

2015年2月，广东省科技创新大会在深圳召开，时任省委书记胡春华提出"把创新驱动发展战略作为推动广东经济结构调整和产业转型升级的核心战略"，同时提出从提高创新能力、培养创新型企业、推动新一轮技术改造和推动区域创新建设四个方面着手落实。这标志着创新驱动发展战略在广东省正式确立。

2018年3月，广东省科技创新大会在广州召开，广东省委书记李希指出"把深入实施创新驱动发展战略作为贯彻习近平总书记重要讲话精神的具体实践和重大举措，摆在发展全局的核心位置，以实际行动贯彻落实总书记重要讲话精神"。同时提出"聚焦建设现代化产业体系，突出重点，扎扎实实推动科技创新强省建设"。这标志着广东实施创新驱动发展战略进入了新的局面。

（二）政策解读

1.《关于全面深化科技体制改革加快创新驱动发展的决定》

2014年6月，《中共广东省委广东省人民政府关于全面深化科技体制改革加快创新驱动发展的决定》（以下简称《决定》）正式发布。该《决定》是十八届三中全会之后，全国颁布实施的第一个关于深化科技体制改革、实施创新驱动发展战略的顶层设计和纲领性文件，是广东省发挥改革试验田作用的新的探索，是广东省站在新的历史起点上探索改革发展与创新驱动的新硕果，也是站在新的起点以世界眼光谋划广东科技改革创新的新思路、新举措。《决定》的主要内容包括：

在目标设定上，《决定》明确指出广东省到2020年开放型区域创新体系和创新型经济形态基本建成，努力实现从要素驱动向创新驱动全面转变，主要创新指标达到或超过中等创新型国家和地区水平。

在路径选择上，《决定》以深化科技体制改革为主线，以技术创新市场导向机制和更好发挥政府作用为核心，从知识创新、技术创新、协同创新、产业创新、转化应用、环境建设6个方面重点推进、精准发力，出台了"一揽子"政策。

在重点领域上，《决定》强调发挥科技创新支撑引领作用，促进经济社会转型升级。广东省将组织实施重大科技专项突破关键核心技术，聚焦计算与通信集成芯片等8大重点领域关键核心技术，抢占高新技术产业与战略性新兴产业技术制高点。

在发展重点上，《决定》要求把推动企业成为技术创新主体、增强企业创新能力作为重中之重，如遴选有条件的企业牵头组织实施产业导向类科研项目。实施大中型企业研发机构全覆盖计划，到2020年大型骨干企业普遍建有企业研究开发院。充分发挥科技型中小企业创新基金引导作用，通过贷款贴息、研发资助等方式重点支持种子期、初创期中小微企业技术创新活动。

另外，《决定》提出实施原始创新能力培养计划，积极发挥高校在基础研究方面的生力军作用,加强重大科学前沿和战略高技术研究部署,实现重点突破。首次在省级政策层面提出探索实施创新券制度,实施省科技业务管理阳光再造行动。

《决定》绘就了一幅通向创新驱动发展的美好蓝图,是广东未来一段时期深化科技体制改革、实施创新驱动发展战略的纲领性文件,为广东创新驱动发展指明了方向。

2. 《关于加快建设创新驱动发展先行省的意见》

2015年12月,广东省委省政府发布《关于加快建设创新驱动发展先行省的意见》(以下简称《意见》)。《意见》是广东努力实现从要素驱动向创新驱动根本转变的纲领性文件,对广东适应和引领经济发展新常态,更好地履行"三个定位、两个率先"具有划时代的意义。

首先,《意见》从2017年、2020年、2030年三大节点对我省加快建设创新驱动先行省提出了战略目标。即:到2017年,初步构建创新型经济体系框架,加快从要素驱动向创新驱动转变步伐,建成具有示范带动作用的全面创新改革试验平台;到2020年,初步形成开放型区域创新体系和创新型经济形态,率先构建符合创新驱动发展要求的政策和制度环境,科技进步对经济增长的贡献率大幅上升,综合指标达到创新型国家水平;到2030年,实现向创新型经济强省转型,建成以创新为主要引领和支撑的经济体系和发展模式,进入创新型地区先进行列。通过对短期、中期、长期加快建设创新驱动发展先行省的目标进行细化,突显对广东当前以及今后中长期阶段创新驱动发展的指导性和纲领性。

其次,《意见》提出九大重点任务——加快形成以创新为主要引领和支撑的经济体系和发展模式、努力构建开放型区域创新体系、着力提升企业技术创新主体地位、全面推进产学研合作和协同创新、不断完善科技成果转化机制、大力促进科技金融产业深度融合、积极拓展科技创新领域对外开放、深入实施科技创新人才战略、全面深化科技创新体制机制改革。这是广东省加快建设创新驱动先行省的"重头戏",凸显了广东未来以创新驱动产业转型升级的方向。

再次,《意见》首次描绘了我省创新发展的区域蓝图,广州、深圳——珠三角——粤东西北,三大圈层逐个带动辐射的思路清晰可见。如:强化广州、深圳市的创新引领作用,努力将广州市建设成为国际创新专业人才培养基地、华南科技创新中心和珠三角创新发展主引擎,将深圳市建设成为科技体制改革先行区、开放创新引领区、创新创业示范区和具有世界影响力的国际创新中心。强化珠三角地区对全省实施创新驱动发展战略的支撑作用,着力促进珠三角地区高端电子信息、智能制造、互联网经济、生物医药、新能源等产业集聚创新发展,提高珠江东岸电子信息产业带综合竞争力,建设珠江西岸先进装备制造产业带,努力将珠三角地区建设成为全球重要的高端产业基地。

《意见》将为广东省从要素驱动向创新驱动转变提供政策指引,有利于提升广东省的创新能力和经济发展活力,为实现"三个定位、两个率先"的目标提供政策支持。

《决定》的主要内容包括:

在目标设定上,《决定》明确指出广东省2020年开放性区域创新体系和创新型经济形态基本建成,努力实现从要素驱动向创新驱动全面转变,主要创新指标达到或超过中等创新型国家和地区水平。

在路径选择上,《决定》以深化科技体制改革为主线,以技术创新市场导向机制和更好发挥政府作用为核心,从知识创新、技术创新、协同创新、产业创新、转化应用、环境建设6个方面重点推进、精准发力,出台了"一揽子"政策。

在重点领域上,《决定》强调发挥科技创新支撑引领作用,促进经济社会转型升级。广东省将组织实施重大科技专项突破关键核心技术,聚焦计算与通信集成芯片等8大重点领域关键技术,抢占高新技术产业与战略性新兴产业技术制高点。并决定在重点领域加快建设省实验室和新型研发机构，布局建设高水平研究院，赋予新型研发机构国有资产自主投资决策权，对省实验室实行新型管理体制和运营机制。

在发展重点上，《决定》要求把推动企业成为技术创新主体、增强企业创新能力作为重中之重，如遴选有条件的企业牵头组织实施产业导向类科研项目。实施大中型企业研发机构全覆盖计划，到2020年大型骨干企业普遍建有企业研究开发院。充分发挥科技型中小型企业创新基金引导作用，通过贷款贴息、研发资助等方式重点支持种子期、初创期中小微企业技术创新活动，加大企业创新普惠性支持，进一步降低企业研究成本，促进产学研三方面合作，解决国家级高端技术创新平台不足、企业高精尖研发能力有待提升的问题。

另外，《决定》提出实施原始创新能力培养计划，积极发挥高校在基础加快建设创新驱动先行者的"重头戏"，凸显了广东未来以创新驱动产业转型升级的方向。

广东省内也将大力推进创新人才高地建设，调整优化省重大人才工程，实施更优化的人才永久居留和出入境政策，并完善社会保险体系和人才住房保障制度。其次推进粤港澳大湾区国际科技创新中心建设，构建更加灵活高效的粤港澳科技合作机制，完善重大科技基础设施共建共享机制，将"引进来"和"走出去"并举，支持港澳及世界知名高校、科研机构、企业来粤设立分支机构并享受相关政策优惠，并且在科研人员往来港澳通行方面进行了进一步的优化，增加便利，吸引港澳人才来粤创业，并补贴人才内地薪金所得税负差额。

再次，《意见》首次描绘了我省创新发展的区域蓝图，广州、深圳——珠三角——粤东西北，三大圈层逐个带动辐射的思路清晰可见。如：强化广州、深圳市的创新引领作用，努力将广州市建设成为国际创新专业人才培育基地、华南科技创新中心和珠三角创新发展主引擎，将深圳市建设成为科技体制改革先行区、开发引领创新区、创新创业示范区和具有世界影响力的国际创新中心。强化珠三角地区对全省实施创新驱动发展战略的支撑作用，着力促进珠三角地区高端电子信息、智能制造、互联网经济、生物医药、新能源等产业集聚创新发展，提高珠江东岸电子信息产业带综合能力，建设珠江西岸先进装备制造产业，努力将珠三角地区建设成为全球重要的高端产业基地。差异化政策支持粤东西北地区发展，构建"一核一带一区"的区域创新格局，鼓励珠三角地区对口帮扶粤东西北地区发展，优先保障粤东西北地区分支机构建设，鼓励高新技术企业搬迁至粤东西北地区，并深入实施乡村振兴科技计划，加快现代农业产业园、国家现代农业产业科技创新中心建设。

省内将持续加大科技领域放管服力度，简化科研项目管理过程，完善科技项目资金管理，建立新型的科研组织模式，施行部分地级市、高校、科研机构自主管理项目机制，采用并行资助模式增强竞争动力，并且鼓励港澳高校和科研机构承担省科技计划项目，建立资金拨付绿色通道。同时将促进科技金融的深度融合，建立企业创新融资需求与金融机构、创投机构信息对接机制，建立创业投资企业融资新机制，充分发挥省政策性引导资金作用，大力发展金融科技产业。

《意见》将为广东省从要素驱动向创新驱动转变提供政策指引，有利于提升广东省的创新能力和经济发展能力，为实现"三个定位、两个率先"的目标提供政策支持。

三、广东实施创新驱动发展战略的成效

自从2015年广东实施创新驱动发展战略以来，广东自主创新能力得到了迅速增强。同时，广东当前的创新发展有着更为清晰的思路和方向，即通过发挥自身的产业优势，推动科技创新成果向先进生产力转化，加快形成新动能。2016年广东的技术自给率达71%，科技进步贡献率超过57%，基本达到创新型国家和地区水平，发展动力加快转换。广东实施创新驱动发展战略的

成效主要有：

（一）创新驱动发展的政策体系日趋完善

自2015年确立创新驱动发展战略以来，广东省委省政府出台了一系列相关政策和法规，初步构建了完整的关于自主创新的政策和法规体系。例如，2015年5月，推出《加快推进创新驱动发展重点工作方案（2015—2017年）》，这是全省实施创新驱动发展战略的纲领性文件，特别强调把创新作为引领发展的第一动力；2015年7月，出台《广东省经营性领域技术入股改革实施方案》，为破除制约科技成果转化的制度性障碍，明确提出了一系列促进科技成果转化的创新政策；2016年4月，发布《珠三角国家自主创新示范区建设实施方案（2016—2020年）》，明确提出将珠三角建设成为国际一流的创新创业中心；2016年6月，公布《广东省工业企业创新驱动发展工作方案（2016—2018年）》，明确提出将以创新驱动作为促进工业发展的核心战略和总抓手，加快新一代信息技术与工业深度融合，提升工业企业自主创新能力，促进新技术、新业态、新模式成长，初步构建创新型经济发展格局。2016年12月，通过《广东省促进科技成果转化条例》，进一步为科研机构、科研人员的成果转化"松绑"。总之，广东省委省政府出台的这一系列政策和法规，初步构建了完整的关于自主创新政策和法规的制度体系，为广东实施创新驱动发展战略创造了良好的政策环境。[7]

（二）培育发展了一大批创新型企业

自实施创新驱动战略以来，广东省高新技术企业的数量和总产值实现了突飞猛进的增长，2016年和2017年广东高新技术企业数量的增长率分别达到86.5%、66.6%，尤其是2017年高新技术企业达到33073家，总量居全国第一。另外，广东省高新技术企业的总产值也实现了质的飞跃，2017年广东省高新技术企业的总产值约为4.78万亿元。总之，创新驱动发展战略为广东培育了一大批创新型企业。

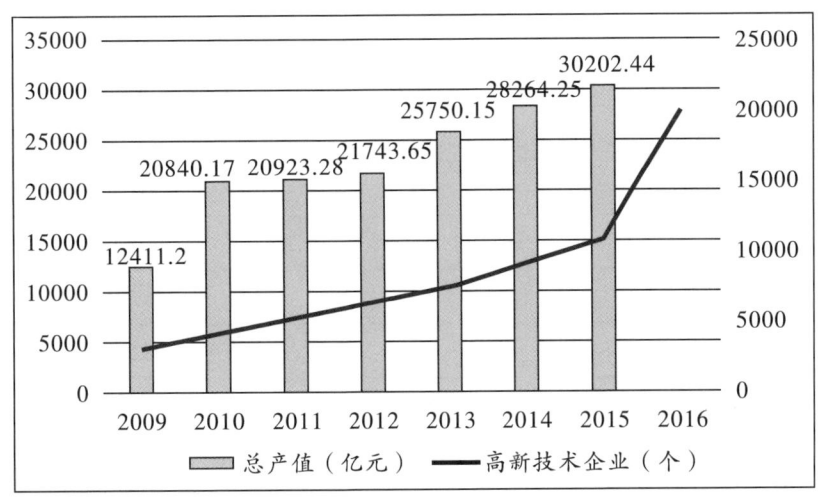

图2　2009—2016年广东省高新技术企业数量和总产值

数据来源：广东省统计局

另外，2016年广东省高新技术企业中进入培育库的企业约7500家，累计培育企业超过11000家，全省新三板挂牌企业累计超过1500家，总量居全国第一，其中科技型企业占比近80%。这些数据表明广东实施创新驱动发展战略有效增强了广东省的自主创新能力和科技实力，这些高新技术企业将为广东省经济的发展注入源源动力。

至2018年，我省高新技术企业培育库入库企业近两万家，为高新技术企业培育大量后备军；全省高新技术企业数量45280家，研发投入4602亿元，拥有专利90.3万件，PCT专利申请量1.9万件，继续领跑全国，优势进一步扩大。高新技术企业户均减免所得税223.7万元，万人发明授权量77.9件、人均营业收入120.1万元，分别同比增长4.2%、19.7%。高新技术企业的持续发展壮大，为我省经济高质量发展和现代化经济体系构建提供有力支撑。

	高新技术企业（个）	总产值（亿元）
2009年	3366	12411.1978
2010年	4321	20840.16765
2011年	5452	20923.28192
2012年	6699	21743.6825
2013年	8239	25750.14696
2014年	9289	28264.25434
2015年	11105	30202.4431
2016年	19857	39273.11404
2017年	33073	47802.57772
2018年	45280	62996.92

数据来源：广东省科技厅

（三）广东省创新驱动发展体系逐渐完善，创新成果不断涌现

自创新驱动发展战略确立以来，广东省以政府为主导、企业为主体、市场为导向、产学研相结合的技术常新体系逐步形成。2018年，广东省纳入国家火炬统计的科技企业孵化器达962家，总数跃居全国第一，提前实现倍增计划，其中国家级孵化器达110家，在孵企业超过30928家，众创空间达到886家，其中234家纳入国家级孵化器管理体系，数量居全国第一。

另外，2018年广东省新认定省级新型研发机构56家，总数达219家，研发人员近47000人，拥有单价10万元以上的科研仪器设备原值达到83.4亿元，有效发明专利近7000件，近三年成果转化收入达1538亿元，累计创办和孵化的企业分别为587家和3174家。全省12所高校的49个学科进入全球ESI排名前1%，5个学科进入前1%，跃居全国第三，在建成若干所具有较高水平和影响力的大学和培育一批在全国乃至全世界占有一席之地的特色重点学科方面又迈出坚实一步。总之，广东确立创新驱动发展战略后，通过加强产学研合作

推动科技成果产业化，促进科技与经济紧密结合，收获了创新驱动下的丰硕成果。

如下图所示，2009—2018年广东省专利申请受理量和授权量均呈现稳步增长的趋势，尤其是2018年广东省专利申请受理总量793819件，增长26.44%；其中，发明专利申请受理量216469件，增长18.52%。全年专利授权总量478082件，增长43.72%，居全国首位。

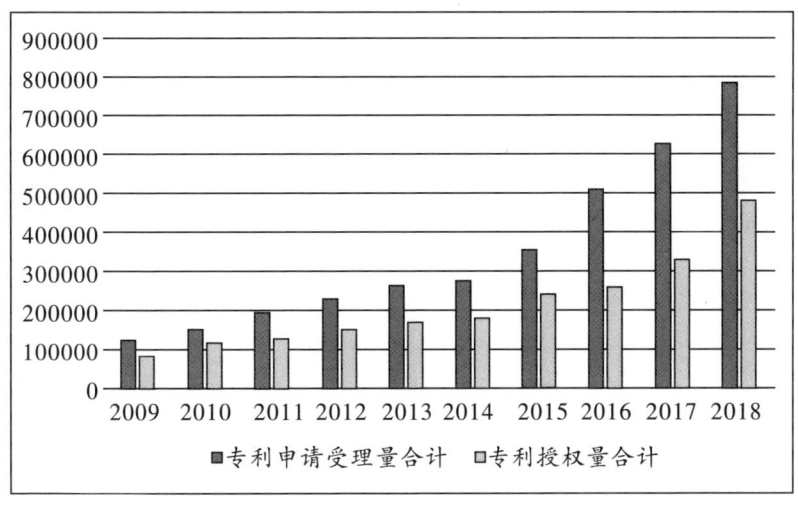

图3　广东省专利申请受理量和授权量（2009—2018年）

数据来源：广东省科学技术厅

（四）广东科技研发投入和财政支持研发力度得到大幅提升

广东省实施创新驱动发展战略以来，科技研发创新步伐不断加快，科技研发创新能力不断增强。从下图可以看出，自2009年以来广东省R&D经费不断增加，占本省生产总值的比重也稳步上升，尤其是2018年，广东省R&D经费预计为2580亿，比2017年增长了10.1%，占本省生产总值的2.65%。从横向看，2018年广东省R&D经费超越江苏省，居全国第一，研发强度也居全国各省区第一位。

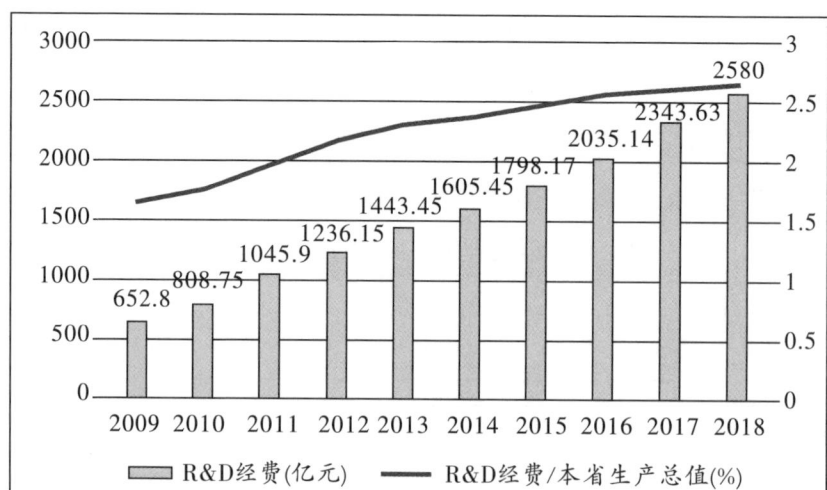

图4 广东省R&D经费及占本省生产总值的比重（2009—2016年）

数据来源：广东省科学技术厅

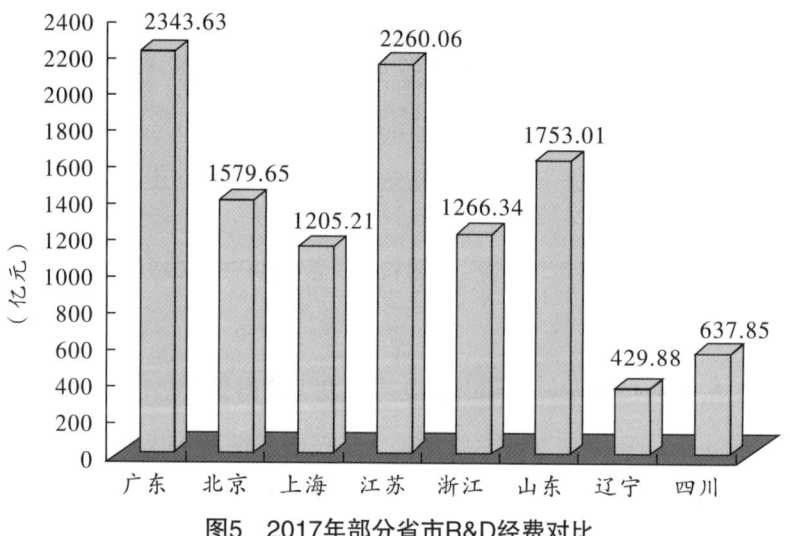

图5 2017年部分省市R&D经费对比

数据来源：广东省科学技术厅

另外，在政府财政支出上，广东省地方政府对科技的拨款整体呈上升趋势，尤其是2018年全省各地方财政科技拨款约为1025.96亿，比2017年增长24.5%。

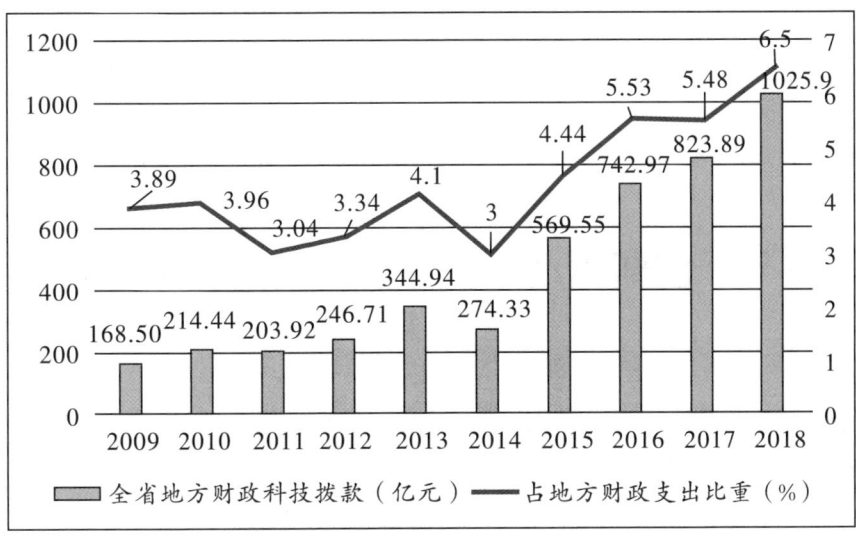

图6 广东省地方财政科技拨款（2009-2018）

数据来源：广东省科学技术厅

（五）广东省科技创新人才队伍建设成效显著

2015年以来，广东先后出台《广东省经营性领域技术入股改革实施方案》《进一步改革科技人员职称评定的若干意见》《关于高水平大学建设人事制度改革试点方案》等一系列重大政策，不断深化科技体制改革，下放科技成果转化处置权、职称评审权、薪酬分配权等管理权限，调动高校和科技人员的积极性。同时，实施重大人才工程加强创新人才队伍建设，包括"珠江人才计划""广东省杰青计划""广东特支计划"等，培养了大批科技创新人才，人才整体素质逐年提高。2017年全省从事科技研发人员87.99万人，比上年增长19.7%。从规模以上工业看，2017年研发人数69.64万人，占全省科技研发人员的79.1%，是科技研发主力军。2018年，广东省累计引进7批"珠江人才计划"共194个创新创业团队，新增"两院"院士7人；新建院士工作站12家，吸引全国115名院士来广东开展产学研合作工作；新建企业科技派员工作站16个，人员超过4600名。这一系列数据表明广东省实施创新驱动发展战略后，创新人才队伍得到不断壮大，对科技进步发挥着至关重要的作用。

第三节 创新驱动下广东新兴产业的发展路径

创新驱动下，广东省新兴产业的发展已具备一定基础和条件，但从总体上看发展尚不成熟，还面临着科技支撑能力有待加强，产业竞争力有待提升，产业发展政策和环境有待进一步完善等一系列难题。其问题主要体现在：其一，广东省部分新兴产业的发展还处于追踪、模仿阶段，缺少自主创新的核心技术，对国外技术的依赖性较大；其二，广东省新兴产业整体发展水平与发达国家相比还存在较大差距，企业群总体呈现规模小、专业分散、技术创新能力弱的特点，企业内生动力尚未激发出来，导致产业链处于价值链低端，产业竞争力不高；其三，在制度环境和政府产业政策方面，广东省与上海、江苏、北京等地相比已不占优势，甚至处于落后地位，对战略性新兴产业的财政扶持力度和规划引导有待加强。因此在创新驱动下，广东新兴产业的发展应按照以下路径：

一、把握全球技术革命发展趋势，超前谋划由前沿科技带动的新兴产业

产业技术进步是决定战略性新兴产业成长的关键要素。当前，从经济长周期演进的时间表看，全球仍处于第五次长周期的上升繁荣阶段，信息技术推动经济增长的潜力和主导作用仍未完全释放，为摆脱经济危机，以移动信息网络、云计算和大数据、人工智能技术、生物工程、新能源技术和空间技

术等为代表的新一轮复合式技术创新将面临重大突破,加速催生一批新兴产业。广东省要获取经济中长期增长的驱动力,建设国家科技产业创新中心,就必须着眼长远,努力把握全球新技术革命发展路径和未来产业发展方向,以世界眼光超前规划以前沿技术创新带动的战略性新兴产业,依托自身在新一代信息技术产业、生物医药产业已形成的集群优势和研发基础,集聚高端创新资源,着力突破关键核心技术,力争在某些领域形成长期技术优势与产品标准话语权,破解价值链低端循环锁定,提升广东省在南中国地区乃至亚太地区的战略地位。

(一)新一代信息技术产业

广东省电子信息产业规模显著扩大,产业体系相对完善,行业上下游产业链配套完备。未来广东应加快形成以若干具有国际竞争力的大企业为龙头、一批极具创新活力的中小企业为支撑、具有全球竞争力的新一代信息技术产业集群,打造全国新一代信息技术产业重要集聚地和世界级高端电子信息产业基地,朝着建立产业链完整、集聚度高、拥有关键核心技术和自主知识产权的新一代信息技术产业群的方向迈进。

(二)生物医药与健康产业

广东是我国三大医药生产基地之一,也是我国重要的生物药品生产地区,广东生物医药产业发展迎来其战略机遇期。在"十三五"规划利好消息下,珠三角合力构建医药产业工业园,尽快实现产业化和规模化发展,从产业化基地到生物医药平台搭建,珠三角有望承接更多生物医药产业化功能,形成通盘规划、联动发展的生物医药产业链。同时,广东省应抓住国家扶持生物产业发展的契机,积极申报国家级项目,争取更多国家产业化项目及公共服务平台项目布点,加强相关部门的联动协调,加大资金及相关政策的扶持力度,进一步集中生物技术产业专项资金的投向,培育生物医药与健康重点龙头企业,完善生物医药与健康技术研发和产业化平台。

二、应对资源环境约束压力和低碳需求导向，发展绿色低碳新兴产业

当前的全球能源危机、资源短缺、环境恶化，对各国产业发展及人类健康和生存构成现实威胁，迫使世界各国政府和企业积极开发利用可再生、无污染的新能源和可再生能源，推行循环经济和低碳经济模式。对广东省整体而言，目前正处于重化工业后期，对能源消费的需求总量仍保持增长态势，原有的高消耗、低附加值的粗放增长模式已经不可持续，严重制约了下一轮经济腾飞。因此，广东省未来战略性新兴产业的发展重点必须要符合低碳经济发展方向和低碳消费模式，应把大力发展新能源、节能环保、新能源汽车、半导体照明等新兴产业摆在更加突出的战略地位，加快产业结构的战略性调整，实现广东省经济社会实现可持续发展。

（一）节能环保产业

随着"十三五"期间我国生态文明建设的推进以及"美丽中国"战略的实施，广东省节能环保产业整体上发展态势良好，市场增长潜力巨大，节能环保产业的规模与结构不断发展和完善。广东省节能环保企业逐渐向规模化发展，涌现了一批年产值超10亿元的企业，主要集中在珠三角地区，集中趋势明显，其中又以广州、深圳、佛山三个城市为主。广东省应一方面加强建设项目环境影响评价和节能评估审查，继续实施最严格的节能环保政策和标准，强化节能环保执法；另一方面为节能环保产业发展创造良好的政策、法制环境，出台一系列的扶持政策，支持节能环保产业做大做强。2017年2月，广东省发展改革委公布的《广东省节能减排"十三五"规划》明确提出：实现全省能耗持续下降，环境质量持续改善，全面完成国家下达的主要节能减排指标任务，持续保持全国节能减排排头兵地位。

（二）新能源汽车产业

广东省新能源汽车产业发展迅速，已经走在全国甚至世界前列，广东汽

车企业已经实现了纯电动汽车、插电式混合动力汽车、增程式电动汽车开发和产业化，实现了战略性的转型升级。广东省应重点支持具有自主知识产权的核心技术并实现产业化，鼓励发展新能源汽车项目，包括整车、零部件、技术改造等，同时加强国际、国内合作，积极引进和培育先进技术与产品在广东省落户并不断发展壮大。广东省应打造新能源汽车生产基地，建成较为完善的新能源汽车配套设施体系、技术支撑体系等，重点支持和完善以广汽、广本、广丰和东风日产等企业组成的新能源汽车产业链的发展，加快新能源汽车国产化进程。尽快实现新能源汽车在城市公交系统的规模应用，新能源轿车步入家庭。结合目前广东省新能源汽车的技术和产业基础，广东省应重点发展纯电和混合动力新能源汽车，并适时发展燃料电池电动车等新能源汽车。

三、着力发展产业融合衍生的新兴业态，带动传统优势产业转型升级

产业融合是当今世界产业发展的重要趋势。随着技术创新融合和市场需求的变动，旧有的产业边界正在逐步消融和模糊，并融合催生出许多新兴产业。综合考虑广东省现有的产业基础优势和未来产业发展方向，应该着力发展信息化与工业化融合、新兴技术与传统优势产业融合、新兴技术间的相互融合、制造业与服务业融合等四大融合衍生的新兴产业和新型业态，重点扶持数字家庭、高端智能装备、行业电子商务、移动互联网、数字传媒与出版、工业创意设计服务等6大产业，推动传统优势产业优化升级，变革产业组织形态，培育新的经济增长点。

（一）数字家庭产业

数字家庭产业具有高融合性高附加值的特点，是基于信息化与工业化融合、"三网融合"、4C（计算机、通信、消费电子、内容）融合、制造业与服务业融合的新兴产业，并将带动广东省具有优势的软件、数字内容、休闲

娱乐、计算机、家电、通信和光电等产业的快速发展。广东省数字家庭产业已在全国处于领跑者地位，要加快建设国家数字家庭应用示范产业基地，推动形成数字家庭"广东标准"，加快应用及产业化，打造设计、制造、内容服务一体化的产业链。

（二）高端智能装备制造业

该产业是信息化与工业化融合、新兴智能技术与传统装备制造业融合的产物。广东省要依托汽车、造船、机械装备等优势制造业基础，通过信息网络技术、智能技术等渗透嫁接，大力发展汽车电子、船舶电子、数控装备、智能机器人等新型产业。

（三）移动互联网产业

该产业是移动通信和互联网两大新兴技术交叉融合的产物，较之原有产业增添了更新的附加功能和更强的竞争力。广东省要抓住珠三角打造无线宽带城市群以及3G商用化、未来4G发展带来的庞大商机，加速推动移动消费电子终端产品的研发生产，拓展移动互联网增值服务链。

（四）数字传媒与出版产业

该产业是数字技术与传媒出版业嫁接融合的新增长点。广东省要依托发达的新闻传媒出版优势，变革内容生产和分销模式，拓展电子书、手机报纸、数字出版等新媒体领域，推动平面媒体集团向全媒体集团转型。

（五）工业创意设计产业

该产业是传统工业与现代服务业交叉融合的产物。广东省应面向本地制造业和珠三角制造基地这一庞大市场，把工业创意设计作为制造业升级的关键环节来抓，助推"广东制造"迈向"广东创造"，并将服务辐射到全国乃至亚太地区。

第四节　广东新兴产业发展空间布局

根据《广东省战略性新兴产业发展"十二五"规划》《广东省智能制造发展规划（2015—2025年）》和《广东省先进制造业发展"十三五"规划》，广东省应加强对发展新兴产业的顶层设计和全局规划，把加快培育和发展战略性新兴产业作为推进产业结构调整和转型升级、加快经济发展方式转变的重要抓手。

一、总体空间布局①

根据产业空间布局现状及未来发展趋势，结合区域产业发展阶段特征，规划建设广深研发创新轴、珠三角主体产业带、东西北特色产业带，即"一轴两带"的空间发展布局，如下图所示。

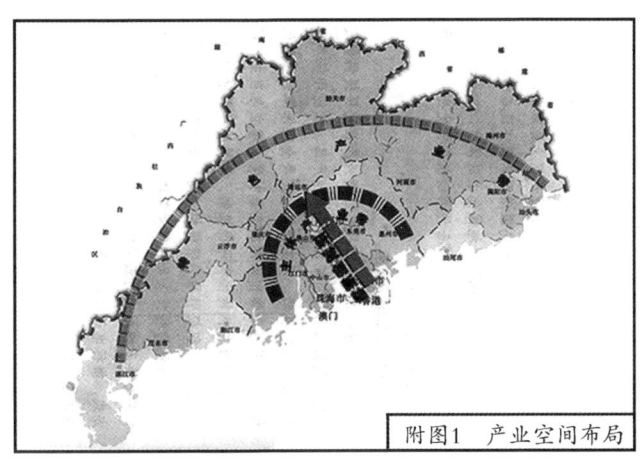

附图1　产业空间布局

图7　广东省新兴产业"一轴两带"的空间发展格局

资料来源：《广东省战略性新兴产业发展"十二五"规划》。

---

① 广东省人民政府：《广东省战略性新兴产业发展"十二五"规划》。

1. 研发创新轴。突出创新驱动和科技引领，依托广州和深圳两个国家创新型城市构建"广佛创新圈"和"深港创新圈"，形成研发创新轴上的两个核心，以及东莞、佛山创新后台服务基地，整合国内外创新资源，以新技术带动形成新兴先导产业，形成辐射带动全省的"创新源"和"动力源"，推动广东成为全国战略性新兴产业发展的重要策源地。

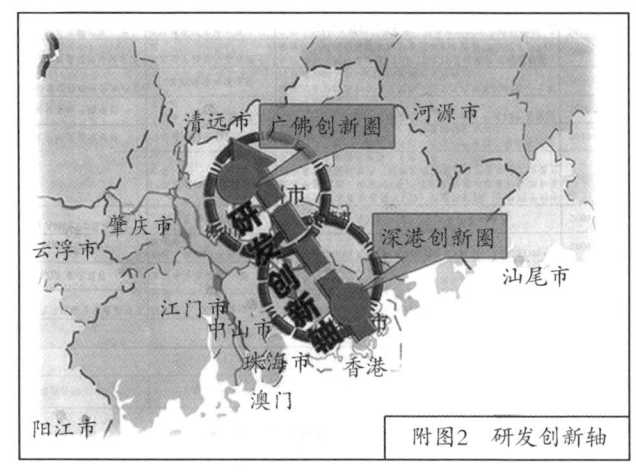

图8 广东省新兴产业研发创新轴

资料来源：《广东省战略性新兴产业发展"十二五"规划》

2. 主体产业带。突出高端制造和规模发展，依托广佛肇、深莞惠和珠中江三大经济圈，构建高端化、自主化、集成化主体产业区，集约集聚发展新兴主导产业，形成新的经济增长极，推动我省建设成为全国战略性新兴产业发展示范区和高端产业集聚地。

3. 特色产业带。突出区域特色和配套支撑，依托东西北地区广阔的腹地以及东西两翼绵延的海岸线，发挥自然资源和区位条件优势，重点发展资源禀赋型和区位指向型新兴特色产业，形成特色产业带，为先导产业和主体产业发展提供配套服务和后台支撑，实现全省战略性新兴产业协调发展。

二、重点产业布局

(一) 新一代信息技术产业

信息技术正以"新摩尔定律"的速度加速创新、融合,不断催生新应用和新产业。广东是全球信息产品的重要制造基地,要把握历史机遇,从高端突破,在深圳、广州、东莞、惠州、珠海等珠三角核心区率先布局,重点发展集成电路设计、新型平板显示、半导体照明、新一代宽带无线移动通信、下一代互联网、数字家庭、物联网(RFID)应用、汽车电子等高增长的新兴产业,以及软件、IT服务外包、网络增值服务、电子商务等现代信息服务业,力争在某些关键技术领域成为游戏规则的制定者,打造世界重要的新兴电子信息生产、研发和服务基地。

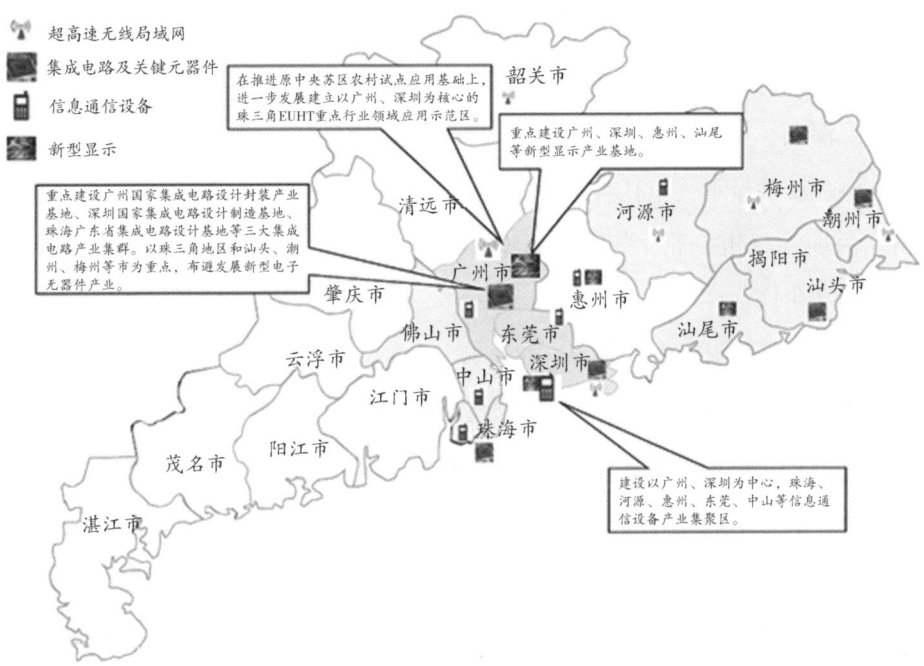

图9 广东省新一代信息技术"十三五"空间布局

资料来源:《广东省先进制造业发展"十三五"规划》

1. 超高速无线局域网（EUHT）。在推进原中央苏区农村试点应用基础上，进一步发展建立以广州、深圳为核心的珠三角EUHT重点行业领域应用示范区，推进EUHT在轨道交通、公路、空港海港、水运、自贸区、智慧城市、智能工厂、园区、农业农村、应急通信等领域的应用推广，建设集产品研发、生产制造、测试认证、培训服务和工程建设为一体的EUHT产业化基地。

2. 集成电路及关键元器件。重点建设广州国家集成电路设计封装产业基地、深圳国家集成电路设计制造基地、珠海广东省集成电路设计等三大集成电路产业集群。以珠三角地区和汕头、潮州、梅州等市为重点，布局发展新型电子元器件产业。

3. 信息通信设备。重点以广州、深圳为中心，建设珠海、河源、惠州、东莞、中山等信息通信设备产业集聚区。深圳建设空间通信及移动宽带产业链群，开展空间通信技术与产品的研发，并打造宽带网络终端设备产业基地。深圳、东莞、惠州、珠海、河源等地着力发展智能终端产业。

4. 新型显示。依托各地市龙头企业，积极开展招商引资，重点建设广州、深圳、惠州、汕尾等一批新型显示产业基地。深圳着力推进发展11代TFT-LCD生产。

（二）新能源汽车产业

促进产业集聚发展，建设一批新能源汽车整车生产项目，支持深圳市建设国内领先的电动汽车研发与产业化基地，广州市建设国家新能源汽车产业基地，珠海、佛山、中山、梅州市建设广东省新能源汽车产业基地，形成"二大四新"整车生产格局。围绕整车生产项目发展上游关键零部件配套产业，积极打造新能源汽车产业链。推进深圳、珠海、惠州、东莞等地建设锂离子动力电池生产基地，推进中山市建设电机驱动产业基地，支持深莞惠、广佛地区发展电控以及电动空调、电动助力转向、电动助力制动等电动化附件产业，打造珠江口岸新能源汽车关键零部件产业带。鼓励江门、肇庆以及环珠江三角洲地区引导当地优势产业向新能源汽车延伸，发展新能源汽车零部件、结构件、元器件、材料等相关配套产业，形成环珠三角新能源汽车配套产业带。

（三）LED产业

支持广州、深圳等地围绕LED设计创意、服务外包等新型业态，发展产业价值链高端环节。发挥深圳国家半导体照明产业基地的辐射带动作用和产业优势，推进佛山、惠州、东莞、中山、江门等地围绕LED外延芯片、封装应用等领域发展LED制造产业基地。利用佛山照明产业的制造优势和中山"国际灯都"的市场优势，加速LED技术向传统照明领域渗透，促进传统照明产业集聚区的结构调整和产业升级。同时，发挥惠州等地的产业优势，加速LED技术向汽车、显示、家电、电子消费品的渗透，扩大在散热、光学以及驱动电路等LED配套产业方面的竞争优势，延伸LED产业链。①

（四）生物医药产业

生物技术和生命科学将成为21世纪引发新科技革命的重要推动力量，健康产业也呈现出巨大的发展空间。广东应加快开发以生物工程、基因工程、海洋生物药物为重点的生物制药技术和产品，推动生物育种等农业生物技术产业化，发展营养保健、休闲健身和健康服务业。同时应将当代生命科学前沿技术与传统中医学优势相结合，力争在健康科学的某些关键领域率先突破，争夺产业优势地位。

1. 生物医药。以广州和深圳国家生物产业基地为龙头，加快建设中山国家健康科技产业基地、珠海三灶生物医药产业园、佛山生物医药科技园、江门大健康产业基地等园区和基地，打造生物药、化学药和中药产业集聚区。支持广州、深圳依托生物产业基地，建设海洋生物技术和海洋药物研究中心。支持惠州、肇庆等珠三角地市和粤东西北各市结合属地资源优势，发展特色中药产业。

---

① 《广东省战略性新兴产业发展"十二五"规划》，2012年3月。

图 10　广东省生物医药产业"十三五"空间布局

资料来源：《广东省先进制造业发展"十三五"规划》。

2. 高性能医疗器械。重点建设深圳、佛山、珠海、中山、汕头高端医疗器械产业基地。深圳重点发展影像设备、医用机器人等高性能诊疗设备，全降解血管支架等高值医用耗材，可穿戴、远程诊疗等移动医疗产品。佛山重点发展体外诊断设备、高值医用耗材和移动医疗设备。珠海重点发展医疗检测设备。中山重点发展智能医疗设备和医疗机器人产业。汕头重点发展高性能医疗影像设备。

(五) 高端装备制造产业

1. 智能制造装备。重点培育广州、深圳、珠海、佛山、东莞、中山、江门、肇庆、揭阳、顺德区等10个左右智能制造示范基地。广州重点打造全省机器人及智能装备产业核心区，重点发展工业控制、智能传感、系统芯片、运动控制等智能制造基础部件和数控加工装备、数控系统、工业机

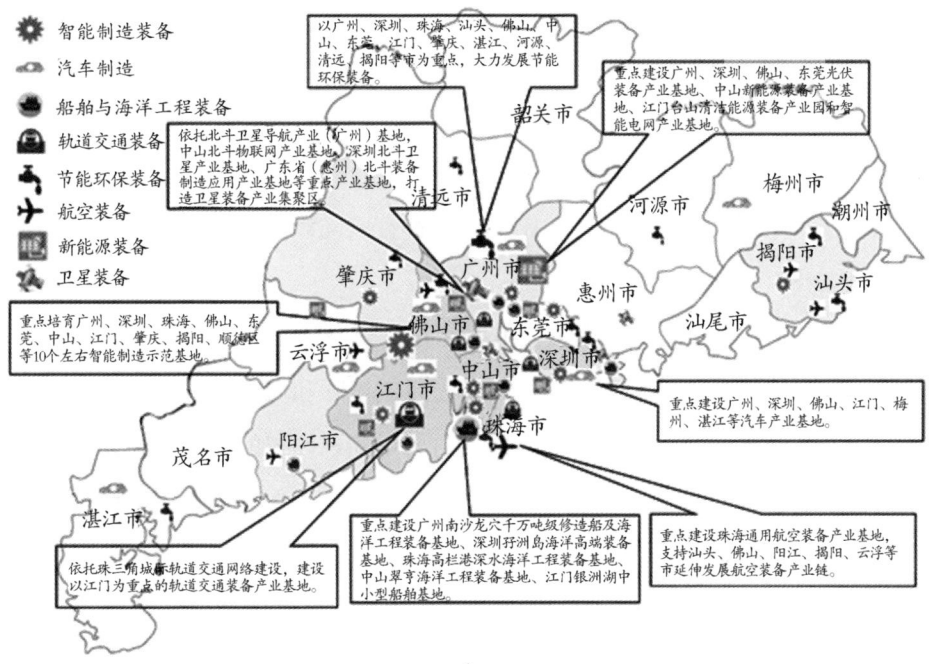

图11 广东省高端装备制造产业"十三五"空间布局

资料来源:《广东省先进制造业发展"十三五"规划》

器人等。深圳着力建设机器人、可穿戴设备等智能装备产业制造基地、创新基地、服务基地和国际合作基地。珠海重点发展机器人、智能电网设备和系统、打印设备及芯片设计、智能化大型临港工程装备等。佛山重点发展数控成套加工装备、增材制造、工业机器人等智能制造装备、塑料机械、输配电装备及相关的生产性服务产业。东莞重点发展运动控制部件、应用于计算机、通讯、消费电子产品的专用机器人、服务机器人等。中山重点发展智能风力发电装备、智能光电加工装备、智能化印刷装备等。江门重点发展数控加工装备、智能化食品成套生产线等。肇庆重点发展智能化仪器仪表、新型传感器、专用智能检测设备、专用核心元器件。揭阳重点打造德国先进技术推广中心和德国先进设备(装备)国产化中心。顺德区重点发展工业机器人、数控加工装备、智能化注塑、陶瓷木工成套机械等。

2. 航空装备。重点建设珠海通用航空装备产业基地，支持汕头、佛山、阳江、揭阳、云浮等市延伸发展航空装备产业链。珠海、佛山重点发展通用飞机总装、部装、飞机零部件生产。阳江、云浮依托"珠海-阳江-罗定"低空航线开通，培育发展通用航空服务业。汕头加强与以色列航空工业公司合作，建设航空工业城。揭阳发挥对台直航优势，打造空港经济区，发展飞机维修业务。

3. 轨道交通装备。依托珠三角城际轨道交通网络建设，建设以江门为重点的轨道交通装备产业基地。江门重点发展城际和城市轨道车辆的制造、保养以及大中修业务，加快研发生产具有自主知识产权的新车型，创设城际轨道交通装备国家标准，实现和谐号动车组多元化发展。广州、深圳重点培育1—2家具有较强竞争力的轨道交通车辆和关键总成生产企业，打造国内轨道交通核心装备制造和系统集成、高端咨询设计及增值服务产业基地。珠海、佛山重点发展低地板车和城市轨道交通车辆的大中修业务。

4. 海洋工程装备。重点建设广州南沙龙穴千万吨级修造船及海洋工程装备基地、深圳孖洲岛海洋高端装备基地、珠海高栏港深水海洋工程装备基地、中山翠亨海洋工程装备基地、江门银洲湖中小型船舶基地。广州重点发展高附加值船舶、先进军用舰艇和高端军警用特种船舶。深圳重点发展海洋工程装备总包和设计，加快深远海、智能化海工装备研发与产业化。珠海重点发展海洋工程装备、港口机械、船用发动机以及海上钻井采油平台配套设备。汕头重点发展船舶电气零部件。佛山重点发展海上钻井采油平台配套设备。中山重点发展海洋工程辅助船。江门、东莞重点发展中小型特种工程船、海洋开采支持装备。阳江培育发展大型深水海洋工程装备和游艇制造业。

（六）节能环保产业

随着环境问题日益突出，环保节能产品的市场需求潜力巨大。广东的资源和环境容量逼近极限，更应大力发展环保与资源循环利用产业。应按照

"减量化、再利用、资源化"的循环经济理念,在广州、深圳、佛山、东莞等市加快开发、推广综合治污与废弃物循环利用的技术和装备,重点研发污水处理及循环利用高新技术和设备。在清远、肇庆等地建立再生资源示范基地,形成规范统一的再生资源回收、处理和交易场所,打造"拆解—粗加工—深加工—终端产品—贸易—研发"的完整产业链,促进再生资源产业化发展。

1. 节能产业。积极发展低碳产业,以韶钢等钢铁企业为重点,大力推进钢铁工业节能。东莞、佛山、深圳等地大力推行节能电机。加快珠海、佛山、中山、湛江节能家电研发中心和生产基地建设。广州、佛山、珠海大力发展先进空调技术产业。大力推进深圳、佛山、粤东等地节能建筑材料产业化基地建设。加快深圳高新材料研发基地和佛山节能建筑材料生产基地建设。广州、东莞等地发展节能玻璃产业集群。

2. 环保产业。广东的资源和环境容量逼近极限,更应大力发展环保与资源循环利用产业。应按照"减量化、再利用、资源化"的循环经济理念,在广州、深圳、佛山、东莞等市加快开发、推广综合治污与废弃物循环利用的技术和装备,重点研发污水处理及循环利用高新技术和设备。在清远、肇庆等地建立再生资源示范基地,形成规范统一的再生资源回收、处理和交易场所,打造"拆解—粗加工—深加工—终端产品—贸易—研发"的完整产业链,促进再生资源产业化发展。

(七)新能源产业

21世纪人类面临的最大危机是环境危机,广东必须尽快采取行动,把大力发展新能源、可再生能源和低碳经济摆在更加突出的战略地位,超前进行产业结构的战略性调整。重点研发生物质能、风能、太阳能及核能利用技术,积极研发节能汽车、清洁替代燃料汽车、混合动力和纯电力汽车。制定出广东发展低碳经济的产业路线图,鼓励低碳技术的开发、设备制造,促进具有低碳经济特征的新兴产业群的发展。重点建设南澳、惠来、汕尾、阳江海陵岛、湛江徐闻等风电基地，以及大亚湾、岭澳、阳江、台山、陆丰、韶关等核电基地。

1. 核电。依托核电站建设和重点优势企业，采取与国内外核电关键设备和核岛辅助设备制造企业合作的模式，推动形成具有国际竞争力的核电装备制造产业集群。重点建设南沙核电设备成套制造供应基地，进一步将汽轮机、发电机总装以及尚待扩产或难于内陆运输的设备、部件制造等聚集到南沙基地发展。建设江门台山清洁能源（核电）装备产业园，形成集聚发展优势。建设深圳新能源（核电）产业基地，提升核电技术研发和高端服务业。支持有一定产业基础的地区发展核电装备制造业配套产业，完善我省核电装备产业链。

2. 太阳能。以深圳、佛山、东莞、河源四大基地为中心，辐射中山、珠海、江门、揭阳及全省各地，推动太阳能光伏相关产业相互促进、集聚发展，形成全省各地各具特色、优势互补、协同发展的一体化产业格局。大力支持东莞光伏晶体硅电池及非晶硅薄膜太阳能电池生产设备、深圳太阳能薄膜电池、佛山三水光伏电池、河源薄膜太阳能电池、汕头双玻璃光伏建筑一体化组件、肇庆太阳能光伏材料开发光伏应用示范、深圳拓日工业园、珠海光伏建筑一体化示范基地、佛山南海"风光发电与绿色照明"示范区等重大项目建设。

3. 风电。培育和扶持骨干企业建设成为国内外一流的风电设备制造企业，以兆瓦级风机、关键零部件和风光互补小型风机为重点，建设一批特色产业基地。建设中山风电整机和部件产业基地，支持佛山、广州市发展小型风机和风光互补系统，在深圳、东莞市形成风电产业电子电器控制系统配套区，以整机带动零部件和配套产业，逐步在珠三角形成以兆瓦级风电机组研制为重点、相关配套产业集聚发展的风电装备制造产业带。

（八）新材料产业

广东应优先发展电子信息材料产业，积极发展生物医用材料、特种功能材料，大力发展纳米材料并推动在纺织、建材、汽车、信息等领域的应用，重点开发低能耗低污染、可再生利用的生态环境材料，形成以广州、深圳为发展中心，珠三角地区为重点，分工明确、优势互补的发展新格局。

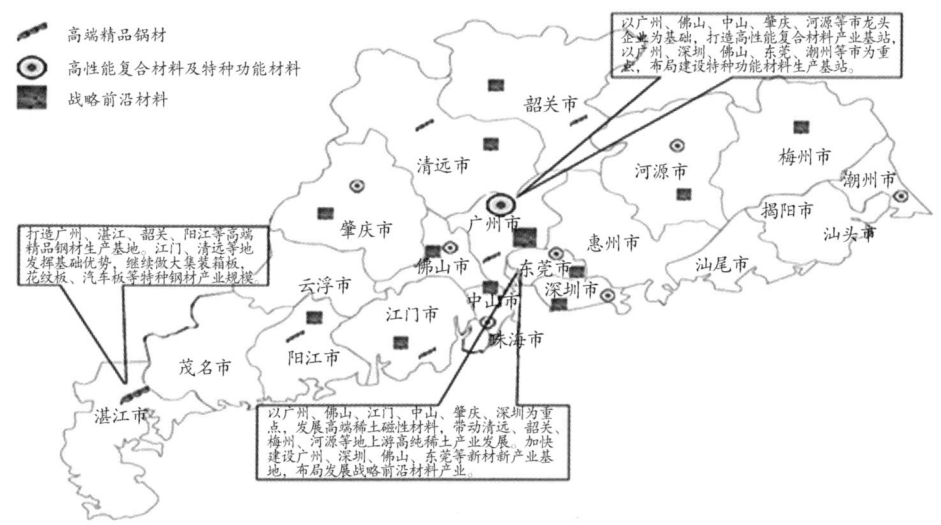

图12　广东省新材料产业"十三五"空间布局

资料来源：《广东省先进制造业发展"十三五"规划》。

1. 高端精品钢材。重点打造广州、湛江、韶关、阳江等高端精品钢材生产基地。广州重点发展高精度结构钢管、油气输送专用钢管等高性能管材。湛江重点发展高等级热轧、冷轧薄板以及优质棒线材。韶关重点发展高强螺纹钢、特种钢等高附加值钢铁产品。阳江重点打造国内高端不锈钢生产基地。广州、江门、湛江、清远、韶关等地发挥基础优势，继续做大集装箱板、花纹板、汽车板等特种钢材产业规模。

2. 高性能复合材料及特种功能材料。以广州、佛山、中山、肇庆、河源等市龙头企业为基础，打造高性能复合材料产业基地。以广州、深圳、佛山、东莞、潮州等市为重点，布局建设特种功能材料生产基地。广州发展塑料光纤产业。佛山发展船舶、地铁、车体用增强铝合金制造。肇庆推进镁合金、铝合金深加工项目建设。潮州、肇庆开展新型电子元器件用高性能陶瓷部件产业化技术改造。

（3）战略前沿材料。以广州、佛山、江门、中山、肇庆、深圳为重点，发展高端稀土磁性材料、储氢材料、稀土金属功能材料及其下游应用材料，带动清远、韶关、梅州、河源等地上游高纯稀土产业发展。加快建设广州、深圳、佛山、东莞新材料产业基地，布局发展战略前沿材料产业。阳江着力打造硅胶新材料产业基地。梅州打造稀土新材料产业基地。

第五章
广东新兴产业的发展重点与发展思路

广东是我国新兴产业发展的先行地区。在传统产业发展乏力、产能过剩问题突出、出口增速放缓的经济新常态背景下，新兴产业高速增长，为广东经济发展提供了新动能。本章将分析新一代信息技术、智能机器人、节能环保、生物医药、新能源汽车这五个广东重点新兴产业的发展现状，借鉴国内外发展经验，提出下一步推动新兴产业发展的思路。

第一节 新一代信息技术产业

新一代信息技术产业是当前国际新一轮产业竞争和抢占经济科技制高点的战略先导领域，不仅可以形成规模巨大的新兴增长点，而且是构建传统产业转型升级和其他战略性新兴产业发展的关键基础设施，是发展基于数据和知识的新兴支柱产业的重要抓手。宽带、泛在、融合、安全的新一代信息网络发展演进不断加快，下一代通信网络、下一代互联网、新型平板显示、高性能集成电路、物联网、云计算等方面的创新方兴未艾。新一代信息技术产业链能不断拓展和延伸，并扩散到经济、社会各部门，提高技术进步率，对广东经济提质增效起着积极作用。

一、新一代信息技术产业的国内外发展现状及趋势

（一）全球新一代信息技术产业发展现状及趋势

1. 产品、软件、服务、网络、终端的融合

基于软件、内容和终端的产业链整合模式正在催生新的产业基本形态。随着新兴信息产业、新兴业态的不断涌现，产业链整合将传统的终端设备制造、软件开发、数字内容提供等产业环节进行重新组织，构建纵向一体化的

产业链体系，向消费者提供基于智能终端的多元化、动态化、实时化的娱乐、消费、社交、资讯等服务。基于软件、内容和终端的产业链整合模式，首先在智能手机领域形成，并在平板电脑、互联网电视等领域快速拓展，越来越多的跨国企业加速基于软件、内容与终端的整合转型。其中最具代表性的当属苹果公司创始的App Store模式。

2．云计算产业

近年来新的云计算商业模式不断得以开发，微软、谷歌、IBM、亚马逊等IT巨头公开宣布构建属于自己的云计算产业王国。由几大信息产业巨头推动，将云计算作为商务模式推出，在业界产生的影响力不可低估。云计算技术由此获得大规模应用，标志着全球信息技术产业进入云时代。

表7 主要云计算企业的商业布局

公司	研发进展
EMC	推出Hulk和Main集群NAS硬件及软件产品
Amazon	向用户提供基于Amazon万亿级计算业务架构的云计算服务提供商
微软	推出了Windows Azure产品
谷歌	拥有自主研发的万亿级数据中心架构，是最早提供云计算服务器的厂商之一
Isilon	推出目前全球最大的NAS集群，该集群配置了约100个节点，理论上支持2.3PB的存储容量
IBM	推出"蓝云"计划，包括一系列云计算技术的组合，成立云计算中心
惠普	联手英特尔、雅虎推出云计算试验台
NetApp	专门针对NAS和SAN产品的操作系统ONtap GX汇总提供了集群技术
Sun	推出了ZFS文件系统、低端X4500存储服务器和开源Solaris软件

资料来源：《中国企业云计算技术应用战略研究》，《信息化研究》，2011年12月。

3．物联网产业

物联网作为下一代信息技术发展核心之一，越来越被各行各业所重视。一旦物联网大规模普及，无数的日常生活用品需要加装更加小巧智能的传感器，或者直接升级换代，给市场带来的商机大得难以估量。预计到2020年，世界上物与物互联的业务，跟人与人通信的业务相比，将达到30比1[①]。物联网因此被称为是下一个万亿元级的新兴信息产业。物联网的应用领域将涉及零售行业、物流行业、医药行业、食品行业、智能建筑等领域。

4. 大数据产业[②]

当前，大数据规模以及其存储容量正在迅速增长，已经渗透到各个行业和业务职能领域。从整体发展趋势看，电信、金融等行业已经达到"数据就是业务本身"的发展阶段；社交媒体、电子商务、云计算、物联网等应用的兴起，打破了原有产业价值链的围墙。各行业迫切需要借助大数据战略打破数据边界，更为全面地了解运营情况及运营环境。大数据将为信息产业带来新的增长点，到2017年全球大数据企业营收将达到500亿美元。大数据作为一种重要的战略资产，已经不同程度地渗透到每个行业领域和部门，数据使用率提升10%对各行业产生的促进作用不容小觑。

表8 大数据对部分经济领域的影响

相关经济领域	主要影响
美国医疗服务业	每年产值增加3000亿美元，大约0.7%的年生产率增长
欧洲公共部门管理	每年产值增加2500亿欧元，大约0.5%的年生产率增长
全球个人位置数据	服务提供商收入1000亿美元或以上，最终用户价值达7000亿美元
美国零售业	可能的净利润增长水平为60%或以上，0.5–1.0%的年生产率增长
制造业	产品开发，组装成本降低达50%，运营成本降低达7%

数据来源：麦肯锡全球研究院

5. 移动互联网产业

从整个移动互联网产业要素来看，移动智能终端整机制造、操作系统、核心芯片及重要元器件、应用服务是整个移动互联网产业当中参与度最高、

---

① Forrest咨询机构
② 《大数据初研》，《软件与信息化服务研究》，2012年第5期。

竞争最激烈、技术革新最活跃的领域。移动互联网和传统行业融合，还催生新的应用模式。在移动互联网、云计算、物联网等新技术的推动下，传统行业与互联网的融合正在呈现出新的特点，平台和模式都发生了改变。这一方面可以作为业务推广的一种手段，如食品、餐饮、娱乐、航空、汽车、金融、家电等传统行业的APP和企业推广平台，另一方面也重构了移动端的业务模式，如医疗、教育、旅游、交通、传媒等领域的业务改造，移动游戏、移动广告、移动电子商务、移动视频等业务模式流量变现能力快速提升。

（二）我国新一代信息技术产业发展概况

1. 我国新一代信息技术产业发展现状

目前，我国在信息技术领域硬件、软件、内容和服务的创新步伐发展迅速，融合化、智能化、应用化特征突出，成为引领新一轮技术创新浪潮的重要动力。总体来说，我国已成为全球最大的信息技术产品市场，新一代信息技术产业发展势头强劲。2015年我国电子信息制造业实现主营业务收入11.1万亿元，同比增长7.6%；软件和信息技术服务业实现软件业务收入4.3万亿元，同比增长16.6%，分别比"十一五"末提高了74%和216%。软件和信息技术服务业的快速发展反映出我国信息技术产业结构正在优化。与全国工业发展速度相比，我国的规模以上电子信息制造业增加值增幅为10.5%，高于同期工业平均水平4.4%；收入和利润总额分别增长7.6%和7.2%，高于同期工业平均水平6.8%和9.5%，占工业总体比重分别达到10.1%和8.8%。电子信息制造业在工业经济中保持领先地位，支撑作用不断增强。[①]

---

① 国家工业和信息化部：《2015年电子信息产业统计公报》。

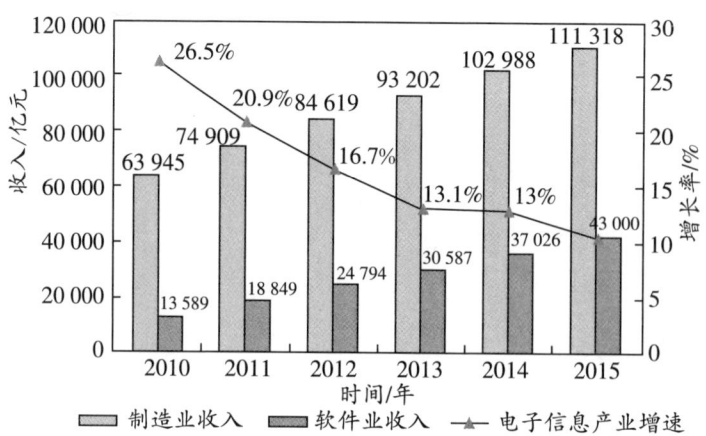

图13　2010—2015年我国电子信息产业增长情况

数据来源：《2015年电子信息产业统计公报》

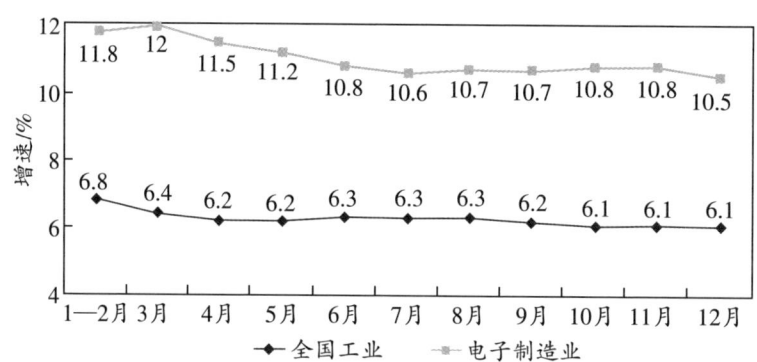

图14　2015年电子信息制造业与全国工业增加值累计增速对比

数据来源：《2015年电子信息产业统计公报》

近年来，我国新一代信息技术产业取得了长足发展，已形成了新的产业格局和集群布局。随着产业集中度的进一步提升，产业区域聚集效应日益凸显。目前，我国已形成了以国家级信息产业基地、国家新一代信息技术产业园为主体的区域产业集群。京津形成了新一代信息技术装备、软件平台、应用服务等产业集聚区；以上海、杭州等城市为中心的长三角地区形成了以云计算基础设施、移动电子商务为代表的产业集聚区；珠三角形成了物联网创新活力强劲的产业集聚区。此外，一些中西部地区也积极推进信息技术产业的规划。成都、重庆、西安等地形成了信息化应用、元器件制造及研发等产业集聚区。

目前，新一代信息技术已经与人们生产生活密切联系在一起，与制造、能源、医疗、交通、农业、城市管理等各个领域结合起来形成综合性应用领域，并不断产生新的前沿信息技术热点。当前信息技术已渗透进传统行业的方方面面，带动了工业、服务业的产业转型和结构升级。基于共性技术开发的创新融合，模糊了原有的产业边界，使产业之间的互通性、交叉性显著增强。而价值链的拓宽和创业模式的演变推动了产业的融合发展。移动互联网、大数据、云计算、物联网等新技术，引发制造业发展理念、技术体系、制造模式和价值链等发生重大变革，推动智能制造、网络制造、柔性制造等日益成为主流生产方式，将重塑全球制造业发展格局；基于新一代信息技术的新兴服务业，使得服务向信息化、个性化、定制化方向发展，并衍生出多种类型的生产和生活服务业态。

2. 我国新一代信息技术产业政策概述

国务院和国家部委高度重视新一代信息技术产业的发展，出台一系列重大行动规划和方案。

十七届五中全会决定通过的《国务院关于加快培育和发展战略性新兴产业的决定》中提出：加快建设宽带、泛在、融合、安全的信息网络基础设施，推动新一代移动通信、下一代互联网核心设备和智能终端的研发及产业化，加快推进三网融合，促进物联网、云计算的研发和示范应用。着力发展集成电路、新型显示、高端软件、高端服务器等核心基础产业。提升软件服务、网络增值服务等信息服务能力，加快重要基础设施智能化改造。大力发展数字虚拟等技术，促进文化创意产业发展。

与之相配套，国务院颁布了《"十二五"国家战略性新兴产业发展规划》，国家工信部还具体发布了《物联网"十二五"发展规划》《互联网行业"十二五"发展规划》和《通信业"十二五"发展规划》三个大类别信息产业发展规划，提出一系列促进各领域内信息技术产业的发展的行动方案。

2015年以来，新一代信息技术产业得到越来越多的政策支持。《中国制造2025》将智能制造作为发展重点，提出要加快推动两化融合发展；《关于积极推进互联网+行动的指导意见》进一步明确了新一代信息技术产业对经济转型升级的引领作用；2015年1月，国务院发布《关于促进云计算创新发展培育信息产业新业态的意见》，第一次以国务院的名义提出部署加快发展云计算；2015年8月，国务院发布《促进大数据发展行动纲要》，第一次以国务院的名义提出部署加快发展大数据。

2016年，《"十三五"国家战略性新兴产业发展规划》发布，该规划将新一代信息技术产业作为发展重点。规划提出推动信息技术产业跨越发展，拓展网络经济新空间。实施网络强国战略，加快建设"数字中国"，推动物联网、云计算和人工智能等技术向各行业全面融合渗透，构建万物互联、融合创新、智能协同、安全可控的新一代信息技术产业体系。到2020年，力争在新一代信息技术产业薄弱环节实现系统性突破，总产值规模超过12万亿元。规划围绕"构建网络强国基础设施""推进'互联网+'行动""实施国家大数据战略""做强信息技术核心产业""发展人工智能""完善网络经济管理方式"这六方面内容进行了细致阐述，为新时期推动新一代信息技术产业发展提供了线路图。

3. 国内先进地区发展新一代信息技术产业的政策概述

（1）北京市

北京市紧跟新一代信息技术产业发展的浪潮，积极同国家信息技术产业发展政策相适应，制定了符合北京实际情况的新一代信息技术产业发展规划，发布了《北京市"十二五"时期电子信息产业发展规划》。该规划提出要融合发展，培育高端新兴产业发展，主要包括引领云计算产业跨越发展，推进三网融合取得实质性发展，促进物联网产业特色发展等内容。在区域布局方面提出要打造沿五环路电子信息产业发展带，构建京北研发和高新技术发展区、京南高端制造业和战略新兴产业发展区，培育和发展包括中关村科学城、云计算基地、北京数字电视产业园、移动硅谷产业园、集成电路产业园和LED产业园在内的多个特色化产业园和基地。

2015年，北京顺应中国建设制造强国的发展目标，发布了《〈中国制造2015〉北京行动纲要》，纲要提出重点发展集成电路、智能制造系统和服务、自主可控信息系统、云计算和大数据、新一代移动互联网等八大新产业生态专项。北京还顺应京津冀协同发展契机，在张北布局了云计算产业基地。

（2）上海市

上海市根据自身信息技术产业发展情况，也制定了契合自身实际的规划方案。先后颁布了《上海推进电子信息制造业十二五规划》《上海推进移动互联网产业发展2012—2015年行动计划》《〈中国制造2025〉上海行动纲领》《上海市推进"互联网+"行动实施意见》等文件。

2016年印发的《〈中国制造2025〉上海行动纲领》在集成电路、下一代网络、人工智能、新型显示、空间信息应用、高端软件与信息服务这六个方面提出了具体任务。此外，该行动纲领提出将上海建设成为国内技术水平最高、产业链最完整、综合实力最强的集成电路产业基地，并巩固提升上海在新一代网络国内第一梯队的地位。

（3）江苏省

近年来，为促进新一代信息技术产业的跨越式发展，江苏先后制定了《省政府关于加快推进"互联网+"行动的实施意见》《江苏省大数据发展行动计划》和《江苏省"十三五"战略性新兴产业发展规划》。

《江苏省"十三五"战略性新兴产业发展规划》提出，江苏省要把握数字化、网络化、智能化、融合化发展趋势，加快发展物联网、新一代信息网络、高性能集成电路、新型显示和新型电子元器件等，构建万物互联、融合创新、智能协同、安全可控的新一代信息技术产业体系，将江苏打造成国内领先的新一代信息技术产业高地。规划提出依托南京、无锡、苏州等打造新一代信息技术和数字创意特色产业基地。

二、广东新一代信息技术产业发展现状及存在问题

（一）广东新一代信息技术产业发展现状

广东是全球电子信息产业重要基地，一直以来高度重视新一代信息技术产业的发展。近年来新一代信息技术产业在广东经济发展中的倍增效应与日俱增，实现了电子制造业和软件信息服务业的同步发展。珠三角地区主要承担制造职能，形成了多级零部件供应企业分工高度细化的产业方式，是全国乃至全球重要的通信设备、平板显示、计算机及外部设备、电子元器件、家用视听和软件的研发、生产、出口基地，新一代信息技术产业发展在全国领先，并持续加大发展力度。

我省新一代信息技术产业发展规模日益扩大。近年来广东省电子信息产业发展保持快速增长态势，各项经济指标在工业中的比重不断上升。广东电子制造业规模总量已连续25年居全国首位。2015年，全省规模以上计算机、通信和其他电子设备制造业实现销售产值3.27万亿元，占全国的28.9%；实现工业增加值7175.24亿元，占全省工业增加值的23.7%。珠江东岸五市（深圳、东莞、惠州、河源、汕尾）完成电子信息制造业增加值5905亿元，占全省的82.3%，带动作用明显。从各细分领域情况来看，锂电池、电子测量仪器、光伏、通信设备等热点或新兴领域增长较快。软件和信息服务业方面，2015年广东省软件和信息服务业累计完成业务收入6994.4亿元，实现利润1160.1亿元。截至2015年年底，境内外上市的软件和信息服务业企业累计超过220家。产业集聚发展态势明显，珠三角形成新型显示、新一代通信和软

件等3个规模超千亿的新兴产业群。[①]

广东具有靠近国际市场的区位优势,新一代信息技术产品出口能力强。广东省地处中国香港、中国台湾、日本、韩国、东南亚等地的重要交通枢纽中心,转口贸易十分活跃和便捷。同时,香港作为国际金融贸易中心,是国际资本和信息集散地,为广东省电子信息产业发展提供了有利条件。广东省电子信息产业大量进口、大量出口,与跨国公司和国际市场联系比较密切,原材料和产品销售对外依赖度较高,相当大一部分产品面向国际市场,有很强的出口能力,2014年,电子信息产业产品外销率高达59.2%,出口交货值占全国电子信息产业比重达33.9%,出口规模、出口比重在全国居领导地位。

表9 广东新一代信息技术产业商品出口概况

商品名称	金额(亿元)	占出口总额比重(%)
手持或车载无线电话	2832.01	7.18
自动数据处理设备及其部件	2487.22	6.30
集成电路	802.17	2.0
液晶显示屏	712.70	1.8
合计	6834.1	17.28

数据来源:2016年广东统计年鉴

广东电子信息产业主要产品的制造能力和工艺创新能力强,在重点行业形成一批拳头产品。计算机、家用视听设备等主要产品的生产企业大规模制造能力强,在工艺设计、模具研制、应用创新等方面有比较雄厚的基础。在通信设备制造行业,程控交换机、光通信产品具有较高的性价比优势,已初步具有与国外产品相抗衡的实力。在电子器件制造行业,彩管、分立器件等产品竞争力在全国处于领先水平。在电子元件制造行业,PCB、SMT等产品

[①] 数据来源:广东省经济与信息化委员会。

在全国具有重要地位。在家用视听设备制造行业，彩色电视机、激光视盘机和组合音响产品竞争力均位居全国第一。在软件行业，嵌入式软件在全国占一半以上比重，竞争优势明显。

表10 2014年全国和广东重点电子信息产品产量

	全国产量	广东产量	广东占全国比重
数字程控交换机	3123.10万线	595.40万线	19.1%
移动通信手持机	162719.82亿台	92435.64亿台	56.8%
微型计算机设备	25079.63万台	2830.58万台	11.3%
集成电路	1015.53亿块	190.50亿块	18.8%

数据来源：2015广东工业统计年鉴

广东电子信息产业已形成一批龙头企业。在通信设备制造行业，以华为、中兴、TCL等为代表的国内企业初步形成国际性企业雏形；在电子元器件行业，深圳三星视界、深圳华强在规模和出口交货值上均位居全国同行业首位；在家用视听设备制造行业，产生出TCL、康佳、创维等一批优势企业；在软件行业，华为、中兴在国内软件企业中实力靠前，新太、金蝶和金山等企业也拥有较强竞争力。目前，已经形成了以东莞、惠州、深圳为中心的手机、计算机制造基地，以深圳为中心的电子元件、家用视听设备制造基地，以广州和深圳为中心的软件基地。

（二）广东推进新一代信息技术产业发展的政策概述

为抢占新一轮产业和科技发展的制高点，广东省将新一代电子信息产业作为优先扶持的三大战略性新兴产业之一，已制定一系列政策规划来加快其发展。重要的政策规划包括《广东省国民经济和社会信息化"十二五"规划》《广东省战略性新兴产业发展"十二五"规划》《广东省高端新型电子信息产业发展"十二五"规划》《关于加快发展物联网建设智慧广东的实施意见》和《广东关于加快推进云计算发展的意见》等。

1. 《广东省战略性新兴产业发展"十二五"规划》

该规划明确将新一代信息技术产业作为战略性新兴产业发展重点,提出要做大做强优势产业,主要涵盖新型显示、新一代通信两大领域;培育新兴业态,涵盖了物联网、云计算、三网融合、下一代互联网和地理空间信息系统领域;突破高端环节,主要涵盖软件与集成电路设计、数字家庭和高端消费电子产品领域。

2. 《广东省高端新型电子信息产业发展"十二五"规划》

该规划提出要建立产业链完整、集聚度高、拥有关键核心技术和自主知识产权、总规模超万亿元的高端新型电子信息产业群,进一步扩大广东省电子信息产业的领先优势。该规划还提出了详尽的相关配套措施:

(1)加强政策引导和扶持,进一步落实企业研发费用税前加计扣除政策、高新技术企业减按15%税率征收企业所得税、技术改造项目进口设备免税和重大技术装备进口免税等财税优惠政策。

(2)构建人才智力支撑体系,探索校企联合培养创新型人才的新途径,落实高层次人才引进计划,积极引进电子信息产业高端领军人才和创新科研团队。在新一代信息技术产业集中地区探索建立人才技术保税区,所引进的领军人才和创新团队享有广东省有关优惠政策和激励政策。

(3)落实金融促进经济发展的有关政策措施,鼓励和引导金融机构加大对高端电子信息产业自主创新、技术改造和成套设备出口的信贷支持。支持符合条件的高端新型电子信息企业通过发行企业债券、短期融资债券以及股权融资、知识产权融资、项目融资、上市融资和信托产品等形式直接融资。

(4)加快规范发展融资性担保机构,创新促进新型电子信息企业发展的担保机制,鼓励社会设立的战略性新兴产业投资基金投资高端信息电子产业,引导社会发展创业投资、天使投资。积极推进政银企合作,争取国家支持广东省实施新兴产业创投计划,拓宽企业融资渠道。对列入省新一代信息技术产业的重点项目,由省统筹优先安排建设用地指标。

3.《广东省物联网发展规划（2013—2020年）》

该规划提出，通过加快物联网基础设施建设、推进物联网技术集成创新和产业化、推进物联网在生产和商贸服务以及社会服务领域应用，力争在3—7年内，将我省建成国内领先的物联网产业集聚区、全国物联网集成创新高地、全国智慧应用先行示范区、国际物联网区域连接中心，打造世界级的珠三角智慧城市群，基本建成"智慧广东"。

4.《广东省云计算发展规划（2014—2020年）》

该规划提出，在2020年底前，将广东省建设成全国云计算技术创新高地、云计算应用服务先行区、云平台和软件集聚区，打造成国际绿色云计算数据中心基地、全球云基础设备和云终端核心制造基地。到2020年，云计算产业核心竞争力显著提升，云服务产业规模达3000亿元，云终端制造产业规模达到6000亿元。珠三角地区依托现有软件和信息服务业基地，引导云计算产业集聚发展。粤东西北地区加快建设云计算创新成长型基地，重点培育发展云计算基础设备制造业和云计算数据中心应用服务。促进云计算产业在珠三角地区与粤东西北地区合理分工、错位发展，推动区域协调发展。

5. 广东省促进大数据发展行动计划（2016—2020年）

该规划提出，用5年左右时间将广东打造成全国数据应用先导区和大数据创业创新集聚区，抢占数据产业发展高地，建成具有国际竞争力的国家大数据综合试验区。到2020年，大数据基础设施建设、资源整合和政府数据开放共享取得显著成效；大数据创新应用深入经济社会各领域。大数据成为服务经济社会民生的重要支撑和引领产业转型升级的核心力量；大数据产业成为重要的经济增长极。基本形成高端智能、新兴繁荣的大数据产业发展新生态和大众创业、万众创新的创新驱动新格局，培育8家左右核心龙头企业、200家左右大数据应用、服务和产品制造领域的骨干企业，建设20个左右大数据产业园，形成一批服务经济社会民生的大数据融合发展新业态，大数据及相关产业规模达6000亿元。

(三)广东新一代信息技术产业存在的问题和面临的挑战

尽管广东新一代信息技术产业具备一定的产业国际竞争力,但是其劣势同样明显,具体表现为核心技术薄弱、国际化企业稀缺以及信息安全保障能力较弱。

1. 核心基础领域技术创新有待进一步突破

我省新一代信息技术产业核心基础领域创新能力较弱,呈现应用强、基础弱小的格局,与巨大的产业和市场规模不匹配。电子信息产业新产品开发主要靠引进与仿制,缺乏具有自主知识产权的核心关键技术,标准和专利发展相对滞后,关键零部件、重要材料和专用设备基本依赖进口,特别是集成电路和新型元器件,无法形成完整的产业链和高效的产业协同效应。IT领域的专利85%来自国外,信息技术企业对外部技术依存度在70%以上,与长三角地区和京津冀地区相差甚远。核心技术的缺乏导致产品附加值低,竞争力减弱,制约了行业效益的提高。电子信息产业主要集中在产业链和价值链的中低端,尤其是传统整机和中低端零部件的大规模加工、组装环节,而在成套生产设备、新型换代整机、软件和服务、集成电路和广电元器件等高附加值的产品领域较为薄弱,产业竞争力不强。

2. 龙头企业国际市场运作能力有待提升

尽管广东省出现了华为、中兴等一批国内明星企业,但与跨国企业相比,国际经营能力比较薄弱,品牌的国际化进程缓慢,在世界市场上的影响明显不足。大多数品牌在国际市场默默无闻,不得不采取贴牌策略和代工方式。多数厂商长期以来把销售工作的重点放在国内,在国内布局了密集的销售渠道和网点,在国外却没有建立起顺畅的渠道和销售网络。企业国际营销人才匮乏,缺乏独立行销国际市场的能力,因此,在销售渠道上严重依赖国外厂商和中间商,出口量越大,对国外厂商和中间商的依赖就越严重。

3. 信息安全保障能力有待提升

云计算、移动互联网等模式和技术创新变革在带来实用便捷的同时,也带来了巨大的网络安全隐患。2015年，阿里、网易等知名互联网企业出现网络安全事故，引起社会广泛关注。我省信息安全企业虽然有了长足进步，但一是创新能力较弱，产品大多处于中低端，核心技术和产品仍需进口；二是企业整体规模小，产业影响力和竞争力较弱；三是网络安全人才培养和引进机制不能满足需求。

三、广东新一代信息技术产业的发展方向及推进思路

（一）广东新一代信息技术产业的发展重点[①]

1. 做大做强优势产业

新型显示：突破低温多晶硅生产技术、激光显示技术，提升8.5代及以上薄膜晶体管液晶显示屏面板、4.5代以上有源矩阵有机发光二极管面板生产能力、3D显示技术与工艺水平，发展配套有机发光材料、掩膜版、靶材、偏光片、驱动芯片、光刻设备与检测设备等。推动柔性显示、电子纸等新技术、新产品开发。重点建设广州、深圳、惠州、汕尾等一批新型显示产业基地，推进深圳发展第11代TFT-LCD生产。

新一代通信：加快掌握新型计算、高速互联、先进存储、信息安全等核心技术，深化第四代移动通信（4G）技术应用，突破第五代移动通信（5G）技术，加快高端路由器、新一代基站、新型智能终端、光传输设备、电子专用设备、网络安全等设备研发，建立核心信息通信设备体系，扩大应用规模。发展军民融合领域集群通信、综合通信装备。

2. 培育新型业态

物联网：（1）发展物联网制造业。加强相关核心关键技术的研发，重点发展嵌入式芯片、射频识别、传感器和网络设备等物联网设备制造业，加快形成从材料、技术、器件、系统到传输网络等较完整的物联网制造产业

[①] 广东省经济和信息化委员会：《广东省高端新型电子信息产业发展"十二五"规划》。

链。(2) 培育物联网服务业。发展物联网服务运营、软件及技术服务业，积极支持网络运营和服务企业采用创新商业模式；加快发展各种传感器以及智能终端互联互通的网络系统；大力发展电力、交通、物流、水利、环保、家居、医疗、安防等领域的物联网服务。

云计算：(1) 开展云计算示范应用。以政务服务云提升电子政务效能，以交通物流云推动智能交通发展，以民生服务云提高人民生活质量，以产业提升云促进产业转型升级。(2) 打造云计算产业链。推动全省云计算数据中心实现共建共享。创新云计算新型信息服务模式，发展基础设施即服务（IaaS）模式、平台即服务（PaaS）模式和软件即服务（SaaS）模式等的云服务。发展云计算应用软件及嵌入式软件，提升云硬件附加值，增强云计算集成能力，提高云安全。(3) 推动云计算自主创新。突破自主可控云操作系统、海量数据存储和管理、低功耗、资源监控及管理等技术并实现产业化。支持在云安全、服务质量、开放接口、体系架构、评估认证等方面设立标准和规范。建设云计算公共服务平台，完善检验检测体系。

三网融合及网络增值服务：(1) 重点研发三网融合终端产品。积极推进"三网融合"网络及接入设备、芯片、智能终端等产品的研发及产业化。支持各类运营支撑平台、中间件的开发，加快构建相关行业标准体系。(2) 创新三网融合服务模式。建设三网融合基础服务平台，推广基于三网融合的新型应用服务，完善三网融合及网络增值服务产业链。推动基于有线电视网络的互联网接入业务和增值业务发展，推动基于电信网的交互式网络电视（IPTV）视听节目信号传输服务业务的发展，重点发展移动多媒体广播电视、手机电视（互联网电视）、移动互联网、移动支付等业务。

下一代互联网：(1) 重点发展支持IPv6规范的网络设备。推动G比特无源光网络和以太网无源光网络的光线路终端、光网络单元等产品的研发和产业化；重点支持骨干企业推进基于分布式多核技术的IPv6高端路由器、电信级以太网交换机、基于万兆高性能下一代互联网关等关键产品的研发和产业化。(2)大力推动移动互联网产业的发展。以移动互联网产业基础软件为突破口,形成完整的内容、应用和服务集聚平台,积极参与相关国际、国家标准的制定。(3)完善下一代互联网产业链。加快突破语义智能搜索引擎等下一代互联网信息内容关键技术,优化下一代互联网示范工程骨干网、驻地网基础设施,推动下一代互联网在科研、文化、商业等领域的广泛应用,逐步形成核心网、接入设备、终端、测试仪表等完整的产业链。

3. 突破高端环节

软件与集成电路设计:(1)软件产业。重点推动嵌入式中间件等基础软件研发,支持高清数字电视、机顶盒、智能手机、汽车、医疗、电信设备、家电嵌入式软件的开发,加快发展面向3G领域的移动通讯、无线通信、宽带接入、数字视听等产品的应用软件,推进嵌入式软件产业化。发展面向电子政务、电子商务、农村信息化、城市及社区信息化、企业信息化和动漫文化创意产业等领域的专用软件;扶持工业行业软件发展,着力推动三维计算机辅助设计软件开发及产业化;推动行业应用软件整体解决方案在通信、电力、交通等领域全面应用。着力提高国产软件的自主创新能力,促进Linux软件、国产办公软件的普及应用,推动软件工业化进程。进一步完善公共服务体系,促进软件产业的集聚和发展。(2)集成电路设计产业。大力发展高性能专用芯片设计技术,重点支持计算机及网络、数字音视频、智能卡、工业控制、电力、通信、汽车专用等芯片设计,着力发展纯数字信号的主控芯片、数字信号处理、基带等芯片和数模混合信号的无线射频芯片、传感器等芯片。集成电路封装方面,主要发展球栅阵列、系统级、芯片级、方型扁平无引脚、倒扣封装等集成电路新型封装技术。建设广州国家集成电路设计封装产业基地、深圳国家集成电路设计制造基地、珠海广东省集成电路设计等三大集成电路产业集群。

数字家庭:(1)发展基于高清数字化和三网融合的数字家庭产品。发展具有"三网融合+高清互动+智能控制"功能的高端新型数字家庭系列产品，打造从标准、芯片、软件、终端到系统设备等完善的数字家庭产品制造产业链，大力推动广晟DRA音频标准的应用。（2）建设统一的家庭网络和多业务平台。推进"机顶盒升级，家居多屏幕"。整合高清互动、家庭网络相关新产品和新服务，构建规模化的高清互动家庭网络。

高端消费电子产品：重点支持数字化整机设计技术和关键件研发、OLED等新显示技术应用、通用多媒体和解码芯片开发。支持平板电脑、便携式游戏机、便携式数字音频和视频设备、移动音乐和手机电视终端、移动定位设备等个人移动消费电子产品的研发和产业化。大力发展家用电子产品，支持信息家电、家庭网关、视频电话机、家庭医疗保健电子、康体电子、智能安防监控等智能化、网络化智能终端产品的研发应用。

4. 基础产品

关键元器件：以片式化、微型化、集成化、高性能化、无害化为目标，重点发展片式电子元器件、印刷电路板、敏感元件和传感器、混合集成电路、新型机电组件、新型电力电子器件、光通信器件等产品，突破关键技术，调整产品结构，不断提升技术水平和生产能力，逐步形成自主高效的分工配套体系。加快基础元器件和关键材料的绿色化改造，鼓励发展新型电子元器件功能材料，降低生产能耗，减少污染。

专用电子设备：突破电子装备数字化处理技术，发展半导体专用设备、新型显示器件专用设备、金属有机化合物化学气相沉积设备、电子整机装联设备、新型电子元器件设备、下一代互联网专用关键设备、超声电子仪器等电子设备。

（二）广东新一代信息技术产业的推进思路

未来新型电子信息产业将成为推动广东经济转型的主导产业，成为广东经济新的增长极。全省电子信息产业规模逐渐显著扩大，产业体系相对完善，行业上下游产业链配套完备。自主创新能力大幅提升，掌握一批关键核心技术，拥有一批自主知识产权，形成一批行业标准。产业实力将明显增强，形成以若干具有国际竞争力的大企业为龙头、以一批极具创新活力的中小企业为支撑、具有全球竞争力的新一代信息技术产业集群，打造全国新一代信息技术产业重要集聚地和世界级高端电子信息产业基地。未来朝着建立产业链完整、集聚度高、拥有关键核心技术和自主知识产权、总规模超万亿元的新一代信息技术产业群的方向迈进，进一步扩大广东省电子信息产业的领先优势。

1. 充分发挥政府的引导作用和市场的决定性作用

在区域创新体系建设中，建立以政府财政经费投入为引导、以企业科研经费投入为主体、以社会资本为补充的多元化科技投融资体系。首先解决市场资源配置机制不能有效解决的基础科研和公益科研的投入问题，其次是根据产业发展需要进行倾斜投入。针对新一代信息技术产业链的不同环节，开展不同方式的持续支持。在基础研究环节，以政府直接投入为主。在核心技术突破环节，企业可以通过委托开发模式在公共研发平台上共同进行相关研究。公共研发平台的建设主要由政府提供支持，企业、高校及研究院等机构可以通过提供资金、设备、人员等方式参与平台建设。在产品开发阶段，政府以通过直接拨款、政府采购、示范应用等多种方式参与投入并做政策引导，培育市场。在产业化阶段，政府应重点建设标准制定、公共检测平台，同时，引入创新金融服务模式，引导建立新一代信息技术发展基金，在科技成果转化的不同阶段匹配相应的金融服务以实现科研成果的高效转化和价值创造。

2. 构建创新人才和团队的引进和培养体系

探索建立分层次、多领域的引才、用才平台，凝聚和培养一批高端技术人才、科技成果转化人才和项目管理人才。加强海外人才，特别是中青年人才及创新团队的引进工作，鼓励海外专家创新创业；落实混合所有制机构在人才引进、落户等方面的政策；建立灵活多样的创新型人才流动与聘用方式，重点培养一批产业技术和管理高端人才以及专业技术工程师。进一步落实深化科技成果使用处置和收益管理改革试点，鼓励高等学校、科研院所、国有企业提高职务发明成果所得收益中用于奖励科技人员的比例。

3. 完善有利于信息技术创新发展的知识产权制度

结合广东省的新兴信息产业发展实际，提高知识产权保护水平，进一步完善法律法规，加大普及知识产权法律制度，提升知识产权文化氛围，提高知识产权认证和执法水平，为技术创新创造良好的制度大环境。在探索建立知识产权法院的过程中，应保持对特定领域关键问题的高度关注，以应对未来可能发生的纠纷。

4. 以金融服务促进新一代信息技术产业发展

落实金融促进经济发展的有关政策措施，鼓励和引导金融机构加大对新一代信息技术产业自主创新、技术改造和成套设备出口的信贷支持。支持符合条件的新一代信息技术产业企业通过发行企业债券、短期融资债券以及股权融资、知识产权融资、项目融资、上市融资和信托产品等形式直接融资。加快规范发展融资性担保机构，创新促进新一代信息技术企业发展的担保机制，鼓励社会设立的战略性新兴产业投资基金投资新一代信息技术产业，引导社会发展创业投资、天使投资。积极推进政银企合作，争取国家支持广东省实施新兴产业创投计划，拓宽企业融资渠道。

第二节　智能机器人产业

机器人的研发、制造、应用是衡量一个国家科技创新和高端制造业水平的重要标志，代表着未来智能装备的发展方向。发展工业机器人是《中国制造2025》推进信息化和工业化深度融合的重点领域之一，也是智能制造的重要载体和切入点。广东作为制造业大省，智能机器人产业发展面临东南亚的低成本优势和欧美日高度自动化的双重冲击，加快推进智能机器人的生产应用进而提升机器人产业的国际竞争力，成为现实而紧迫的任务。

一、智能机器人产业国内外发展现状及趋势

（一）全球智能机器人产业发展现状[①]

1. 全球智能机器人市场规模不断扩大，产品需求大幅增加

根据国际机器人联合会（IFR）的统计，2015年全球工业机器人销量首次突破24万台，其中亚洲销量约占全球销量的2/3，销量为14.4万台；欧洲地区为5万台，其中东欧地区销量增速达到29%，是全球增长最快的地区之一；北美地区销量达到3.4万台，较2014年同比增长11%。中国、韩国、日本、美国和德国的总销量占全球销量的3/4。中国、美国、韩国、日本、德国、以色列等国是近年工业机器人技术、标准及市场发展较活跃的地区。1998—2014年，全球工业机器人销量处于稳步增长态势；特别是2005—2014年间，工业机器人销量迅速增长，新装工业机器人年均增长速度约为14%。2014年全球专用服务机器人销量为2.4万台，较2013年同比增长11.5%；全球个人/家用服务机器人销量约为470万台，较2013年同比增长28%。

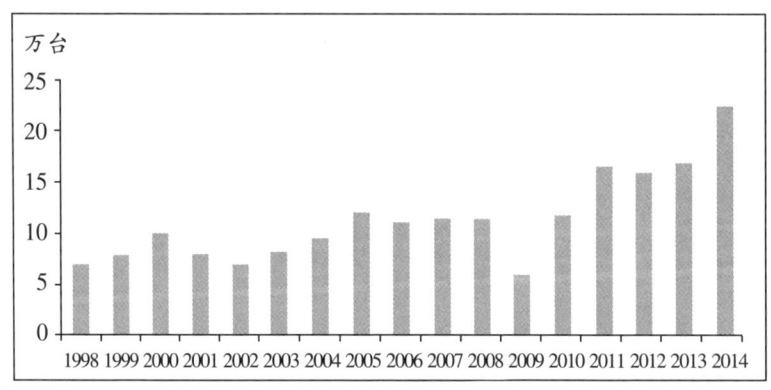

图15　1998—2014年全球工业机器人销量

数据来源：国际机器人联合会（IFR）

---

① 数据来源：国际机器人联合会（IFR）。

2. 亚太地区成为最重要市场

亚洲是目前全球工业机器人使用量最大的地区，占世界范围内机器人使用的50%，其次是美洲（包括北美、南美）和欧洲。2012—2015年亚洲机器人销量年均增长15%，远高于美洲和非洲6%的增长速度。2015年，亚太地区工业机器人销售超过14万台。2014年中国、日本、韩国和泰国的工业机器人新装机量占亚洲地区总量的75%，分别在全球排名第一、第二、第四和第八位，四个国家工业机器人的市场规模占全球工业机器人销量的52.4%。

3. 工业机器人产销国高度集中

工业机器人的主要产销国集中在日本、韩国和德国，这三国的机器人保有量和年度新增量位居全球前列。据IFR统计，2014年日本每万名工人拥有323台工业机器人，韩国为437台，德国为282台；2013年日本的机器人保有量为30.4万台，韩国为15.6万台，德国为16.8万台。2014年，日本、韩国、德国三国的机器人市场新增量占全球的30.9%，市场规模分别为2.9万台、2.1万台、2万台。受全球制造业转型升级的影响，2014年三国工业机器人市场份额占全球市场总额的30.9%，同比减少6.6%。

日本机器人市场成熟，其制造商国际竞争力强，发那科、那智不二越、川崎等品牌在微电子技术、功率电子技术领域持续领先。韩国的半导体、传感器、自动化生产等高端技术为机器人快速发展奠定了基础。德国工业机器人在人机交互、机器视觉、机器互联等领域处于领先水平，德国本土的库卡公司是世界工业机器人四大制造商之一，年产量超过1.8万台。

4. 服务机器人市场处于起步阶段

服务机器人主要包括专业服务机器人和个人/家庭服务机器人。全球服务机器人市场化程度仍然处于起步阶段。一是由于服务机器人的外围技术未能解决。服务机器人技术是多学科交叉集成技术，涉及机械设计、自动控制、仿生学、运动学等多领域，在多样性、随机性、复杂性的环境背景下，其对于环境感知的任务复杂度和实时性要求更高。二是单位价值高的服务机器人整体水平技术低下，发展速度缓慢。如医用机器人的控制运动、精细组织操作和三维高清晰度的视觉能力要求高，仅少量发达国家有能力采用此类技术。

受到劳动力不足、人口老龄化等刚性需求的驱动，与人均可支配收入提升和物联网、大数据、计算机、人机交互等先进技术快速迭代的影响，未来服务机器人行业发展空间巨大。2012—2017年服务机器人市场年复合增长率将达到17.4%，市场规模预计在2017年达到461.8亿美元。

5. 智能机器人产品易用性与稳定性提升

随着机器人标准化结构、集成一体化关节、自组装与自修复等技术的改善，机器人的易用性与稳定性不断被提高。一是机器人的应用领域已经从较为成熟的汽车、电子产业延展至食品、医疗、化工等更广泛的制造领域，服务领域和服务对象不断增加，机器人本体向体积小、应用广的特点发展。二是机器人成本快速下降。机器人技术和工艺日趋成熟，机器人初期投资相较于传统专用设备的价格差距缩小，在个性化程度高、工艺和流程繁琐的产品制造中替代传统专用设备具有更高的经济效益。三是人机关系发生深刻改变。例如，工人和机器人共同完成任务时，机器人能够通过简易的感应方式理解人类语言、图形、身体指令，利用其模块化的插头和生产组件，免除工人复杂的操作。现有阶段的人机协作存在较大的安全问题，尽管具有视觉和先进传感器的轻型工业机器人已经被开发出来，但是目前仍然缺乏可靠安全的工业机器人协作的技术规范。

6. 各国高度重视技术创新

面对机器人产业的蓬勃发展，各国不断深化技术研究。2015年日本国家机器人革命小组发布了《机器人新战略》，高度重视对机器人产业发展影响重大的下一代技术和标准，具体推进人工智能、模式识别、机构、驱动、控制、操作系统和中间件等方面的下一代技术研发。美国2013年公布的《机器人路线图》部署了未来要攻克的机器人关键技术，包括非结构环境下的感知操作、类人灵巧操作、能与人类一起工作、具备在人类生产或生活真实场景中的自主导航能力、能自动理解人的行为和心理状态、具备人机交互能力、具备良好的安全性能等。2014年欧委会和欧洲机器人协会下属的180个公司及研发机构共同启动全球最大的民用机器人研发计划"SPARC"，计划到2020年，欧委会投资7亿欧元，协会投资21亿欧元，共同推动机器人研发。

（二）全球智能机器人产业未来发展趋势

1. 全球智能机器人需求继续保持快速增长

"十三五"期间，发达国家经济复苏动力将增强，新兴经济体发展前景有望改善，全球机器人需求有望继续保持较快增长。其中工业机器人同比增长预计约为15%，美洲和欧洲增长约6%，亚洲/澳大利亚增长约16%。专用服务机器人销量前两位预计依然是国防机器人和挤牛奶机器人，这两种机器人约占服务机器人销量的一半。用于个人/家用的服务机器人预计会售出800万台，且以吸尘、割草、擦窗等家政机器人以及娱乐休闲机器人为主。据麦肯锡咨询公司预计，到2025年，医疗类、增强人体机能类和家用类等服务机器人每年将产生1.1—3.3万亿美元的经济影响。

2. 新型智能机器人市场需求增加

新型智能机器人，尤其是具有智能性、灵活性、合作性和适应性的机器人需求持续增长。第一，下一代智能机器人的精细作业能力被进一步提升，对外界的适应感知能力不断增强。在机器人精细作业能力方面，波士顿咨询集团调查显示，最近进入工厂和实验室的机器人具有明显不同的特质，它们能够完成精细化的工作内容，如组装微小的零部件，预先设定程序的机器人不再需要专家的监控。第二，市场对机器人灵活性方面的需求不断提高。雷诺目前使用了一批29公斤的拧螺丝机器人，它们在仅有的1.3米长的机械臂中嵌入6个旋转接头的机器臂，均能灵活操作。第三，机器人与人协作能力的要求不断增强。未来机器人能够靠近工人执行任务，新一代智能机器人采用声呐、摄像头或者其他技术感知工作环境是否有人，如有碰撞可能它们会减慢速度或者停止运作。

3. 机器人与信息技术深入融合

大数据和云存储技术使得机器人逐步成为物联网的终端和节点。一是信息技术的快速发展将工业机器人与网络融合，组成复杂性强的生产系统，各种算法如蚁群算法、免疫算法等可以逐步应用于机器人应用中，使其具有类人的学习能力，多台机器人协同技术使一套生产解决方案成为可能。二是服务机器人普遍能够通过网络实现远程监控，多台机器人能提供流程更多、操作更复杂的服务；人类意识控制机器人这一新操作模式也正在研发中，即利用"思维力"和"意志力"控制机器人的行为。

4. 机器人向模块化、智能化和系统化方向发展

目前全球推出的机器人产品向模块化、智能化和系统化方向发展。第一，模块化改变了传统机器人的构型仅能适用有限范围的问题，工业机器人的研发更趋向采用组合式、模块化的产品设计思路，重构模块化帮助用户解决产品品种、规格与设计制造周期和生产成本之间的矛盾。例如，关节模块中伺服电机、减速机和检测系统的三位一体化，由关节、连杆模块重组的方式构造机器人整机。第二，机器人产品向智能化发展的过程中，工业机器人控制系统向开放性控制系统集成方向发展，伺服驱动技术向非结构化、多移动机器人系统改变，机器人协作已经不仅是控制的协调，而是机器人系统的组织与控制方式的协调。第三，工业机器人技术不断延伸，目前的机器人产品正在嵌入工程机械、食品机械、实验设备、医疗器械等传统装备之中。

（三）我国智能机器人产业发展概况

据中国机器人产业联盟最新统计数据，2015年国产工业机器人市场总体保持稳定增长。2015年上半年共销售工业机器人11275台，同比增长

76.8%，按可比口径销量增长27%，是去年全年销售量的66.5%，其中工厂用AGV销售631台，占总销量的5.6%，三轴及以上工业机器人销售10644台。预计2015年全年国产工业机器人销售总量将超过22000台，同比增长30%左右。

2014年，我国工业机器人市场规模达到5.7万台，约占全球销量的1/4，同比增长56%。其中，中国机器人供应商装机量约1.6万台，同比增长78%。国外机器人供应商装机量约4.1万台，同比增长49%。

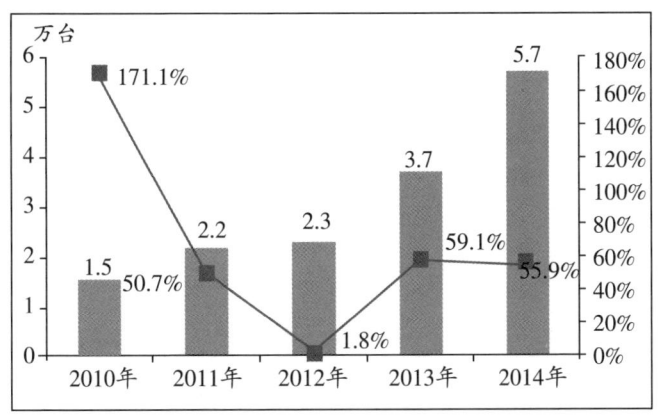

图16　2010—2014年我国工业机器人市场规模

数据来源：国际机器人联合会（IFR）

近年来，在需求快速扩张及国家自主创新政策作用下，国内一大批企业或自主研制或与科研院所合作，进入机器人研制和生产行列，我国工业机器人和服务机器人分别进入了初步产业化和产业孕育阶段。其中，工业机器人发展已形成环渤海、长三角、珠三角和中西部四大产业集聚区。

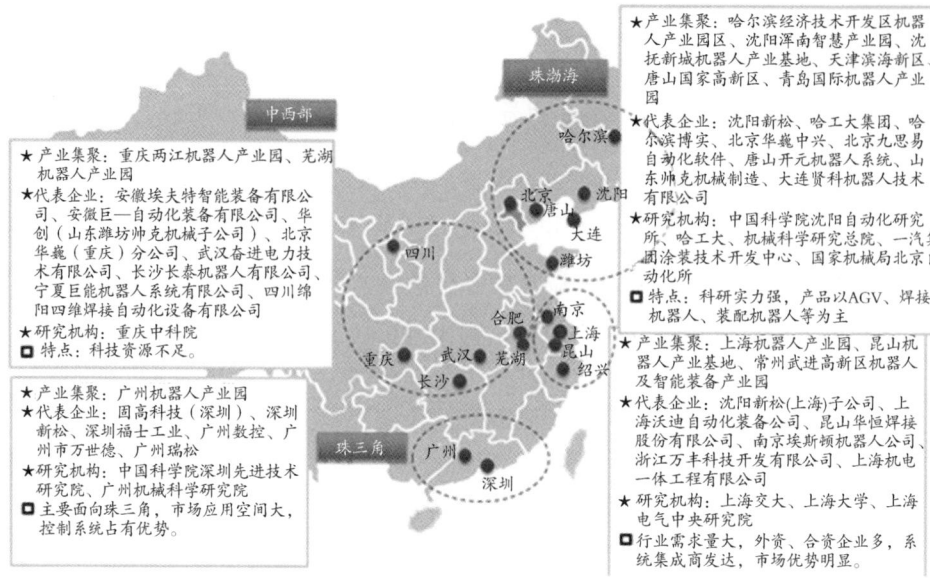

图17 我国工业机器人区域分布

数据来源：赛迪智库整理2016，3

二、广东智能机器人产业发展现状及存在问题

（一）广东智能机器人产业发展现状[①]

广东凭借良好的电子信息产业基础，在发展机器人产业方面拥有得天独厚的先发优势，机器人产业发展较早、实力雄厚。2015年广东工业机器人保有量约4.14万台，其中2015年新增1.82万台，占全国新增需求总量的25%，市场增长迅速，应用需求广阔。

1. 供给端形成了相对成熟的生产制造体系

广东在数控机床领域有比较好的基础，从数控机床到机器人，从研发生产到工业应用，已形成相对完整的产业链。随着工业机器人市场和技术的日臻成熟，深圳、广州、佛山、东莞等地已培育了一批工业机器人的整机、部

---

① 数据来源：广东省经济和信息化委员会。

件、配套集成制造企业。广州数控、巨轮股份、科杰机械自动化、利迅达机器人、固高科技等一批本土智能制造企业迅速发展壮大,均掌握了一定的核心技术和自主知识产权,逐步形成规模化生产能力。据初步统计,截至2015年上半年,全省机器人制造企业(含本体及零部件研发制造、系统集成、维修服务以及服务机器人、特种机器人等)达139家。广东先后建立了一批数控产业技术平台,成立了机器人与智能系统重点实验室、机器人产业技术创新联盟等技术合作平台,全省已有广州、佛山、东莞3个智能机器人创新研究院。

2. 需求端市场增长迅速空间广阔

广东汽车、电子信息、金属制品、纺织等优势产业规模大、发展成熟,经过多年的积累,都具备了一定的自动化水平,成为工业机器人应用的良好载体。随着机器人技术的不断进步,技术门槛和成本的降低,企业更高、更广泛的需求逐渐得以满足。目前,在珠三角地区从事加工贸易的香港企业有5.7万家,雇用工人超过了960万人,劳动密集型企业的自动化、智能化改造对工业机器人需求巨大。近年来,随着企业生产经营成本特别是劳动力成本的持续上升,以及提高生产效率和工艺水平的迫切需要,工业机器人应用需求呈快速增长态势。预计至2020年广东工业机器人保有量达29.58万台,仅当年工业机器人需求量即达8.87万台,占全国当年需求量的35%;其中广东工业机器人产量约2.05万台,占全省当年需求量的23.33%。

(二)广东智能机器人产业存在的问题和面临的挑战

1. 自主创新能力不强,产品以中低端为主,尚没有形成完整的产业链

当前广东机器人企业尽管基本掌握了本体设计制造、控制系统软硬件、运动规划等工业机器人相关技术,但总体技术水平与国外相比,仍存在较大差距。企业缺乏核心及关键技术的原创性成果和创新理念,精密减速器、伺服电机、伺服驱动器、控制器等高可靠性基础功能部件方面的技术差距尤为突出,长期依赖进口。目前广东生产的工业机器人以中低端产品为主,主要

是搬运和上下料机器人，大多为三轴和四轴机器人，应用于汽车制造、焊接等高端行业领域的六轴或以上高端工业机器人市场主要被日本和欧美企业占据，国产六轴工业机器人占全国工业机器人新装机量不足10%。同时还要承受来自国外产品竞争激烈的巨大压力。尚未形成研发、生产、销售、集成、服务等完整有序的工业机器人产业链，难以满足不同行业和工作环境下个性化、定制化的需求，企业在应用中方方面面的问题难以解决。

2. 发达国家企业占据工业机器人市场绝大份额，自主品牌认可度不高

近年来，全球机器人市场需求、技术创新与产业应用呈现快速发展态势，欧、美、日等发达国家和地区凭借既有的技术优势占据了市场绝大份额。总体来看，目前欧洲和日本是工业机器人本体主要供应商，ABB、库卡、发那科、安川电机四大巨头占据全球工业机器人本体约50%的市场份额。另外，在机器人系统集成方面，除了机器人本体企业的集成业务，知名的独立系统集成商还包括德国杜尔、徕斯和意大利柯马等。在关键零部件方面，机器人减速器70%以上市场份额被日本纳博特斯克（Nabtesco）和哈默纳科（Harmonic）垄断。广东工业机器人产业总体上还处于产业形成期，品牌认知度缺乏，应用市场基本被外资企业占据，四大巨头（瑞典ABB、日本发那科、安川、德国库卡）的市场占有率在70%左右。由于用户企业已经习惯使用国外品牌，特别是使用量最大、对设备品质要求最高的汽车和电子工业，导致自主品牌的本体和零部件产品不能尽快投入市场，甚至有成功应用经验的产品也难以实现推广应用。

3. 外资厂商加速在我国的战略布局，市场空间将进一步受限

国外机器人企业在我国的投资大体呈现两个特征。一是从借助销售渠道发展到全产业链进入。国外机器人企业一般是从代理销售、提供售后服务（机器人的保养、维护、维修等）和技术支持开始进入我国市场，逐步发展到把生产、研发、工程中心转移到我国。二是从整机组装深入到关键部件生产。ABB、安川电机等均已在我国建立了生产基地，安川电机在江苏省常州

市建设的产业机器人工厂,不仅生产用来组装汽车、搬运、溶接及涂装等的机器人,还负责附属品、零部件的开发、设计、生产;库卡机器人工程中心签约入驻顺德;ABB在珠海设立全资子公司并开展机器人应用集成业务;安川电机联合美的集团,全面进军中国家电制造市场。随着国外机器人企业纷纷在我国投资建设生产基地,广东自主品牌工业机器人生产企业发展的市场空间将进一步受限。

4. 核心部件长期依赖进口,企业成本压力大,盈利能力较低

目前广东机器人企业核心部件长期依赖进口的局面依然难以改变,企业成本压力大。2015年,约75%的精密减速器由日本进口,主要供应商是哈默纳科、纳博特斯克和住友公司等;伺服电机和驱动超过80%依赖进口,主要来自日本、欧美和中国台湾地区。关键零部件大量依赖进口,导致本地企业生产成本压力大,比之于外企,本地企业要以高出近4倍的价格购买减速器,以近2倍的价格购买伺服驱动器。尽管在国家政策大力推动下,国产机器人厂商业务规模不断扩大,但核心零部件技术的缺失导致企业生产成本高昂,企业的盈利能力不容乐观。OFweek行业研究中心统计数据显示,2015年,中国机器人行业本体业务规模总体呈现增长态势,其中上半年80%以上厂商本体业务出现同比增长,仅有20%的厂商同比下降;但从盈利能力来看,70%以上的企业的本体业务处于亏损状态。

三、广东智能机器人产业的推进思路

当前,智能机器人的生产与应用带来产业发展的新机遇,广东要抓住这一机遇,主动顺势而为,大力发展工业机器人产业,同时也要注意避免盲目推动、重复投资,预防产业过热和产能过剩。

1. 结合智能制造发展规划,深入落实智能机器人发展政策

在组织实施《广东省智能制造发展规划(2015—2025年)》的基础上,突出发展以工业机器人为代表的智能装备产业,组织实施《广东省机器人产

业发展专项行动计划》，加大对机器人产业发展的政策引导和扶持，以大力推广工业机器人示范应用为抓手，以满足中低端应用市场需求为主攻方向，加强关键核心技术突破，加大人工智能、传感识别、运动控制、伺服驱动等智能机器人前沿技术的研发和产业化，布局发展智能机器人产业，逐步健全机器人产业链，进一步增强机器人产业自主创新能力，形成产业发展的新生态。

2. 加快建设技术创新公共服务平台，构建以企业为主体的创新体系

充分调动市场主体的积极性，加快建设中国（广州）智能装备研究院、华南智能机器人创新研究院（佛山）、广东省智能机器人研究院（东莞）等机器人研发机构，充分发挥省内科研院所和高校技术研究和人才队伍对机器人产业发展的支撑作用。支持建设国家级机器人评定检测中心、国家工业机器人质量监督检验中心（广东）和国家智能控制系统制造产业计量测试中心，为全省机器人产业创新发展提供计量、标准化、基础技术、新产品研发、检验检测、产品认证等公共技术服务。鼓励有条件的地市和产业基地联合高校、科研院所组建机器人产学研用协同创新平台，加速创新成果产业化，大力开展机器人示范应用。支持省内企事业单位与国外领先的机器人研发机构合作建立公共服务平台或工程中心，利用国外先进技术提升我省机器人研发与应用水平。

支持企业建设申报市级、省级和国家级企业技术中心、重点实验室、工程中心、工程实验室，建立完善以企业为主体的产业技术创新体系。鼓励构建以机器人骨干企业为主导、产学研用合作的产业联盟。充分发挥市场在资源配置中的决定性作用，促进产业链、创新链、资金链"三链"融合，支持企业联合高校、科研院所承担省智能机器人重大科技专项，重点在机器人本体设计和制造技术、软件系统和控制技术、伺服驱动技术、减速器设计制造技术、机器视觉和传感技术、可靠性设计分析与验证技术等核心技术实施科技攻关，力争在控制系统、伺服系统、减速器、传感器等关键核心零部件的

国产化实现重大突破，进一步提高机器人技术自给率，完善机器人产业链。

3. 培育研发制造骨干企业，加快企业引进来和走出去

将机器人"工作母机"类制造业作为发展重点，在省战略性新兴产业骨干（培育）企业认定框架下，按照政府引导、市场选择、动态管理的原则，重点培育一批自主创新能力强、掌握核心关键技术、产品市场前景好、对产业带动作用大的机器人研发制造骨干企业。鼓励和支持现有的系统集成服务企业通过技术改造、兼并重组、上市融资、创新业务模式等方式做大做强。支持有条件的机器人制造企业向服务型制造发展，延长企业价值链，为用户提供整体解决方案，促进机器人产品的市场应用。鼓励和支持"工作母机"制造企业发展"工作母机+工业机器人"一体化解决方案，直接为客户提供数字化智能化加工中心或无人生产线。

面向国内外重点区域、重点企业，有针对性地开展工业机器人全产业链招商引资引技工作，推动示范基地，引进一批国际知名机器人企业及国内外高端智能制造企业，在广东设立研发中心或生产基地，通过国际知名机器人企业的合作与竞争，带动本地工业机器人产业的迅速发展。同时，通过财政、金融手段大力支持广州数控等具有一定技术实力、规模优势的广东机器人生产企业走出去开展兼并收购，通过资本的扩张获取技术、人才及市场，加速广东机器人产业发展。

4. 实施智能机器人推广应用计划，建设重点行业机器人应用示范项目

围绕广东汽车制造、金属制品、电子信息、民爆、陶瓷建材、纺织服装、机械制造、家电等传统优势制造业，应用工业机器人技术改造生产线，进而带动其他行业应用工业机器人，提升自动化水平，提高产品质量和劳动生产率。突出发展机械加工、抛光打磨、焊接、搬运、喷涂、热处理、装配等一批工业机器人优势产品，以应用需求带动研发制造和应用集成市场发展。鼓励制造企业使用广东自主品牌机器人或成套设备，推进广东机器人及相关智能装备的示范推广和产业应用，对符合条件的机器人应用企业给予一

定比例的购置事后奖补，形成规模应用和关键技术的突破，并带动提升上下游企业的积极性和配套生产、集成能力。重点开展机器人推广应用的行业各建设2—3个机器人应用示范项目，力争项目中机器人及相关智能装备国产化率达60%以上。积极申报国家机器人（智能制造）应用试点示范项目，组织实施省级试点示范项目，以试点示范项目为标杆，带动机器人在制造业领域广泛应用。

第三节 节能环保产业

节能环保产业是指为节约能源资源、发展循环经济、保护生态环境提供物质基础和技术保障的产业，是国家加快培育和发展的七大战略性新兴产业之一，也是广东省重点培育的八大战略性新兴产业之一。节能环保产业作为新兴产业，成长性强、市场机会大、就业机会多，对于减轻经济发展对环境造成的巨大压力、转变经济发展方式、促进产业结构升级和增强发展内生动力具有重要意义。

一、节能环保产业的国内外发展现状及趋势

（一）全球节能环保产业的发展现状与趋势

世界节能环保产业经过多年的发展，其产业规模和产业结构都在不断优化和完善。进入21世纪，全球节能环保产业开始步入快速发展阶段，逐渐成为支撑产业经济效益增长的重要力量，并正在成为许多国家革新和调整产业结构的重要目标和关键因素。目前，发达国家的节能环保产业已成为其国民经济的支柱产业，也是发展最快的朝阳产业之一。而在广大发展中国家，随

着近年来资源、能源和环境压力的增大，民众环保意识的增强，节能环保产业的市场需求也迅速扩大，正渐渐成为全球节能环保产业发展的新阵地。

近年来，在应对国际金融危机和全球气候变化的挑战中，世界主要经济体都把实施绿色新政、发展绿色经济作为刺激经济增长和转型的重要内容。世界各国越来越重视能源和环境问题，大力推广清洁生产技术，加大产业扶持力度，节能环保产品和节能环保服务的市场规模持续高增长。2009年以来，全球节能环保产业规模年增长率超过3%。全球环保产业规模2015年达到8000亿美元左右。[①]同时，全球环保产业贸易额在国际贸易各类商品的排名中已上升到第4位，仅排在信息产品、石油和汽车之后，已成为国民经济名副其实的支柱产业。

当前，全球节能环保市场重点向发展中国家转移。就产品和服务的流向来看，全球节能环保产品和服务的主要出口者集中在美国、西欧和日本，而除日本以外的亚洲其他地区、拉美、中东欧、中东和非洲等地区则是节能环保产品和服务的进口地区。

（二）我国节能环保产业发展概况

《"十二五"国家战略性新兴产业发展规划》面向经济社会发展的重大需求，提出了七大战略性新兴产业，其中节能环保产业被排在第一位，政策的重视由此可见一斑。

1. 我国节能环保产业发展现状

2010年，我国节能环保产业总产值达到2万亿元人民币，从业人数2800万人。产业领域不断扩大，技术装备迅速升级，产品种类日益丰富，服务水平显著提高，初步形成了门类较为齐全的产业体系。节能环保产业总产值从2012年的29908.7亿元增加到2015年的45531.7亿元。

"十二五"以来，我国在环保方面的投入力度不断加大，公共财政的节

---

① 数据来源：美国商务部。

能环保支出从2011年的2641亿元增至2014年的3816亿元；全社会环保投入也逐渐增加：2011和2012年，全社会环保投入分别为6026亿元和8253亿元，占国内生产总值的1.59%左右；而2013年和2014年的全社会环保投入均在1万亿以上，"十二五"期间全社会环保投入超过5万亿元。

虽然环保产业发展速度很快，但生态环境问题仍十分突出，还有近70%的环境治理需求没有被市场挖掘。"十三五"期间，中国环保产业规模将大幅扩容，新兴领域市场需求将快速释放。据环境保护部环境规划院测算，全社会环保投资将达到17万亿，为"十二五"的3倍以上，年增速有望达到18%，节能环保产业增加值占国内生产总值的比值将从2015年的2.1%左右增值到2020年的3%以上。环保产业将成为中国拉动经济增长的重要支柱。①

目前，国内大型环保企业主要集中在江苏、浙江等地，这些地区的环保产业，特别是环保装备业起步早、规模大、竞争力强，目前已经有江苏宜兴、浙江诸暨、江苏盐城成为国家级的环保装备产业基地，国内环保产业市场竞争日趋激烈。

2. 我国节能环保产业政策概述

近年来，政府将节能环保产业视为国民经济和社会发展的重要战略支柱，从多个方面陆续推出了系列支持政策，以培育和推动产业的发展。在国家相关政策的保驾护航下，节能环保业行业迎来黄金发展时期。

（1）《"十二五"节能环保产业发展规划》

2012年6月16日，国务院印发《"十二五"节能环保产业发展规划》。该《规划》从节能环保产业发展现状及面临的形势，指导思想、基本原则和总体目标，重点领域，重点工程，政策措施，组织实施等部分为"十二五"期间的节能环保产业做出了详细规划：

①完善价格、收费和土地政策

加快推进资源性产品价格改革。完善电力峰谷分时电价政策。对能源消

---

① 数据来源：国家环境保护部环境规划院。

耗超过国家和地区规定的单位产品能耗（电耗）限额标准的企业和产品，实行惩罚性电价。严格落实脱硫电价，研究制定燃煤电厂脱硝电价政策。深化市政公用事业市场化改革，进一步完善污水处理费政策，研究将污泥处理费用逐步纳入污水处理成本，研究完善对自备水源用户征收污水处理费制度。改进垃圾处理收费方式，合理确定收费载体和标准，降低收取成本，提高收缴率。

②加大财税政策支持力度

安排财政资金支持和引导节能环保产业发展，采取补助、贴息、奖励等方式，支持节能减排重点工程和节能环保产业发展重点工程，加快推行合同能源管理。国有资本经营预算优先安排企业实施节能环保项目，严格落实并不断完善现有节能、节水、环境保护、资源综合利用税收优惠政策，全面改革资源税。积极推进环境税费改革，落实节能服务公司实施合同能源管理项目税收优惠政策。

③拓宽投融资渠道

鼓励银行业金融机构，加大对节能环保产业的支持力度。按照政策规定，探索将特许经营权、收费权等纳入贷款抵押担保物范围。鼓励信用担保机构加大对资质好、管理规范的节能环保企业的融资担保支持力度。支持符合条件的节能环保企业发行企业债券、中小企业集合债券、短期融资券、中期票据等，选择若干资质条件较好的节能环保企业，开展非公开发行企业债券试点。支持符合条件的节能环保企业上市融资。研究设立节能环保产业投资基金。鼓励和引导民间投资和外资进入节能环保产业领域，支持民间资本进入污水、垃圾处理等市政公用事业建设。

（2）《国务院关于加快发展节能环保产业的意见》

2013年8月1日，国务院办公厅正式印发《国务院关于加快发展节能环保产业的意见（国发〔2013〕30号）》。《意见》提出突破四大重点领域，即加快节能技术装备升级换代，推动重点领域节能增效；提升环保技术装备水平，治理突出环境问题；发展资源循环利用技术装备，提高资源产出率；创新发展模式，壮大节能环保服务业。

具体政策方面，国务院将采取补助、奖励、贴息等方式，推动企业实施节能技术改造，将提高新建筑节能标准，推进既有居住建筑供热计量和节能改造；继续采取补贴方式，推广高效节能照明、高效电机等产品；扩大政府采购节能环保产品范围，不断提高节能环保产品采购比例；政府普通公务用车要求优先采购1.8升（含）以下燃油经济性达到要求的小排量汽车和新能源汽车，择优选用纯电动汽车等。

3. 国内先进地区节能环保产业发展的相关政策

（1）上海

《上海市节能环保产业发展"十二五"规划》的目标是："十二五"期间上海节能环保产业产值年均增长15%左右，到2015年总产值达到780亿元。同时，将培育10家产值在20亿元以上、具有国际先进水平的龙头企业，100家产值超过1亿元、具有创新活力和自主知识产权的骨干企业。

为实现这一目标，上海市制定了大量的优惠和扶持政策，如《上海市循环经济发展和资源综合利用专项扶持办法》采用专项资金的形式扶持和鼓励循环经济和资源综合回收利用产业，用财政资金资助满足以下条件的能源合同管理服务公司：①节能服务公司投资70%以上，并在合同中约定节能效益分享方式；②单个项目年节能量（指节能能力）在10000吨标准煤以下、100吨标准煤以上（含），其中工业项目年节能量在500吨标准煤以上（含）；③用能计量装置齐备，具备完善的能源统计和管理制度，节能量可计量、可监测、可核查条件。此外，上海各开发区和工业园区也给予了节能环保产业及相关公司大量的具体优惠政策。

（2）浙江

浙江是国内少有的高度重视节能环保产业的省份。早在2008年，浙江省就制定了政府优先强制采购节能环保和自主创新产品的制度，建立优先强制采购制度、政府首购制度、政府订购制度，出台扶持中小节能环保企业发展的政策。

2010年，浙江出台了《浙江省节能环保产业发展规划2010—2015》。规划中要求继续指导若干环保产业龙头骨干企业发展成为高新技术企业；继续加强环保产业相关税收优惠政策的宣传，指导、督促各地税务部门落实税收优惠政策。进一步融合相关资金，加大省级财政支持力度，力争环保科技投入比上年度有较大幅度提高。督促各地严格执行《关于进一步落实污水处理收费制度的通知》，推动商业银行与环保企业加强"银企合作"，加大对环保产业发展重点项目和中小环保企业的金融支持力度。全力推动金融机构开展排污权抵押贷款业务，继续选择若干基础较好、有发展潜力的环保企业纳入全省企业上市后备资源库。把环保服务业列入省服务业发展重点培育范围，给予享受现代服务业的有关扶持政策，培育若干环保企业成为省级服务业重点发展企业。

此外，浙江更是通过每年制定节能环保产业年度实施计划，确立每年的产业发展目标和重点发展领域，大力支持节能环保产业发展。

二、广东节能环保产业的发展现状及存在问题

（一）广东节能环保产业发展状况分析[①]

"十二五"以来，广东大力推进节能减排及环境综合整治，以前所未有的力度加大节能环保基础设施建设，从而有效带动了节能环保产业的快速发展。目前，我省节能环保产业已初步形成了跨领域、跨行业、多种经济形式并存的综合新兴产业格局，为污染减排和生态环境改善做出了重要贡献，对推动全省经济结构转型升级、不断满足人民群众日益增长的环境需求，提供了物质基础和技术保障。

---

① 资料来源：广东省环境保护厅。

节能环保产业规模位居全国前列。2014年，我省环境保护及相关产业年营业收入3192亿元，占全国总量（30752亿元）的10.3%，其中环保服务业、资源综合利用产品生产及环境友好产品生产等三大统计类别均位居全国前三位。

节能环保产业结构日趋合理。在产业规模不断壮大的同时，我省环保产业结构也在实现三个转变：一是从简单产品制造向集成装备制造转变；二是从单一工程技术向环境综合治理转变；三是从单纯末端治理向全过程污染防治转变。我省电镀、印染、造纸、皮革等重污染行业已具备以清洁生产技术为代表的全过程污染防治能力，以废水深度处理后再生回用为代表的先进技术及装备已获广泛应用。

节能环保产业自主创新能力明显提升。我省环保产业在技术和产品上走出了一条引进、消化、吸收再创新的路子，通过自主研发、产学研合作以及政府政策扶持等，环保技术与国际先进水平的差距不断缩小，已涌现出一批技术含量高、知名度高和市场份额高的新技术和产品。在城镇生活污水与工业废水治理、垃圾焚烧发电、烟气除尘脱硫脱硝等方面已具备成套设备生产与工程建设和运营能力。如微曝氧化沟城市生活污水治理技术，已广泛运用在全省百余家污水处理厂以及浙江、湖北、安徽等兄弟省份，日处理能力达500多万吨，能耗从大于0.3千瓦时/吨水降至≤0.2千瓦时/吨水，达到国际先进水平。

广东各级政府对节能环保产业技术创新扶持力度逐渐加大，企业自身对节能环保技术开发和推广力度不断增强，科技水平和自主创新能力不断提高，初步形成了依托企业、高校、科研院所的节能环保科技创新体系。培育了一批节能环保骨干企业，骨干企业在印染、电镀、线路板、养殖等行业废水治理和危险废物处理处置等方面拥有较为完善的技术体系，在城市污水处理、工业废水处理、垃圾焚烧发电、噪声治理和环境监测等领域具备自行设计及制造成套设备的能力。资源综合利用处理技术体系逐渐完善，废塑料深加工、粉煤灰、煤矸石、危险废物等固废综合利用技术达到国内领先水平。LED系列高效节能照明、智能电网等节能技术设备在全国处于领先地位。

表11　广东节能环保产业省级重点实验室和企业工程中心情况[①]

	省级重点实验室/企业工程中心名称	依托单位
省级重点实验室	广东省环境资源利用与保护重点实验室	中国科学院广州地球化学研究所
	广东省绿色化学产品技术重点实验室	华南理工大学
	广东省环境污染控制与修复技术重点实验室	中山大学
	广东省矿产资源开发和综合利用重点实验室	广东省工业研究院
企业工程中心	广东省水环境污染控制重点实验室	广东省工程技术研究所
	广东省再生资源综合利用工程技术研究开发中心	惠州奥美特
	广东省水工程技术研究开发中心	佛山水业集团

初步培育了一批龙头骨干企业。形成集技术研发、规划设计、咨询服务、装备制造、工程承包及运营服务于一体，并能提供环境综合服务的一批大型龙头骨干企业，其中获得"中国环保产业骨干企业"称号的超过20家。东江环保、瀚蓝环境等15家骨干企业受到资本市场的关注和青睐，在境内外获得融资，成功上市。以广业环保产业集团为代表的龙头骨干企业年产值已突破50个亿。广东省内拥有广业环保产业集团有限公司、东江环保股份有限公司、中山市环保实业发展有限公司等11家国家级环保产业骨干企业，数量居全国第5。

服务业市场化居全国前列，广东省92家省节能技术服务机构名单中75家列入国家备案名单；全省共有206家企业取得国家环境污染设施运营资质，约占全国持证企业总数的13%。环保项目设计施工与投资运营已成为环保

---

① 资料来源：广东省科技厅。

产业重要的增长点，涌现一大批以BOT、TOT模式建设或运营的环境工程项目。广东省资源综合利用企业800多家，其中经省主管部门认定的共278家，资源循环利用已从废物利用发展到集初加工利用和深加工于一体的行业门类比较齐全的产业体系，形成了一批在全国有重要影响的资源综合利用龙头企业。

（二）广东节能环保产业存在的问题

1. 企业规模偏小，区域发展不平衡

我省节能环保产业进入门槛较低，中小企业众多，低端化、同质化竞争较严重。因此亟须培育一批大企业大集团在核心技术领域引领产业高端化发展，形成既有高端技术储备、又有众多中小企业做配套、还有广阔应用市场的产业发展良好局面。同时，区域发展不平衡，珠三角地区发展速度较快，粤东西北地区发展较慢。此外，珠三角地区企业同质化发展明显，企业间成熟的专业化分工和差异化经营格局尚未形成，集群优势并不突出。

2. 创新要素供给不足成为制约产业健康发展的重要因素

节能环保技术创新体系尚未建立，产学研结合不够紧密，技术开发投入不足，技术研发能力强的企业不多，缺少具有自主知识产权的高新技术和高附加值的节能环保产品。部分关键技术和重大技术装备依赖进口，国产化节能环保设备的性能、效率及技术水平均有待提高。

3. 节能环保产业市场不够规范

节能环保产业监管体系尚不健全，产品标准化程度不高，地方环境标准体系亟待完善；市场信息不透明，缺乏信息公开平台；企业同行间无序竞争等问题突出。亟须培育一批大企业大集团提升产业技术水平。

三、广东节能环保产业的发展方向及推进思路

（一）广东节能环保产业的发展重点[①]

广东应重点发展节能锅炉窑炉装备、中央空调节能控制技术设备、余热发电装备、节能工作母机、工业三废处理装备、生活污水处理装备、生活垃圾智能分选和处理装备等高端节能环保装备。

1. 节能领域

加快推广工业节能技术和装备。重点开发推广高效节能电机、变频调速控制技术、无功补偿技术与装置、能源管理系统、高/低压智能节电系统、低损耗配变技术、余热/余压/余能发电技术。着力发展智能电网设备。推广节能监测技术和装备，发展环境热工、测量、交通工程、建筑节能检测类仪器等。

大力推广高效节能电器。重点推广能效等级为1、2级的高效节能家电、办公及商业节能产品。加快研发燃气热泵、高效环保节能空调及冰箱压缩机、高效电机、直流变频压缩机、二氧化碳制冷技术、直流变频控制器和软件算法以及压缩机驱动控制器。

推动LED绿色照明产业化。集中优势资源，在封装、LED照明、LED显示和LED背光源等优势领域，通过抓大扶强、培育龙头企业，提升产业集中度，逐步形成LED产业特色化、差异化、集群化的发展态势。到2015年实现LED进入30%普通照明市场、城市照明节电20%的目标。

示范推广新能源汽车。以城市公共服务领域应用为突破口，加快推广新能源汽车。珠三角地区更新或新增的公交车要采用新能源汽车，市政、邮政等行业大力推广新能源汽车，出租行业逐步推广新能源汽车。

2. 环保领域

水污染防治技术和设备。大力发展高效节能生物脱氮除磷技术。开发适

[①] 广东省经济和信息化委员会，广东省发展和改革委员会：《广东省"十二五"节能环保产业发展规划》。

用于中小城镇和农村生活污水处理的分散式污水处理技术和成套化设备。重点研发推广湖泊河涌生态修复、城市生活污水处理厂升级设备及污泥处理处置等技术和设备，研发污水处理设施分散控制系统（DCS）。

垃圾处理处置技术和设备。重点发展大中型生活垃圾焚烧炉及烟气系统、大型填埋场气体发电、垃圾渗滤液处理等技术和设备。大力研发生活垃圾分类收集、资源化无害化综合回收利用等技术和设备。鼓励发展餐厨垃圾处理、综合利用技术和成套化装置，探索建设餐厨垃圾无害化、密闭化、专业化处理体系。

完善环保服务业体系。建立完善的清洁生产服务体系，建立环保产业服务信息平台和环保产业统计体系，建立健全资源综合利用制度体系，培育环保服务业的投资市场体系。大力推广采用BOT、TOT、托管运营及委托运营、技术指导与设备维护等多种形式的环境污染治理和运营管理模式，重点推进产业园区及城市生活污水处理厂环保设施专业化、市场化、社会化运营。以基地、园区和企业等不同类型的资源综合利用标准化试点建设为重点，开展资源综合利用标准化示范园区建设。

（二）广东节能环保产业的推进思路

广东省作为经济发达地区，人口密度大，资源能源需求量大，环境污染严重，经济社会发展面临着严重的节能环保压力。因而，广东省一方面应加强建设项目环境影响评价和节能评估审查，继续实施最严格的节能环保政策和标准，强化节能环保执法，另一方面应为节能环保产业发展创造良好的政策、法制环境，支持节能环保产业做大做强。

1. 加快创建生态工业示范园区和绿色升级示范工业园区

近年来，省环保厅积极组织开展国家生态工业示范园区创建工作，目前广州开发区已通过国家三部委验收并正式命名；广州南沙开发区、肇庆大旺高新区、东莞生态产业园和珠海高新区已获得三部委批准正式开展创建工作；惠州大亚湾开发区和珠海高栏港开发区等已完成规划编制工作，全面启动了创建工作。为了进一步推进重污染园区的绿色升级改造工作，省环保厅组织制定了《绿色升级示范工业园区创建的管理办法》，对加快我省重污染行业以及排污企业的绿色升级改造，降低环境风险，缓解污染压力，探索建立生态发展激励机制起到了积极作用。目前，全省已有10多家重污染工业园区开展绿色升级改造工程，并取得了阶段性成果。

2. 节能环保与金融融合发展，实现节能环保和金融"双赢"

将社会资本引入环保领域，有利于破解我省环境污染治理资金投入不足的难题，推动解决当前突出环境问题，为金融机构发展绿色金融创造更多的投资"增长点"。要充分利用企业环境信用信息数据库，强化企业环境信用评价和结果应用，加强对诚信企业的支持和对失信企业的限制。要与绿色发展战略紧密结合，破解突出环境问题，提升绿色金融综合化服务水平。要在专营机构、特色金融产品、综合金融服务等方面积极创新，建立和完善多元化的环保产业投融资机制，通过优化信贷结构，全面推进钢铁、电力、化工、纺织、印染、建材、造纸、有色等传统产业绿色化升级改造。

3. 落实土地、税费等支持政策

通过统筹安排、差别化管理等方式，在编制规划、安排年度供地计划方面优先安排节能环保重点项目土地指标，加快办理污染减排项目用地审核、报批手续，开辟用地预审和用地报批绿色通道。严格执行现有节能、节水、环境保护、资源综合利用的税收优惠政策。认真落实国家节能环保产品政府采购政策，扩大节能环保产品政府采购范围，促进我省节能环保产品的推广应用。试行主要污染物排污权有偿使用价格政策，完善排污费管理制度。加快落实城镇污水与生活垃圾处理收费制度，建立生活垃圾、污水处理标准动态调整机制和生活垃圾处理价格管理机制，完善固体废物处置和机动车排气检测收费政策。对超过产品能耗（电耗）限额标准的企业，实施惩罚性电价。严格落实燃煤电厂脱硫、脱硝电价和居民用电阶梯价格。

第四节 生物医药产业

一、生物医药产业的国内外发展现状及趋势

(一)全球生物医药产业的发展现状与趋势[①]

1. 生物医药产业稳定增长

近十年来,世界医药产业市场规模增长迅速,增长率保持在5%—8%之间。其中,生物制药的销售额约占全球药品市场份额的16%,增长率超过20%,成为世界医药领域创新性最强、市场份额增长最快的药品之一。

2. 研发投入居高不下

随着人们对药品安全性的要求和药物监管部门批准新药的门槛不断提高,新药创新难度加大。与全球新药研发产出整体下降相反,全球生物医药行业研发投入却居高不下,2011年达到1330亿美元,2016年约为1500亿美元。

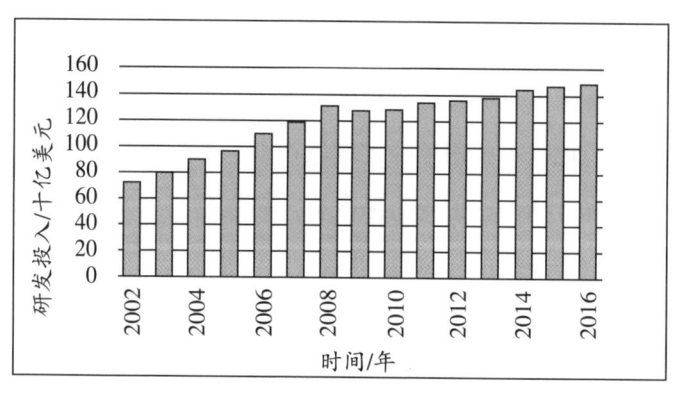

图18　世界生物医药产业研发投入

数据来源:EvalutePharma

---

① 数据来源:国际医药咨询机构IMS。

3. 新兴国家生物医药市场发展速度加快

从全球医药产业的区域分布来看，2007—2012年亚洲、非洲和澳洲的销售额增速高达15%，明显高于全球5.3%和欧美约3%的增速，预期未来五年保持11.4%—14.4%的高速增长。此外，新兴市场国家的人口比重占70%，但是医药消费仅占15%，这种供需矛盾也必将使得新兴国家成为医药市场增长新的驱动力。

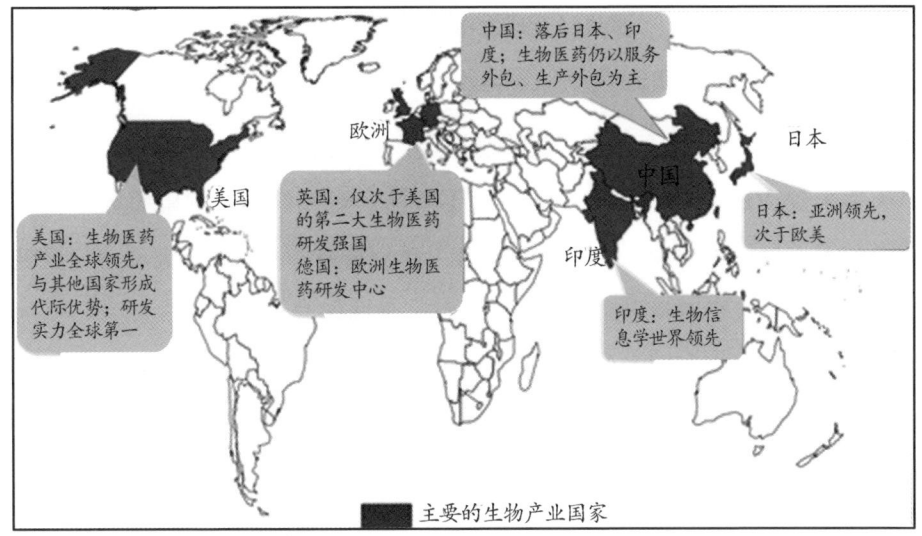

图19 全球生物医药产业空间布局

资料来源：赛迪顾问

4. 生物制药中基因工程药物占比最大

生物制药产业可划分为基因工程药物、抗体药物、血液制品、诊断试剂以及疫苗五大类，其中抗肿瘤药物、自体免疫疾病治疗药、以及疫苗类产品在生物医药市场中占据主要地位，同时也增长较为显著。数据显示，全球生物医药产业结构为：基因工程药品占49.4%，占比最大，其次是诊断试剂占18.0%，抗体占14.2%，疫苗占9.4%，血液制品占9.0%。

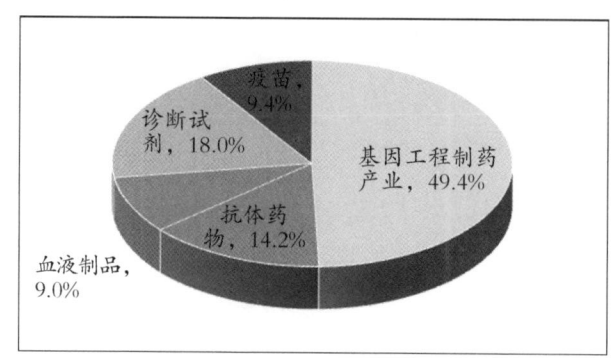

图20　全球生物医药产业结构

数据来源：赛迪顾问

5. 健康服务业成全球经济新的增长点

追求健康成为人们现代生活的主要目标，对保健品、健康服务和生物药业的需求也逐年加大，健康产业成为带动全球经济发展的巨大动力。据统计，健康产业投资占世界总投资13%左右，全球保健食品以年成长率9.9%的趋势成长。以居家照顾为例，居家照护市场以超过20%的成长率快速成长，居家照护结合信息与个人化医疗器材，串联照护服务体系，建构成远距健康照护产业，这将成为未来健康照护的重要趋势。

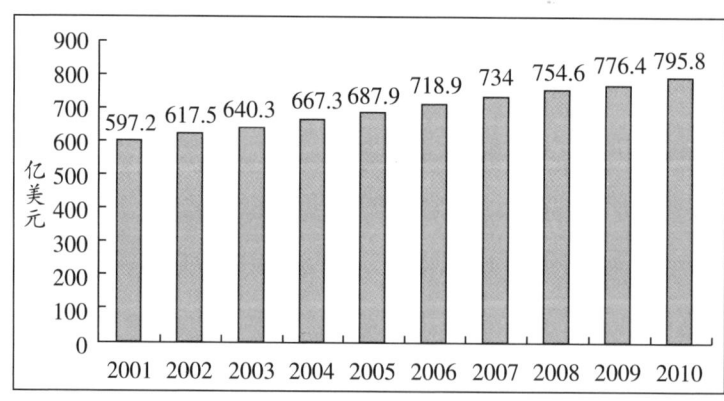

图21　全球居家照护市场规模

数据来源：WinterGreen Researsh，台湾工研院

随着生命科学的不断发展,社会分工的不断细化,健康产业的整条产业链日渐完善。除医疗性服务之外,健康产业还包括健康管理、健康服务、保健品和健康器械等产业群。将来,个人健康管理、企业健康管理将迅速成为维护健康、预防与控制疾病的主流。

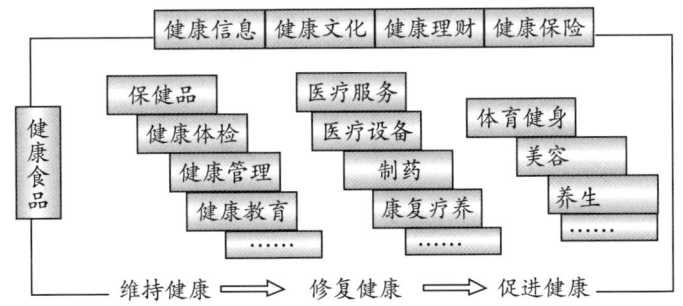

图22 健康产业链示意

(二)我国生物医药产业发展概况

1. 我国生物医药产业发展现状特征

我国生物药品制造行业保持快速增长,但增长幅度较预期有所减缓,呈现缓中趋稳发展态势。从生产情况看,2012年生物药品制药工业总产值1852.7亿元,增速为16.36%,增速同比回落1.9个百分点。从销售情况看,2012年生物药品工业销售产值1778.8亿元,增速为16.28%,比2011年同期回落2.9个百分点。从行业利润看,自2009年到2011年,连续三年利润总额增速下降,但是都保持在20%以上,2011年利润总额达到231.29亿元。从医药产业整体产业结构看,化学药品制剂占比最高,为27.88%,生物药品占比10.15%,比2011年略有提升。

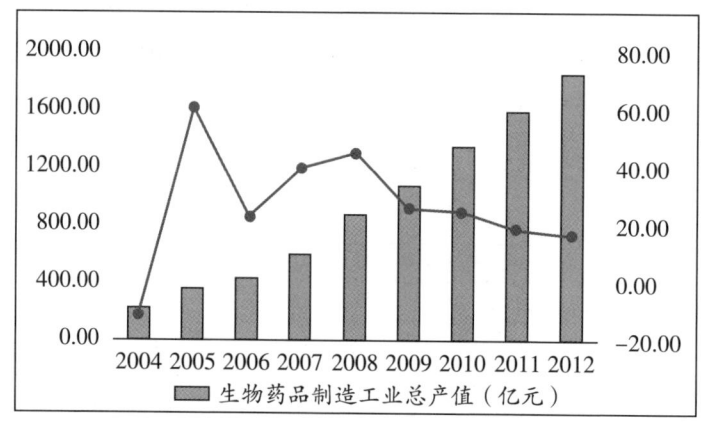

图23 我国生物药品制造工业总产值

数据来源：国研网，中国医药统计网。

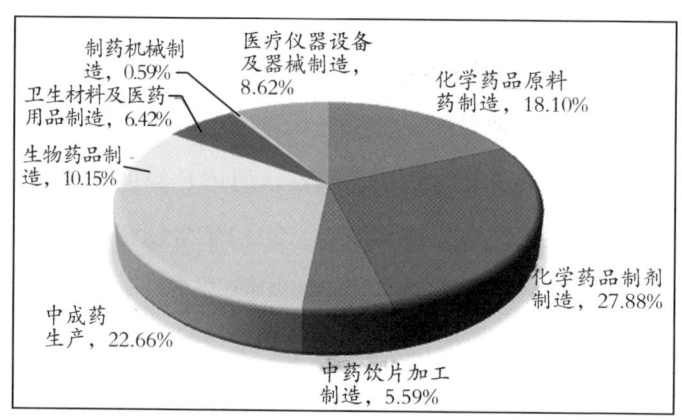

图24 我国医药产业结构

数据来源：中国医药统计网

2. 我国生物医药产业发展趋势判断

中国是世界第三大医药市场，未来医药市场潜力巨大，在收入增长、医疗改革逐渐深入、城镇化、人口老龄化等多种因素影响下，医药消费持续升级，国内医疗和医药需求进入快速增长期。中国医药商业协会预测，我国生物医药产业未来有望形成6000亿至8000亿元的市场规模，其中新型疫苗、抗体药物、蛋白质药物、重大疾病诊断和检测技术产品、个性化的治疗系统药品以及再生医疗技术等子行业成为重点发展领域。

健康产业成为新的经济增长点。2013年发布的《关于健康服务业发展的若干意见》对整个健康服务业的发展进行规划，总目标是到2020年基本建立覆盖全生命周期，内涵丰富、结构合理的健康服务体系，打造一批知名品牌和良好循环的集群，总规模到2020年达到8万亿以上，成为推动社会经济发展的重要力量。

3．我国生物医药产业政策概述

近年来，我国政府高度重视生物医药产业的发展，先后发布了多部有关生物医药产业发展的规划。2010年10月国务院印发了《关于加快培育和发展战略性新兴产业的决定》，将发展生物医药产业上升到战略高度；2012年1月，工业和信息化部发布《医药工业"十二五"发展规划》，明确提出生物技术药物产品和技术发展的重点领域；2012年7月出台的《"十二五"国家战略性新兴产业发展规划》规划了生物医药产业发展的路线图；2012年12月，国务院印发《生物产业发展规划》；2013年10月，国务院印发《关于促进健康服务业发展的若干意见》，提出大力发展生物技术药物，积极创造有利条件加快推进生物医药产业发展。

（1）《医药工业"十二五"发展规划》

2012年1月发布《医药工业"十二五"发展规划》提出优化产业区域布局，提出充分利用"长三角""珠三角"和"环渤海"地区在资金、技术、人才和信息上的优势重点发展附加值高、资源消耗低、具有国际先进水平的医药产品的发展任务，并再次明确提出生物技术药物产品和技术发展的重点领域，将生物医药列为战略新兴产业发展重点，为生物医药发展做出明确指导。

（2）《生物产业发展规划》

2012年12月发布的《生物产业发展规划》提出要努力做大做强生物医药

产业，2013—2015年生物医药产业产值年均增速达到20%以上。该规划提出要提升生物医药产业竞争力，实施生物技术药物发展行动计划、推动通用名药品高品质发展行动计划和中药标准化行动计划，提出促进生物医学工程高端化发展的主要任务。

（3）《关于促进健康服务业发展的若干意见》

2013年10月，国务院印发《关于促进健康服务业发展的若干意见》，提出大力发展健康产业，全面发展中医药医疗保健服务，充分发挥中医医疗预防保健特色优势，提升中医健康服务能力；支持自主知识产权药品、医疗器械和其他相关健康产品的研发制造和应用；打造一批知名品牌和良性循环的健康服务产业集群，并形成一定的国际竞争力，基本满足广大人民群众的健康服务需求。

表12　我国生物医药产业重点政策汇总

名称	重点内容
《医药工业"十二五"发展规划》	将生物医药列为战略新兴产业发展重点，为生物医药发展做出明确指导，明确生物技术药物产品发展重点领域。
《生物产业发展规划》	●发展目标：2013—2015年生物医药产业产值年均增速达到20%以上。 ●主要任务：实施生物技术药物发展行动计划，推动化学药物品质全面提升，提高中药标准化发展水平。
《关于促进健康服务业发展的若干意见》	明确了今后一个时期发展健康服务业的主要任务，打造一批知名品牌和良性循环的健康服务产业集群。
《"十二五"国家战略性新兴产业发展规划》	到2015年，形成以基因工程药物、新型疫苗、抗体药物、化学新药、现代中药等为代表的一批具有国际水平的新药开发平台。
《工业转型升级投资指南》	指出在生物医药方面的投资方向和领域，具体包括新产品、重大或新发传染病产品、新技术推广应用和血浆制品等。

(续上表)

名称	重点内容
《国家"十二五"科学和技术发展规划》	获得40项拥有自主知识产权的新型药物产品，获得关键专利700—800项，形成关键生产工艺及相关标准100项，建设抗体、疫苗、诊断试剂等新型生物医药开发及产业化基地30—40个，培育10个龙头企业。
《医药工业发展规划指南》（十三五）	从增强产业创新能力、提高质量安全水平、提升供应保障能力、推动绿色改造升级、推进两化深度融合、优化产业组织结构、提高国际化发展水平、拓展新领域发展新业态等八个方面提出了具体任务部署。
《国务院办公厅关于促进医药产业健康发展的指导意见》	●到2020年，我国医药产业创新能力明显提高，供应保障能力显著增强；90%以上重大专利到期药物实现仿制上市；医药产业规模进一步壮大，主营业务收入年均增速高于10%，工业增加值增速持续位居各工业行业前列。 ●明确了医药产业发展七个方面的重点任务。
《"十三五"国家战略性新兴产业发展规划》	●到2020年，生物产业规模达到8—10万亿元，形成一批具有较强国际竞争力的新型生物技术企业和生物经济集群。 ●从六个方面提出了发展方向及任务部署。
《十三五生物产业发展规划》	到2020年，生物产业规模达到8—10万亿元，生物产业增加值占GDP的比重超过4%，成为国民经济的主导产业，生物产业创造的就业机会大幅增加；生物研发投入占销售收入的比重显著提升，重点企业达到10%以上，形成一批具有自主知识产权、年销售额超过100亿元的生物技术产品，一批优势生物技术和产品成功进入国际主流市场
《"健康中国2030"规划纲要》	●发展目标：到2030年，具有自主知识产权新药和诊疗装备国际市场份额大幅提高，高端医疗设备市场国产化率大幅提高，实现医药工业中高速发展和向中高端迈进，跨入世界制药强国行列。 ●主要任务：提出发展专业医药园区，支持组建产业联盟或联合体，构建创新驱动、绿色低碳、智能高效的先进制造体系，提高产业集中度，增强中高端产品供给能力。

二、广东生物医药产业发展现状及存在问题

（一）广东生物医药产业发展现状

1. 广东生物医药产业发展现状特征

广东是我国三大医药生产基地之一，也是我国重要的生物药品生产地区。广东省的生物医学药发展一直位居各省市前列，仅次于山东和江苏。广东生物医药的特色是中药产业。广东拥有丰富的中药材资源，形成全国最大规模的中药制造业，并成为全国最大的中药产品集散地，预计未来在中药生物技术方面将实现重要突破，走出广东特色的生物医药发展路线。[1]

（1）生物医药产业规模不断扩大

2015年，广东医药产业生产总值、销售收入、利润总额列全国第3位，主营收入和产品出口居第4位。全省规模以上医药制造业生产总值1481.67亿元，生物医药工业总产值185.88亿元。作为经济较发达地区，广东的医疗模式正在发生改变，对药品疗效、安全性、方便性要求更高，健康需求日益多样化、高级化，生物医药的市场空间进一步扩大。

（2）生物制药企业实力不断壮大

2015年，全国制药工业百强企业中广东省拥有11家居行业领先地位的骨干企业，广州医药集团、东阳光药业集团、丽珠医药集团、珠海联邦制药和深圳迈瑞等企业成为超百亿产值的龙头企业。

（3）生物医药产业集群化发展

广东推动生物医药产业集聚发展，形成广州、深圳、中山三大产业基地，集聚发展态势日益显现。其中，广州国家生物产业基地在基因工程药物、现代中药、化学合成创新药物、海洋药物等四大生物医药领域取得了重大发展。产业集群内部有中山大学、中科院广州生物医药与健康研究院等研究机构提供科研支持；深圳国家生物产业基地已成为我国最具影响力的医疗

---

[1] 数据来源：《2015年广东省医药产业发展情况》。

器械产业集聚地、大型精密医疗设备和医用电子仪器设备的重要研发生产出口基地，产值约占全国的13%，广东省的50%；中山国家健康科技产业基地形成了中西药品、生物工程、医疗器械、化妆品、保健食品、药包材等健康领域六大产业集群。

2. 广东生物医药产业政策概述

广东省委、省政府历来高度重视生物医药产业发展，视其为调整产业结构、培育高技术领域支柱产业和战略性新兴产业、加快全省自主创新步伐的重要组成部分。出台了《加快广东省生物医药产业自主创新能力建设的指导意见》《广东省"十二五"卫生科技发展规划》《广东省高技术产业发展"十二五"规划》《广东省战略性新兴产业发展"十二五"规划》等相关文件，为广东省生物医药产业的加快发展提供了有力的政策支持。

（1）《加快广东省生物医药产业自主创新能力建设的指导意见》

2012年11月发布的《加快广东省生物医药产业自主创新能力建设的指导意见》，提出建立以企业为主体、市场为导向、产学研用相结合的生物医药产业自主创新体系，通过5—10年努力，使广东全部化学药品、生物制品标准达到或接近国际标准，将广东建设成为我国推进生物医药体制机制创新的实验区和自主创新的主力省。

（2）《广东省"十二五"卫生科技发展规划》

现代生物技术已成为推动医学发展的重要工具，该规划结合广东实际，提出加强医药生物技术基础与应用研究，开展基因治疗、RNA干扰、干细胞等医药生物技术研究，推进健康产业及生物医药技术研究，并从组织、经费、人才、机制、条件等多方面给予保障。

（3）《广东省战略性新兴产业发展"十二五"规划》

《广东省战略性新兴产业发展"十二五"规划》提出要大力发展生物医药产业，将生物技术药物列为战略性新兴产业之一。《规划》指出，广东要大力发展用于重大疾病尤其是南方常见病防治的生物技术药物、新型疫苗、化学药物。大力推进高效、安全、创新化学药物的产业化发展。重点解决药物新制剂及释药系统、药物评价动物模型研究与制备、药效评价及新机理研究、药物安全性评价等方面的关键技术，按照仿制药、仿创药、原研药的路径，重点开发自主创制一批具有自主知识产权、疗效好、副作用小、市场前景大的化学药物创新品种。

现代中药。重点发展新工艺和新剂型开发，加强名优中成药的二次开发，培育中药大品种。强化中药质量标准体系建设，开发安全有效、质量稳定的中药大品种，推进中药产业的可持续发展。在药材、饮片、成药的中药产业链范围内建立统一的技术评价标准，使其逐步与国际市场接轨。

医疗设备和医用材料。促进低成本、高性能的先进医疗系统工程技术和设备的发展。重点推进核技术医疗装置和材料、家用医疗设备网络化产品、低生理负荷生理信号检测技术和设备、家用保健康复治疗仪器等普及型产品、社区/个人医学信息技术和系统、替代进口生物检测自动化分析仪器系统和配套软件、大型中高端医学影像设备等领域发展；大力发展以动物组织为原料的天然生物材料及再生型人工器官产品、以再生生物材料为载体（或支架）的干细胞应用技术，形成特色生物医用材料产业体系。

诊断试剂。着力推进高敏度定量分析技术和快速诊断技术产品开发。重点推进传染病、肿瘤等重大疾病的系列临床诊断试剂、产前筛查和产前诊断试剂、食品安全、检验检疫快速检测技术和试剂、诊断试剂重要生物原料（抗原、抗体、工具酶）以及产品质量控制技术和产品标准、标准物质和质控品等领域发展。

生物医药服务。重点发展新药临床前研发和临床试验检测外包服务，大力扶持第三方公共医学检测、安全评估、咨询中介等服务业发展，建立生物医药研发创新外包服务体系，推动医药服务外包向高端化、集聚化发展。充分发挥广东省在中药和现代生物医药方面的优势，将健康理念与旅游、健身、体育、娱乐等丰富多样的休闲方式相融合，培育出一批具有竞争力的健康企业。

海洋生物药物。充分发挥广东省的海洋资源优势,把海洋生物药物作为今后生物制药的发展重点,沿海逐步建立海洋生物药物生产基地,并最终形成海洋生物药物产业带。产业化的重点是:海洋生物活性物质的分离、提取、纯化技术设备;药用海洋生物的选育、培养和高效利用;海洋药物、海洋生物分子材料和诊断试剂产品的开发与生产。

(二)广东生物医药产业的推进思路

广东省委、省政府历来高度重视生物医药产业发展,视其为调整产业结构、培育高技术领域支柱产业和战略性新兴产业、加快全省自主创新步伐的重要组成部分。广东出台了《广东省促进医药产业健康发展实施方案》等相关文件,为广东省生物医药产业的加快发展提供了有力的政策支持。广东要推进生物医药产业发展,必须从产业集聚、产学研合作、财税优惠、区域协作等多方面切入,提升对高端因素的虹吸效应。

1. 加快生物医药产业集群建设,为广东生物技术产业大腾飞提供平台

加快广州国家生物产业基地、深圳国家生物技术与医药产业基地、佛山医药健康产业园、中山国家健康科技产业基地和珠海生物医药科技产业园等5大产业基地建设,并从政策、投资环境、人才、信息、技术服务、配套公共设施等多方面予以有力扶持。趁势加大招商引资力度,瞄准国内外著名的、富有实力的生物技术企业、研发机构和科技创新孵化企业,重点招商,积极吸引知名的大型跨国医药企业集团、高新技术医药企业以及国内外高水平的生物研究机构进驻,配套完整的、适合于从事生物制药、中药、西药研究开发的技术支撑服务系统,努力形成高度分工协作的高科技生产体系、科技研发体系和服务保障体系。促进五大生物医药基地的产业集聚和资源整合,提高集群整体竞争力,使之成为广东生物技术产业强有力的增长极。

2. 加快建立生物医药技术创新体系

强化企业在生物医药技术创新体系中的主体地位,建立和完善企业技术研发中心,建立广泛的科技合作,构建产学研相结合的企业技术创新研发平

台。充分利用广东省内大专院校和科研院所在生命科学、基因工程、中药药学等方面的良好研究基础，推动生物技术知识创新和源头创新，为生物技术产业链的中下游企业提供强有力的技术支撑。重视培育一支结构合理、管理素质好、专业水平高、勇于开拓、创新能力强、办事效率高的人才队伍。鼓励海外留学归国人员创办研发型和技术服务型生物技术企业，使其成为推动广东生物医药新产品、新技术研发的新动力。

3. 完善健全"三个网络"建设

（1）建立高校、研究院所生物技术研究开发网络。通过前期资金投入，以项目为纽带，与省内外、国内外有实力的高等院校、科研单位建立长期合作，借助其力量开展研究开发工作，将其作为广东省生物技术研究开发网络的一个重要组成部分，为广东生物技术产业提供技术支撑；（2）建立生物技术项目转化、孵化网络。网络所依托的机构以股份制的形式组建和经营，政府给予一定的政策、资金支持。该网络包含实验室、中试基地（特别是GMP生产厂房）等设施，为广东省自主开发或引进的项目提供转化、孵化设施和技术力量；（3）建立生物医药服务网络。统一规划，加大投入，打破原有的行政分割，不受归属限制，依托广东省内的科研机构，建成完整的生物医药技术服务体系，包括生物信息中心、新药筛选中心、药理中心、安全评价中心、临床试验中心等。

4. 调整完善生物技术产业财政金融支持政策

生物技术产业是高投入、高风险的产业，需要良好的风险投资机制。建议设立专门的生物技术风险投资基金。同时，适当安排一部分预算内基本建设资金，用于生物技术产业的基础设施建设和产业化项目；充分调动民间资本，做初创型和成长型投资；政府和民间资金的投资方向应作功能区分；为省内优质生物技术企业在国内外上市融资创造条件。

5. 实施组织创新战略，优化生物医药产业结构

在产业组织建设上，大力推动具有创新能力的生物技术战略中心企业的

形成和引进，积极鼓励战略中心企业抓住品牌和核心技术，集中优势资源于知识创造、产品设计、工艺开发等创新环节；同时鼓励周边中小企业进入战略中心企业的产业分工体系和配套产业链上来，鼓励中小企业通过学习、模仿，形成技术创新的新惯例，使网络内部的技术资源得到最优化的配置、最有效的利用，带动企业群整体核心竞争力的提升。鼓励和支持大型医药企业通过收购、兼并、托管、参股、控股和联合等方式，整合行业资源，做大企业规模，提高整体竞争力。支持医药流通骨干企业通过整合再造，向产业链纵深发展，提高流通效率和水平。

6. 密切生物技术产业的区域性合作，推动国家与省、市相关资源的联动

充分利用港澳地区在生物医药技术、信息、专业人才、风险资金、市场营销、国际贸易和对外交流等方面的优势，加强穗港澳在生物技术、成果产业化和国际生物医药经贸等领域展开更紧密的合作。同时，努力吸引中央各部委的国家资源如科技部筹建的国家级医药工程中心等落户广东，进一步促进与国家各类项目计划的互动和配套；加强与省内外生物医药企业和科研机构的合作，展开互补的产业对接，利用外部资源壮大广东生物技术产业的研发生产实力。

第五节　新能源汽车产业

一、新能源汽车产业的国内外发展现状及趋势

（一）全球新能源汽车产业发展现状及趋势

新能源汽车是指除汽油、柴油发动机之外所有的其他能源汽车，包括电

动汽车、混合动力汽车、燃料电池汽车、氢能源动力汽车和太阳能汽车等，其废气排放量比较低。在后金融危机时代，发展新能源汽车已成为全球汽车工业应对能源和环境问题的共同选择，美、英、日、德等世界发达国家纷纷运用财政资金直接资助新能源汽车技术研发，并采取税收减免、购车补贴、直接采购、资助研发、建设充电站基础设施等措施鼓励应用电动汽车。

美国能源部于2008年6月宣布拨款3000万美元，资助通用汽车公司、福特汽车公司、通用电气公司（与克莱斯勒汽车公司共同研究）2008—2011年进行的充电式混合动力汽车研究项目。2009年8月，奥巴马总统宣布美国能源部将设立20亿美元的政府资助项目，用以扶持新一代电动汽车所需的电池组及其部件的研发。为鼓励消费，规定购买充电式混合动力车的车主，可以抵扣7500美元税负；政府还投入4亿美元支持充电站等基础设施建设，同时各州还有补贴，如加州对CODA电动车补贴2500美元。

2006年6月，日本政府出台了长远能源规划《2030年的能源战略》，拟发展各类新能源，对新能源予以减税、政府财政补贴，使日本对石油的依赖降低到40%。2009年4月，日本开始实施"绿色税制"，将纯电动汽车、混合动力车、清洁柴油车定义为"下一代汽车"，连续3年免除多种税负。2012年后又以2015年度油耗标准继续对达标车减免"机动车吨位税"和"机动车购置税"。

德国政府则在2008年6月与大众汽车以及能源供应商EON等工业巨头联合公布了一项混合动力汽车发展计划，并拨款1500万欧元资助研发可再生能源（如风能，太阳能）的充电电池。2009年初，政府的500亿欧元巨额经济刺激计划，很大一部分都用于电动汽车研发、汽车充电站网络建设和可再生能源开发。

（二）我国新能源汽车产业的发展概况

2001年初，我国科技部启动"863计划"电动汽车重大专项，实施新能源汽车发展战略。2004年国家发改委发布的《汽车产业发展政策》中提到：

要突出发展节能环保、可持续发展的汽车技术。2005年我国政府出台了优化汽车产业结构、促进发展清洁汽车、电动汽车政策措施，明确了2010年电动汽车保有量占汽车保有量的5%—10%，2030年电动汽车保有量占汽车保有量50%以上的发展目标。2010年6月，我国出台《关于开展私人购买新能源汽车补贴试点的通知》，给予纯电动和插电式混合动力车每辆6万和5万元的补贴。2012年6月，国务院发布《节能与新能源汽车产业发展规划》，各地纷纷出台相关支持政策。

国家各类扶持政策和激励措施的相继出台，配套基础设施建设力度加大，产品技术水平持续提速，商业模式创新进一步活跃，新能源汽车的市场接受度不断提高，使我国新能源汽车市场迅速扩大并超越美国成为全球第一大市场。

目前，我国新能源汽车整车生产企业已在东北、环渤海、长三角、珠三角、中西部五大片区集中分布，动力电池、驱动电机作为核心零部件，也伴随着整车产业的逐步壮大而取得了重要进步，在空间布局上初步呈现出集聚态势。

据中国汽车工业协会的数据，2015年生产新能源汽车340471辆，同比增长3.3倍。其中，纯电动汽车254633辆，同比增长4.2倍；插电式混合动力汽车83610辆，同比增长1.9倍。全年销售新能源汽车331092辆，同比增长3.4倍。其中，纯电动汽车247482辆，同比增长4.5倍；插电式混合动力汽车83610辆，同比增长1.8倍。全年新能源汽车销量占汽车总销量的1.35%。[①] 2016年1—11月新能源汽车销量达到40.2万辆，同比增长60.4%，位列全球第一。

2015年5月，国务院印发《中国制造2025》，把新能源汽车产业作为重点突破的十大领域之一。2016年初，国家发布《"十三五"规划纲要（草案）》，提出了实施新能源汽车推广计划，根据规划，五年内全国新能源汽

---

① 数据来源：国家工业与信息化部。

车累计产销量达到500万辆，鼓励城市公交和出租车使用新能源汽车，大力发展纯电动汽车和插电式混合动力汽车。

2016年全年我国新能源汽车共生产51.7万辆，销售50.7万辆，比上年同期分别增长51.7%和53%。其中纯电动汽车产销分别完成41.7万辆和40.9万辆，同比分别增长63.9%和65.1%；插电式混合动力汽车产销分别完成9.9万辆和9.8万辆，同比分别增长15.7%和17.1%。

2016年1月18日财政部、科技部、工业和信息化部、发展改革委、国家能源局等五部委联合发布《关于"十三五"新能源汽车充电基础设施奖励政策及加强新能源汽车推广应用的通知》，旨在加快推动新能源汽车充电基础设施建设，培育良好的新能源汽车应用环境，2016—2020年中央财政将继续安排资金对充电基础设施建设、运营给予奖补。对于充电基础设施配套较为完善、新能源汽车推广应用规模较大的省（区、市）政府，中央将安排财政充电基础设施建设运营奖补资金进行综合奖补。

2017年，我国新能源汽车产销为79.4万辆和77.7万辆，同比分别增长53.8%和53.3%，市场占比达到2.7%，比上年提高了0.9个百分点。新能源乘用车中，纯电动乘用车产销分别完成47.8万辆和46.8万辆，同比分别增长81.7%和82.1%；插电式混合动力乘用车产销分别完成11.4万辆和11.1万辆，同比分别增长40.3%和39.4%。新能源商用车中，纯电动商用车产销分别完成20.2万辆和19.8万辆，同比分别增长17.4%和16.3%。

2017年4月，工信部、国家发改委、科技部联合印发《汽车产业中长期发展规划》，提出进一步加快新能源汽车技术研发及产业化，并设定短期目标：到2020年，新能源汽车年产销达到200万辆，动力电池单体比能量达到300瓦时/公斤以上，系统比能量力争达到260瓦时/公斤、成本降至1元/瓦时以下；到2025年，新能源汽车占汽车产销20%以上，动力电池系统比能量达到350瓦时/公斤。

2018年，我国新能源汽车产销分别完成127万辆和125.6万辆，比上年同期分别增长59.9%和61.7%。其中纯电动汽车产销分别完成98.6万辆和98.4万辆，比上年同期分别增长47.9%和50.8%；插电式混合动力汽车产销分别完成28.3万辆和27.1万辆，比上年同期分别增长122%和118%；燃料电池汽车产销均完成1527辆。

为进一步鼓励新能源汽车发展，财政部、税务总局、工信部、科技部于2017年末联合发布《关于免征新能源汽车购置税的公告》，提出自2018年1月1日至2020年12月31日，对购置的新能源汽车免征车辆购置税。2018年2月，财政部、工信部、科技部、发改委四部委发布了《关于调整完善新能源汽车推广应用财政补贴政策的通知》，明确2018年国家相关部门将从提高技术门槛要求、完善补贴标准、分类调整运营里程要求等方面调整新能源汽车补贴政策。相关政策逐渐从直接进行财政补贴转为打造有利环境与补贴共行，促进新能源汽车产业持续健康发展。

二、广东新能源汽车产业发展现状及存在问题

（一）广东新能源汽车产业发展现状[①]

一直以来，广东作为全国重要的汽车制造基地，在传统汽车制造领域拥有完整的产业链条，已经形成了日系、欧美系、自主品牌三大系列，以广州、深圳为整车支柱，珠三角为配套支撑的格局，在全球汽车制造业中具有强大竞争力。目前，广东新能源汽车全球市场占有率超过11%。其中，比亚迪2015年新能源车销售量达61722辆，居全球新能源车年度销量第一。

经过近十年来的发展，广东省新能源汽车产业从无到有，发展迅速，目前总体技术水平居全国前列，初步具备了规模化生产和应用的条件。

1. 产业发展初具规模。

广东省是国内最早开展电动汽车技术研发、参与国家电动汽车重大科

---

① 新华网：《广东领跑全球新能源汽车产业 占有率超过11%》。

技项目的省份之一，目前在电动汽车整车、动力系统总成以及动力电池及其管理系统驱动电机等关键零部件方面的技术居全国领先地位。拥有国家电动汽车试验示范区、国家汽车质量监督检验中心（广东）、电动车辆国家工程实验室（电驱动实验室）以及一批省级工程实验室、工程中心重点实验室等创新平台和公共测试平台，初步形成了一个多层次、多领域的技术创新体系。

2. 技术水平稳步提升

根据广东省知识产权局、华南理工大学联合发布的《新能源汽车产业专利分析及预警报告》，2009年至2013年，在新能源汽车领域中，广东占全国专利申请量的14.5%，位居全国第一。广东省在新能源汽车领域专利申请量达7669件。在与新能源汽车相关的纯电动汽车、插电式混合动力汽车、燃料电池汽车、锂电子动力电池、驱动电机、整车控制等6个主要领域中，广东省专利申请量分别为949件、425件、98件、4354件、1808件、35件，均位居全国前列。

3. 推广应用初见成效

新能源汽车的推广应用已在全省范围内基本铺开，珠三角九市以及汕头、湛江、韶关、梅州、潮州、茂名等市先后开展了新能源汽车推广应用示范工作；广州、深圳成为国家节能与新能源汽车示范推广试点城市，新能源汽车的规模化应用成为广州亚运会、深圳大运会期间的一大亮点。新能源汽车示范应用领域不断拓展，从公交车延伸到了出租车、公务车。

4. 产业环境不断优化

2010年广东省政府出台了广东省电动汽车发展行动计划，在推动产业发展完善应用环境等方面提出了一系列政策措施，初步形成了发展电动汽车的良好环境。广东省政府与南方电网签署了广东省电动汽车充电设施建设战略合作框架协议，各地充电设施建设相继启动。

(二)广东新能源汽车产业相关政策概述

1.《广东省电动汽车发展行动计划》

2010年,《广东省电动汽车发展行动计划》正式出台,这是广东第一个系统性针对新能源汽车的扶持政策。将电动汽车产业列为我省当前重点培育发展的新兴战略产业,抢占世界汽车产业发展制高点,对于促进广东汽车产业优化升级、形成新的经济增长点,对于加强节能减排工作、促进社会和谐进步,都具有十分重要的意义。

该行动计划提出,一是要重点培育市场需求:开展电动汽车示范应用。加强部省合作,做好现有国家节能与新能源汽车示范推广试点工作,支持有条件的城市申报国家节能与新能源汽车示范推广试点城市;实施广东省电动汽车示范工程,选取若干试点城市开展电动公交车和电动出租车的示范运营;支持大型企业集团和物流服务行业开展电动汽车的示范应用。鼓励采取省市区联动方式开展电动汽车示范应用,优先支持省重点扶持企业的电动汽车产品。二是要发挥政府采购的导向作用。自2010年起,将列入国家《车辆生产企业及产品公告》的电动汽车产品纳入政府采购目录,鼓励机关事业单位购买电动汽车,并在车辆定编和资金方面优先安排。

2.《广东省现代产业体系建设总体规划(2010—2015年)》

在《广东省现代产业体系建设总体规划(2010—2015年)》中,提出新能源汽车要重点发展电动汽车、天然气汽车,以及高性能动力电池、电机等关键零部件,支持广州、深圳市发挥汽车产业研发、生产、配套、服务等优势,打造2—3条以骨干企业为核心的新能源汽车产业链,形成以广州、深圳为整车生产中心,以佛山、珠海、惠州、中山等地为主要零部件配套区的新能源汽车产业布局,建设全国重要的新能源汽车产业基地。

3.《广东省战略性新兴产业发展专项资金新能源汽车发展项目管理办法》

该管理办法提出,新能源汽车资金重点支持纳入省新能源汽车产业发展规划的项目，主要包括以下四类：（1）重大生产类。主要支持投资大、带动强的新能源汽车整车制造与关键零部件重大生产项目。（2）研发及产业化类。主要支持新能源汽车关键技术和产品的研发及产业化。（3）公共平台类。主要支持新能源汽车共性技术研发服务平台和公共检测平台建设项目。（4）示范应用类。主要支持省新能源汽车推广应用示范城市开展新能源汽车示范应用。

4.《广东省新能源汽车产业发展规划（2013—2020）》

《广东省新能源汽车产业发展规划（2013—2020）》提出，广东要以纯电驱动为新能源汽车发展和汽车产业转型的主要战略取向，重点推进纯电动汽车、插电式混合动力汽车、增程式电动汽车开发和产业化，按照市场主导、创新驱动、标准先行、重点突破、协调发展的要求，着力推进产业技术创新、壮大产业规模、改善发展环境和推动产品应用，争取用5年左右建立以骨干企业为核心的新能源汽车产业链，用10年左右将广东建设成为产业规模、创新能力和品牌影响均达到国际前列的新能源汽车产业基地。

该规划也提出了发展新能源汽车产业的相关扶持政策，如出台政府采购新能源汽车的实施细则，将列入国家公告的新能源汽车产品纳入政府采购目录，并在车辆定编和资金方面予以优先安排。实施新能源汽车补助制度，鼓励和支持示范城市对本市公共服务领域应用新能源汽车以及私人购买新能源汽车给予补助。加大财政支持力度。"十二五"期间，省战略性新兴产业发展专项资金重点支持新能源汽车产业率先取得突破。鼓励有条件的地市根据发展规划和实际情况安排专项资金积极支持和推进新能源汽车产业技术开发、产业化、推广应用、充电充气设施建设、建立电池梯级利用和回收体系等。积极组织申报国家重大关键技术研发、重大产业创新发展工程、重大创新成果产业化、重大应用示范工程、创新能力建设、国家级产品质量监督检验中心等项目，争取国家资金支持。争取与中央财政联合参股设立新能源汽车产业创业投资基金。

5. 《广东省人民政府办公厅关于加快新能源汽车推广应用的实施意见》

2016年，广东省出台《关于加快新能源汽车推广应用的实施意见》。在该实施意见中，重点提出要进一步完善政策体系，特别是要完善新能源汽车推广补贴政策。根据财政部等部门《关于2016—2020年新能源汽车推广应用财政支持政策的通知》（财建〔2015〕134号），对地市政府推广应用的纯电动汽车、插电式（含增程式）混合动力汽车、燃料电池汽车等各类新能源汽车实行差别化和分类扶持的补贴政策，按照减排量由高到低逐级递减确定补贴标准，分类安排补贴。各地市要结合本地实际情况，统筹使用省财政已安排的省级新能源汽车推广应用专项资金，并抓紧制定本地区新能源汽车综合补贴实施细则。相关领域专项资金可用于补贴车辆购置、整车租赁、电池租赁、车辆运营补贴、车辆运营维护以及路桥通行费、停车费、充换电电费等，其中车辆购置补贴不得超过相关领域专项资金的50%。建立以充电量为基准的奖励补贴政策，减免充电服务费用。

（三）广东新能源汽车产业存在的问题和面临的挑战

虽然我省新能源汽车产业具备了一定的基础，但也存在着一些问题和困难，主要是新能源汽车整车和部分核心零部件关键技术尚待进一步突破，产品成本较高，未能完全满足大规模商用的要求；个别核心技术和生产工艺与国际先进水平相比仍有差距，个别关键零部件和材料仍主要依赖进口；自主品牌电动汽车尚未批量进入普通终端市场，产业发展尚未实现自我良性循环，仍处于起步阶段；充电、充气等应用设施建设刚刚启动，应用环境和配套体系尚不完善。

1. 关键零部件、原材料技术有待突破

作为传统汽车大省，广东在新能源汽车整车生产能力强，但在部分核心零部件、原材料等技术方面与国际乃至国内先进水平仍有差距。以驱动电机为例，新能源汽车驱动电机受位置空间限制，要求严格按照结构紧凑、功率密度高、转矩密度高、噪音小、保持电磁兼容等要求进行研发设计。2010—2015年间，北京精进电机、上海电驱动、宁波韵升等驱动企业不断兼并吸收曾经享誉全球或拥有多年设计生产经验的大型电动企业综合实力大幅提升。广东在驱动电机领域需要进一步加大政策支持力度，提升驱动电机企业竞争力。

2. 自主品牌汽车未批量进入普通终端市场

大部分自主品牌汽车仍依靠政府补贴、推广政策得以发展。截至2015年8月，全国39个新能源汽车推广应用示范城市的累积推广总量达到15.96万。上海、杭州、浙江、江苏四地的推广量达到80403辆，广东推广成效不显著。从推广的车辆用途来看，主要集中在公共领域，推广数量为89775辆，占56.3%；私人领域推广69794辆，占43.7%。普通消费者对于新能源汽车的接受程度不仅依赖价格，更依赖于新能源汽车的技术质量、安全可靠性、驾驶舒适度、充换电便利度。随着国家补贴政策逐步退坡，广东的自主新能源汽车产品推广应用挑战依然巨大。

3. 充电基础设施仍是发展制约瓶颈

新能源汽车充换电设施是否完善，能否便捷地充换电，是影响产业发展的重要环节。目前，广东省内和全国的充换电设施的发展均无法满足日益快速增长的新能源汽车需求，制约了新能源汽车的市场需求，从而制约了广东新能源汽车的发展。新能源汽车在大城市市场更大，因此公用充换电设施往往需要建设在城市居民区或街道附近，原本的城市规划建设中没有考虑要发展这一新兴基础设施，在空间上制约了新能源汽车充换电基础设施的发展。由于公共充电设施建设地点与消费者充电集中区错位、充电设施之间互联互通性低等原因，一些已建成的公共充电设施利用率较低，充电服务缺口进一步加剧。

三、广东新能源汽车产业的发展方向及推进思路

（一）广东新能源汽车产业的发展重点

1. 动力电池

动力电池是新能源汽车最重要的零部件之一，关系到行车安全和续航

里程。2015年，纯电动汽车的发展使车载动力锂离子电池的产销规模迅速攀升，带动锂电材料行业产值扩大。与松下、LG化学、三星SDI等国际锂电池供应商相比，我省动力锂离子电池企业无论从规模还是从研发实力上均有明显差距。目前，广东的BYD锂电池领跑国内市场，发展动力电池潜力巨大。

2. 驱动电机

我国电机工业具有良好的发展基础，加之丰富的稀土资源优势，驱动电机产业结构呈现多样化发展趋势，自主研发的永磁同步电机、交流异步电机和开关磁阻电机等已实现与整车的技术配套。然而市场对驱动电机技术水平提出新要求。2015年1月，科技部发布的《国家重点研发计划新能源汽车重点专项实施方案（征求意见稿）》要求到2020年建立起完善的电动汽车动力系统科技体系和产业链，并提出驱动电机技术水平保持国际先进。广东要加强驱动电机的研发及生产。

3. 充换电设施

充换电基础设施建设是新能源汽车推广应用的重要因素。2015年10月，国家发改委公布的《电动汽车充电基础设施发展指南（2015—2020年）》预测到2020年，我国电动汽车保有量将超过500万辆，为匹配个领域电动汽车队充换电基础设施的要求，计划在2015—2020年间新增集中式充换电站1.2万座、分布式充电桩480万个，优先建设服务于公交、出租、市政等公共领域的充电基础设施，积极推进公务与私人乘用车领域的充电桩建设。截至2016年，国内已建成换电站3600座，公共充电桩4.9万个，与规划要求相距甚远，充换电基础设施市场前景良好。广东应加强充换电设施的研发与制造。

（二）广东新能源汽车产业的推进思路

汽车产业在未来很长一段时间都是广东经济社会发展的一大支柱产业，而新能源汽车是广东汽车产业未来的新动力，加快新能源汽车产业发展，对广东具有重要意义。为此提出以下对策建议：

1. 以自主品牌企业为重点,加强新能源汽车核心技术研发

自主品牌企业是广东未来汽车产业发展的主力军。通过加强新能源汽车技术研发,掌握新能源汽车产业发展的主动权,是广东新能源汽车做大做强的关键。重点依托广汽研究院和华南理工大学汽车学院,围绕电池、电机、电控(三大电)和电动空调、电动转向机、电动刹车(三小电)等新能源汽车核心技术,采用自主攻关、联合开发、外购等多样化方式,尽快掌握新能源汽车前沿技术,早期集中力量开发适合当前国内市场的插电式混合动力汽车,进一步完善增程式GA5、启辰E30等已上市的自主品牌新能源汽车产品。

以广汽比亚迪项目为契机,加强广汽集团与新能源领军企业——比亚迪的合资合作,合作开发纯电动大巴的同时,考虑高性能插电式混合动力汽车产品的开发,进一步丰富广东的新能源自主品牌汽车产品。此外,要加强对新能源汽车技术领军人才的引进,鼓励和支持企业与在粤高等院校联合培养新能源专业技术人才。

2. 以大项目为引领,培育新能源汽车产业链

大项目具有显著的辐射带动作用,是培育广东新能源汽车产业链的火车头。在广东省政府出台的《广东省新能源汽车产业发展规划(2013—2020年)重大项目表》中共有66个新能源汽车产业相关的重大项目。广东应该顺应国家大力推进新能源汽车产业发展的大好时机,着力推进已立项新能源汽车产业大项目,增强大项目的辐射带动效应。依托广汽乘用车、东风日产、广汽比亚迪重点发展新能源整车制造的同时,积极培育和引进新能源汽车零部件企业,带动汽车动力电池、电机、电控等零部件产业发展;以公交、出租车及公务车市场为重点,深入贯彻落实购车财政补贴政策,大力推进新能源汽车示范应用;根据中国汽车技术研究中心预测,到2015年国内动力电池累计报废量约在2—4万吨,而到2020年将达到12—17万吨的规模,需要未雨绸缪地培育和引进汽车动力电池回收再制造企业,努力构筑广东新能

源汽车产业链。

3. 以多元化补贴政策为催化剂，快速拉动新能源汽车消费

广东只有大力开展多元化财政补贴政策才能快速拉动新能汽车的消费和应用，抢占新能源汽车产业发展先机。纵观发达国家以及上海等国内先进地区推广新能源汽车的做法，开展新能源购车、用车等方面的财政补贴是推进新能源汽车快速起步和发展的最有力手段。为了有效地刺激广东新能源汽车消费和应用的快速兴起，建议在已出台政策的基础上参考西安的补贴政策，增加免上牌费、2小时内免停车费、万元电费补贴等补贴政策。考虑到财政压力，可以试行1年，刺激消费者主动了解、购买并乐于使用新能源汽车产品，促进充电设施网络不断完善。据上海大部分插电式混合动力汽车车主的调查数据显示，由于可以用普通220V电源进行充电，车主想尽各种办法充电以减少用车成本，以致住宅、工作单位（政府机关、医疗机构、公检法等）、公用充电站、商场停车场等都场所的充电设施越来越多，随着充电设施增多，更多人选择购买新能源汽车，形成新能源汽车消费快速兴起的良性发展局面。

4. 成立专业新能源汽车运营公司，加快新能源汽车示范应用

新能源汽车推广政策多而且涉及发改、交委、财政、经贸等多个政府职能部门，从市政府政策到新能源汽车消费者之间还有很多环节需要理顺，需要专业新能源汽车运营机构进行统筹、协调和宣传，为新能源汽车消费者、充电设施建设方提供补贴申请、牌照申请等方面的"一条龙"服务并向公众加强新能源汽车的宣传和相关知识普及，全方位推进新能源汽车的示范应用。推广初期重点在公交车、出租车和公务用车领域开展新能源汽车示范应用，各类执法用车在更换过程中尽可能使用性能可靠的新能源汽车，尤其是在机场、风景区、大学城等场所大力推广使用纯电动汽车，节能环保的同时也有利于提升广东地区形象。积极引导社会资本参与各类商业化充电设施建设，落实完善充电设施。针对初期充电设施缺乏状况，依托网络和信息化技术建设涵盖全省的各类充电设施的共享信息系统，该系统能够提供公共充电服务基础设施的地理位置、设备规格、运营供应服务时间等信息，让消费者利用移动智能终端随时寻找到离当前位置或者目的地位置最近的公共充电桩，实现充电桩分享、充电收费信息等综合服务功能，构建智慧充电网络，不断加快新能源汽车推广步伐。

5. 以广汽、比亚迪为重点，打造新能源商用车产业基地

新能源汽车产业具有产业链较长和产品类型多样的特点，广东发展新能源汽车需要有选择性。广东省已有较为明朗的新能源汽车产业布局：深圳拥有新能源汽车技术研发、乘用车整车及零部件制造、应用广泛、龙头企业实力强劲等优势，是全省乃至全国新能源汽车产业发展的第一引擎；广州、佛山传统汽车产业基础优越。要发展新能源汽车产业优势互补、错位发展的战略。发展广汽乘用车、东风日产启辰、比亚迪等新能源乘用车，面向省内乃至全国市场庞大的公交用车、物流用车等市场，大力发展电动公交车、电动大巴、电动物流车、电动环卫车等新能源商用车，快速做大广东新能源汽车产业知名度。

第六章
提升广东新兴产业发展的创新能力研究

在当今时代，技术创新能力是决定产业竞争力的关键要素，广东新兴产业企业自主创新发展的任务仍非常艰巨。现阶段，广东企业的总体能力还不足以单独支持面向未来技术发展态势的创新研究，需要政府加强资源整合，动员和促使企业联合起来，才能形成先期的创新突破势能。广东企业已显现出作为技术创新的主体地位，但相对于广东发展新兴产业经济的迫切要求，企业在新兴产业方面的自主创新能力建设亟待进一步加强。下面将从广东省企业创新能力的提升、产业创新体系的构建以及产学研合作这三方面出发来研究提升广东新兴产业的发展。

第一节 广东新兴产业区域创新体系发展历程

60年前，广东还是一个经济落后、半封闭科技弱省。半个多世纪的发展，广东实现了从边陲弱小省到全国第一经济大省的历史性跨越，成为一个机制灵活、全方位开放的科技强省，成为我国实施"科教兴国"战略和建设创新型国家的一块"试验田"，这些都与政府在建设科技创新环境上做的努力密不可分。自新中国成立特别是改革开放以来，广东共出台重大科技政策法规和科技发展规划约400项，在建设科技创新环境上进行了重要探索，包括科技人员、科技条件、科技体制改革、技术市场、知识产权、科技成果、科技奖励、科学普及、科技合作、科技中介服务等一系列内容，有力地促进了全省科技事业乃至全社会政治、经济、文化事业的发展，培养了一批科技人才。

一、科技创新摸索前行阶段

新中国成立初期，广东的科技工作主要涉及组织科技队伍、接收与改建科研机构、妥善安置科技人员等，没有形成科技创新的有效规划。直到1955年第一个市级科技规划《1955—1967年广州科技远景规划》的出台，省内科技创新综合性计划管理工作才真正开启。1958年，广东科学工作委员会成立（后更名为广东科学技术委员会），并编制了第一个省级科技规划《1958—1962年广东科学技术研究规划》。1965年，广东省委出台《关于加强科学技术工作的指示》，要求各政府部门重视科学技术工作，把科技工作提上工作日程。这是广东最早关于科技工作面向经济建设、推进科技与经济紧密结合的政策。从新中国成立初期到1977年，广东扬帆起航，克服重重困难，到1977年，广东拥有全民所有制单位自然科学技术人员约18万人，约为1949年的36倍。

二、创新与经济结合改革阶段

1978年全国科学大会召开，中国科学技术迎来了发展的春天。从上世纪80年代开始，广东开始推动科技与经济结合的体制改革，逐步规范技术市场发展、培育新兴产业，并不断探索科研机构经费改革，致力提升全省技术创新水平。从70年代末开始，广东10年左右投入100亿美元以上用于引进国外技术与设备，然后进行消化、吸收、再创新，推进广东技术水平大幅提升，并促进大批新兴产业的崛起，大力改善了广东科技严重滞后于经济发展的状况，1986年，广东位列全国科技综合能力评价第9位。这一阶段，在对科研机构进行改革的基础上，开始培育技术市场，建立实验室体系。80年代初，在全省主要依靠政府拨款的应用型科研单位进行经济自立自筹试点，在独立科研机构推行"对外技术转让有偿合同制"和"对内课题承包制"。

1987年，进一步在全省范围内实行科研机构拨款制度改革，对不同类型的科研机构，分别采取部分拨款和全额拨款的经费拨款方式以及无偿、部分偿还和全部偿还的科技三项费用偿还方式。技术市场的发展始于"1981年广东省省委书记任仲夷提出的科研成果和专利可以交易"，其后广东通过举办科技成果交流会、技术交易会等多种形式，积极培育技术市场。1986年，省人大常委会第二十一次会议通过了全国第一部关于技术市场管理的地方性法规《广东省技术市场管理规定》，标志着广东技术市场开始走上有序发展轨道。同时，广东科技人力资源开始盘活，出现了产学研结合的雏形——"星期六工程师"这一以业余兼职方式出现的智力流动形式。1986年，广东率先建立省级重点实验室，由广东科委和广东计委共同建设了全省第一个省重点实验室——精密模具设计实验室，成为广东实验室体系建设的开端。

三、高新技术引领产业升级阶段

20世纪90年代，邓小平南巡讲话为广东的大发展拉开序幕，这一阶段，政府出台了一系列包括推进科技园区建设，大力发展高新技术产业在内的指引性文件，助推产业结构优化升级。全省高新技术产品产值从1991年的81.76亿元增长到2004年的8548.16亿元，增长了100多倍；高新技术产品出口额从1991年的24.14亿元迅速上升到2004年的5040亿元，增长了200多倍。高新技术产业和技术较密集的电子通讯设备制造、家用电器业成为广东新的经济增长点，电子信息、通讯设备等产业开始具备一定的国际竞争力。

这一阶段，广东省致力于推进科技成果转化工作，并不断完善科技孵化园区建设，营造科技创新文化。1991年，广东发布《关于依靠科技进步，推动经济发展的决定》，提出要把科技创新放在经济和社会发展的首要位置，并不断深化科技体制改革，建立充满活力的体制机制，推进科技成果转化，充分调动科技人员和广大群众的创新创业积极性。1995年颁布《关于加速科学技术进步若干问题的决定》，强调加快推进科技成果转化为现实生产力，促进广东20年基本实现现代化，吹响了加快科技进步的号角。1992年首次启动"科技进步月"活动，组织开展科技宣传与科普活动，致力于创新文化建设，营造良好的科技创新氛围。1985年，广东率先建立科技工业园区，完善企业孵化等科技服务平台建设，至2003年，广东共建立国家级高新区6个，省级高新区10个，成为全国高新区最多的省份，并形成以广州和深圳为龙头，珠三角高新技术产业带为核心，高新技术产业开发区为重点，带动东西两翼和山区发展的高新技术产业发展格局。

四、全面自主创新阶段

自主创新在2005年开始被确立为国家发展战略的核心，也由此成为新时期广东"科教兴粤"战略的主旋律。2005年9月召开的全省提高自主创新能力工作大会，提出要坚定不移地走自主创新之路，之后陆续出台《中共广东委、广东人民政府关于提高自主创新能力提升产业竞争力的决定》《广东中长期科学和技术发展规划纲要（2006—2020年）》和《广东"十一五"科技发展规划》等一系列政策纲要，为广东提升自主创新能力、提高国际竞争力提供了有力的政策保障。2011年，率先颁布《广东自主创新促进条例》，在自主创新的激励与保障等方面提出了一系列具有操作性的新措施，致力于让自主创新成为转变经济发展方式的核心推动力。

这一阶段，政府加快省部产学研合作工作的进展，更加重视科技创新基础设施建设及人才培养与引进。2005年，省政府与教育部联合签署了《关于提高自主创新能力，加快广东经济社会发展合作协议》，为广东率先实现教育现代化，深入推进产学研合作，提高自主创新能力奠定了基础。"2005到2011年间，加大投入，吸引来自全国640多家高校和科研机构的1万多名专家、教授在广东开展了形式多样的产学研合作"。

同时，重点建设"科技基础条件六大子平台"，初步建成了"布局合理、功能完善、体系健全、共享高效"的科技基础条件平台体系。截至2012年年底，省重点实验室累计达180家，其中，高校建省重点实验室109家，科研院所建71家。建有公共实验室18家，省重点科研基地累计达30家，省企业重点实验室和省企业重点实验室培育基地累计44家（广东科学技术厅，2013［142］）。这些实验室、科研基地等涵盖了众多研究及产业领域，成为科技合作与交流的窗口，成为汇聚、培养高层次人才的基地，为广东省的自主创新打下了坚实的基础。此外，广东省从2010年开始启动引进创新科研团队工作，首批引进11个创新科研团队，成员93人，2011年第2批引进20个创新科研团队，汇聚了140多位国内外高层次人才，成员扩充至495名，实现了"以团队引团队、以人才引人才"的人才倍增效应。

五、创新驱动发展阶段

党的十八大报告中明确提出实施创新驱动发展战略，创新驱动发展成为各地科技工作的重点。广东省2013年政府工作报告明确提出，"要实施创新驱动发展战略，大力发展创新型经济"。柳卸林、高太山2013年在《中国区域创新能力报告201》中指出，广东区域创新能力连续五年稳居全国第一梯队，已基本进入创新驱动发展阶段。加快推进科技创新配套政策出台，2012年，制定《广东自主创新促进条例》配套政策，正式出台配套政策5项，不断完善自主创新政策体系。通过了《广东改善创新环境五年行动计划》，在全国首次提出改善创新环境的主要目标，坚持把改善创新环境作为一项系统工程来抓，围绕如何营造包容、高效、完善的广东特色创新环境提出对策，助推创新型广东建设。

2013年，广东首个人才理论研究和成果转化基地——东莞人才发展研究院成立，对整个广东人才发展具有重大意义。广东国资委组建的产权交易集团授牌成立，成为广东产权市场发展史上的重要里程碑。2014年，广东科技金融综合服务中心成立，标志着一个覆盖全省科技金融服务网络轮廓初现。出台《广东培养高层次人才特殊支持计划》，首次实施"广东特支计划"，计划用10年左右时间，支持和培养一批自然科学、工程技术和哲学社会科学领域的杰出人才、领军人才和青年拔尖人才。

第二节　广东科技创新环境建设的成绩

经历五个阶段之后，广东的科技创新实力得到了很大的提升，科技创新环境建设不断完善。根据柳卸林、高太山2003年、2014年、2015年的研究，2002年，广东区域创新能力综合评价值为49.68，创新环境评价值为49.28，共同位于全国第三。至2013年，区域创新能力综合评价值和创新环境评价值分别为53和49.38，至此广东创新综合能力连续六年位居全国第二，创新环境建设能力位居全国第一。根据广东科学技术厅网站公布的广东地区综合科技进步水平数据也可以直观看出，2006年综合科技进步水平和科技进步环境监测值分别为55.74和53.12，到2013年分别达到71.48和68.4。

一、区域创新基础设施不断完善

在不断完善创新基础设施的进程中，广东在信息网络、交通线路及实验室体系等建设上取得了很大的进展。当前，广东的信息化建设和应用水平处于全国领先地位。2014年3月，广东移动宣布在全省范围内提供4G商用服务，截至2014年底，移动4G网络已经覆盖广东1100多个乡镇，所有的3A级以上景区、300多个交通站点、500多所大中专院校，广东全面进入4G时代，为科技创新的迅速发展奠定了信息网络基础。同时，广东一直致力于建设开放的现代综合交通运输体系，2013年9月，广东到乐昌公路全线开通，广东高速公路通车里程达到6000.8公里，成为全国第一个高速公路通车里程超过6000公里的省份。截至2013年底，广东铁路营运里程达到3203公里，公路通车里程202915公里，民航航线里程214公里，相比2000年有了巨大的发展。在1986年建设第一个省级重点实验室之后，广东不断完善公共实验室建设，当前形成了较为完善并极具特色的实验室体系。截至2014年底，广东已经形成由21家国家重点实验室、6家省部共建国家重点实验室培育基地、196家省重点实验室和44家省企业重点实验室等组成的较为完整的实验室体系，为科技创新活动的开展提供了基础平台。

二、创新资源更加丰富

广东科技资金投入逐年增长，人才培育及引进步伐不断加快。2013年，广东全社会共投入R&D经费1443.5亿元，较2012年增长16.8%；R&D经费占全省GDP的比例为2.32%，超过全国平均水平0.24个百分点。地方财政科技拨款344.94亿元，比2012年增长了39.8%，占地方财政总支出的比重为4.1%，在近五年中达到新高。2013年，广东共有R&D人员65.24万，居全国之首，高层次人才队伍建设不断加强。自2009年开展引进人才项目，截至2012年9月，共引进3批57个团队，汇聚高层次人才近500名。共吸引高层次人才1620人，培养博士后、博士、硕士等科研骨干2109人，带动集聚各类人才近6000人，"以才引才、以才育才、以才聚才"效益凸显。

截至2012年底，全省专业技术人才总量达455万人，具有高级职称或博士学位以上的高层次专业技术人才达26.3万人，其中包括院士107名、享受政府特殊津贴专家5205人、"新世纪百千万人才工程"国家级人选82人，累计招收博士后5300余人。创新人才培养平台不断完善，截至2012年年底，全省博士后科研流动站137家、科研工作站205个，在培养科技人才上发挥了重要作用，科研成果更加丰硕，对经济发展的贡献更加明显。

三、公共服务平台建设进程加快

广东的科技创新载体即科技创新公共服务平台的建设不断推进，截至2012年底，全省共有21家高新区，包括9家国家级高新区。各高新区建立了技术研发、检测、物流、培训、专利、投融资等公共服务平台220家，并积极开展科技企业孵化器建设工作，建有各类科技企业孵化器50多家，孵化场地面积超过500万平方米，科技企业孵化器实现全覆盖。当前，累计共有大学科技园8家，在推动广东科技成果转化、高科技企业孵化培育、创新创业人才培养等方面发挥了较大作用。产学研创新平台的建设也在不断深化，2008年，广东率先试点科技特派员计划，157名特派员入驻154家企业，截至2012年年底，全省派驻企业的科技特派员达6200名，各类产学研合作技术创新平台总数超过1500家，产学研创新联盟总数达103家。近年来通过产学研合作，从省内外引来教育部属高校、科研院所与广东企业合作，逐渐形成了科技、人才资源集聚的"洼地"，打造了独具特色的开放型区域创新体系。

四、创新政策体系逐步完善

随着创新型广东战略的实施，广东近年来不断完善创新政策方针建设，形成了包含创新纲领、创新税收政策、知识产权保护政策等在内的覆盖面广、指导性强的创新政策体系，并于2011年率先出台了我国第一部促进自主创新的地方性法规《广东自主创新促进条例》，推进我国自主创新法制化建设。2012年，加快制定《广东自主创新促进条例》的相关配套政策，正式出台配套政策5项。形成了以《珠江三角洲地区改革发展规划纲要（2008—2020）》《广东自主创新规划纲要》《广东建设创新型广东行动纲要》《广东促进自主创新若干政策》《关于提高自主创新能力提升产业竞争力的决定》为代表的纲领性文件体系，全方位优化创新环境，指导广东科技创新的全局发展。不断完善自主创新政策体系，推动民营科技园建设指导意见、促进科技服务业发展等多个重要政策文件的出台。2012年，通过了《广东改善创新环境五年行动计划》，不断加快广东自主创新战略实施步伐。出台了《广东企业研发机构"十二五"发展规划》，促使企业加快成为技术创新主体。制定《广东省省级科技计划管理改革实施方案》以及广东省省级科技计划项目立项、监督管理与考核评价、结题验收等3个内部工作规程，推进省级科技计划管理的科学化、规范化，推动广东科技创新政策体系进一步完善。

五、创新与金融结合日益紧密

近年来，广东一直在积极探创新技与金融紧密结合的路径，不断推进不同类型的科技金融合作，引进了风险投资、小额贷款、科技担保多种创新服务。政府与金融机构展开全面合作，先后与国家开发银行、中国银行等机构签订协议，通过探索科技与金融合作的新机制，帮助更多科技企业解决融资难题。在各地市启动科技金融试点工作，广州、深圳、东莞、珠海等市不断探索科技金融结合创新模式，走出了一条有效的道路。2012年，出台了《关于推广三资融合建设模式促进我省民营科技园发展的意见》，不断推广番禺节能科技园土地资本、金融资本、产业资本的"三资融合"模式。同时，稳步推进"广佛莞"科技金融结合试点工作，推动具有广东特色的"红土"基金发展。

2014年，广东科技金融综合服务中心成立，中心联合投融资机构、高校等专业服务力量，旨在为科技型中小企业提供投融资策划、融资担保、上市辅导等咨询服务，创建全省科技金融综合服务品牌，标志着覆盖全省科技金融服务网络轮廓初现。

六、特色专业镇加速转型升级

上世纪90年代以来，在镇域空间上出现了一种集群经济形态——专业镇。专业镇以小企业为主，产业密度大，大大降低了企业的生产成本和交易成本。2000年，广东启动了专业镇技术创新试点工作，成为区域科技创新发展的重要一环。经过10多年的快速发展，广东专业镇规模不断扩大，能力不断提升。

2012年底，专业镇总数达到342家，2012年全年创造GDP为1.75万亿元，占全省GDP比例高达31%。当前，广东专业镇已成为我国乃至世界电视机、空调、陶瓷、铝材、服装、玩具、灯饰、家具、皮具、珠宝等产品的重要制造业基地。专业镇的发展为广大中小企业创造了发展的平台,提升了小企业的技术创新能力,对于广东区域创新能力的提升具有十分重要的作用。当前,专业镇进入了转型升级的发展新阶段,广东省积极开展"一校(院所)一镇"产学研全面战略合作的推进工作,通过合作建设技术创新平台、公共服务平台,开展技术攻关、成果转化、人才培养等产学研合作工作,全面提升专业镇的自主创新能力,截至2012年年底,已有中山大学、电子科技大学与古镇、石龙镇等十多个校镇确立了合作关系。专业镇科技创新公共服务平台建设工作稳步推进,全省专业镇共建有技术创新公共服务平台276个,平台对外服务企业近5万家,培训人员超过21万人次,为专业镇做大做强优势特色产业提供了良好的支撑平台。

第三节　广东区域创新体系建设的战略新思路

珠三角改革与规划纲要明确提出,完善自主创新的体制机制和政策环境,构建以企业为主体、以市场为导向、产学研结合的开放型区域创新体系,率先建成全国创新型区域,成为亚太地区重要的创新中心和成果转化基地,全面提升国际竞争力。目前,珠三角地区在发展过程中正面临高新技术产业发展和企业竞争力的新挑战。根据广东省科技厅高新产业发展规划,"十二五"期间广东科技发展思路将重点在产业发展、知识创新、服务民生三个层面展开战略部署;加强开放型区域创新体系、现代产业技术支撑体系、社会发展科技服务体系、自主创新政策法规体系四大体系建设;优化珠三角、东西两翼以及粤北山区三大空间科技资源布局。要实现广东高新产业规划,构建全新的区域创新体系,建议做好以下几个方面:

一、构建开放的生态型区域创新体系

这一体系包括四个层面,一是把广东区域创新体系放在全国创新体系大背景下,着手考虑区域创新体系与全国创新大系统的联系。从区域范围来看,广东应当成为亚太地区重要的经济中心和创新中心,要把广东创新体系的外延扩展到华南、华东、东南、西南和更大的亚太区域,加强关联产业的发展,形成以珠三角为龙头和辐射源,周边地区为发展空间的大区域创新网络。二是充分发挥广州和深圳"双核"的引领作用,推进珠三角区域内主体间的互动和合作力度,明晰各城市的功能定位,形成优势互补的珠三角区域创新体系。三是高新技术产业与科技服务产业的统筹协调发展。四是高等院校、科研院所、高新技术企业、传统产业企业各个创新主体之间以及主体内部要发展多种形式的网络联系,互相促进、共生发展。

二、实施现代产业体系下的产业创新战略

产业创新战略是区域技术创新的核心内容。一是培育发展战略性新兴产业。根据广东省产业体系建设总体规划,重点发展高新技术产业,比如电子信息、生物医药、新能源、新材料、节能环保、海洋生物、航空航天等领域,向产业链高端环节延伸,形成具有国际影响力的十大高新技术产业基地,构建产业优势,在发展企业规模与产业多样化的基础上,逐步培育出一批技术创新领先的大企业,并选择若干重要产业,建立一批产业技术创新战略联盟。二是发展知识产业及科技服务产业。1. 研发产业化,鼓励科研院所及高校加强面向市场的研究和开发改革,紧密联系企业,建设联合研究开发基地和合作开发、委托开发项目;2. 发展科技成果孵化型经济,转变科技成果转化方式,采取市场化运作,大力发展科技成果孵化型经济,将成果孵化后再转让给其他企业,促进科技成果增值;3. 科技咨询服务,利用珠三角人才优势,大力发展金融、法律、技术、管理等知识密集的咨询

业；4. 培养研发人才，提高人才投入力度，将研发人才的培养与吸纳结合起来，建设珠三角区域创新人才高地。

三、改革广东区域创新体系建设的体制机制

一是加大政府协调R＆D活动的力度。政府应努力构建一个引导企业、科研院所进行R＆D结合的制度框架，促进企业自觉地提高基础研究的经费投入，使企业、高校和科研院所在R＆D资源和管理活动、组织活动中能有效地融合在一起，从而使技术知识变成可交易的产品和服务，并切实加强基础研究带来的公共知识储备，增强可持续发展的后劲，形成R＆D活动良性循环。为此政府须从市场化的视角制定各项旨在促进基础研究合作、推动企业自主创新、加强科研人员流动、鼓励体制结合的相关政策，包括：1. 减轻R＆D管理负担的调整改革政策；2. 有利于资本在科研院所流动的金融财政政策；3. 改善不同层次的政府之间互补合作的区域政策等等。

二是构建知识密集型创新服务体系。根据发达国家R＆D活动经验，研究与开发活动的绩效不仅取决于企业、科研院所及高校等单个机构的活动，而且取决于这些机构之间的相互影响，以及知识密集型中介服务机构的支撑。知识密集型中介服务机构对于通过R＆D投资获得经济效益和社会效益来说是关键因素。因此，广东应大力发展以各类生产力促进中心、技术评估机构、风险投资机构等为主的知识密集型服务业，并真正建立政府起引导作用的运作机制，发挥其在科研院所、企业以及市场之间的"助推器"作用，加强这些机构与市场的有效互动，提高R＆D活动的效率和效益。

三是有效整合科研院所、高校和企业科技资源。政府应制定多种合作计划和相应的激励措施，克服阻碍科技资源合作的体制和文化因素，促进广东地区各种R＆D机构之间的合作，整合科研院所、高校和企业科技资源，形成行之有效的广东区域创新互动模式和以产业群为基础的R＆D配置网络。1. 建立相应机制，引导科研机构通过合约研究和专利方式来加强自我支持的能力；

2．通过金融、财政措施，改善不同性质、不同领域机构的相互合作关系；

3．加强科技公共信息平台的建设，使科技交流更频繁、更广泛。

四是充分利用国际创新资源。政府应制定相应的政策和激励措施，使国内外的 R&D 资源能在广东地区聚集。1．建立科技项目及人员派出机制，增加参与国际合作研究的机会，提高本地基础科技能力；2．加强高新技术产业中经费投入，吸引国外资金和国外科研人员的加盟；3．改善科研环境，提高从全球范围内吸收科研资源的能力，并使广东成为创新极具吸引力的地区。

第四节 企业创新能力的提升

企业是产业创新的主体，尤其在新兴产业中，企业创新能力的提升与发展促进产业的创新与发展。企业创新能力就是企业在多大程度上能够系统地完成与创新有关的各项活动的能力。

一、企业创新能力的内涵与模式选择

（一）企业创新能力的内涵

企业创新能力包括：一是在技术上，企业能否将科学的概念转化成为用户开发的产品，并且生产、制造和提供给消费者；二是企业提供的产品是否能被用户认可，企业能否有效地说服用户接受自己的产品；三是企业是否能有效地管理这一过程，并获得一定的财务回报。提升企业的创新能力就要从这三方面着手，提升企业的技术创新能力、市场创新能力、整合创新能力。

1912年美国哈佛大学教授熊彼特在其出版的《经济发展理论》一书中首

次提出了创新理论。他认为创新就是要建立一种生产函数，实现生产要素的从未有过的组合，并从企业的角度提出了产品创新、工艺创新，市场开拓创新、要素创新和制度创新等五个领域的内容。20世纪50年代以后，创新理论主要朝技术创新和制度创新两个方向发展[①]。目前国内外对企业创新能力的研究成果，比较普遍的观点认为：企业创新能力是企业以自我为主导，通过对内外创新资源的有效整合与运用，获得核心技术成果，并将之转化为市场需求的产品或服务，打造形成自主品牌，从而获得持续竞争优势的能力。企业作为我国市场经济体的主要单元，既掌握第一手的市场需求信息，又直接决定着创新成果的应用和转化。因此，提升创新能力应该突出企业的创新主体地位，把提升企业的创新能力放在首要位置。当前，我省急需通过技术创新来提高在全球价值链分工中的地位，因此，提升企业创新能力应以技术创新为主。

（二）企业创新能力提升的模式

20世纪90年代以前，世界各国的企业主要采取封闭式创新模式，即从创意产生到产品开发最终形成产品并使之商业化的过程，都在企业内部完成。这种模式在工业化发展时期取得了良好的效果。20世纪90年代以来的知识和资本的全球化以及技术更新速度的加快，使得"封闭式创新"已难以满足市场变化和企业发展的需求。2003年，哈佛大学教授亨利·切萨布鲁夫首次提出了"开放式创新"的理念，为企业走出"封闭式创新"的困境、维持竞争优势提供了一种全新的创新模式。开放式创新是指企业在技术创新过程中，同时利用内部和外部相互补充的创新资源实现创新。开放的本质是外部创新资源的获取和利用，强调企业对内外创新资源的整合。[②]"开放式创新"加

---

① 赵国珍：《论技术创新与制度创新的和谐互动》，《中共浙江省委党校学报》，2008年第3期，118页。

② 陈裕芬：《开放式创新：提升中国企业自主创新能力》，《科学与科学技术管理》，2009年第4期，82页。

快了创新速度，降低了创新成本和风险，被世界各国的企业所广泛采用。

"开放式创新"的主要模式包括产学研合作、企业技术联盟、技术并购、技术购买与技术外包、技术转让等。长期以来，大学、科研机构及国有大型企业在我国自主创新中有着得天独厚的知识、技术、人才优势，而大多数企业，特别是中小企业、民营企业则处于相对弱势的地位，决定了我国的大多数企业没有能力单独完成技术创新，通过产学研合作和企业技术联盟来进行自主创新的是较为现实的选择。同时，"开放式创新"建立在对内外部创新资源的有效整合，以及对环境条件的主动适应的基础上，其过程不仅受到内部条件的约束，而且与区域创新环境因素密切相关，再加上由于技术创新的复杂性和风险性都很高，单靠企业自身是很难完成，导致企业往往产生"创新惰性"，创新动力不足。因此，提升企业自主创新能力不应单从企业本身着手，还应该以企业为核心建立区域创新体系，把企业纳入区域创新网络，实现企业创新能力与区域创新能力的互动提升。

二、广东企业自主创新能力建设的成效与不足

自主技术创新能力是企业生存与发展的前提之一，是社会经济可持续增长的重要源泉。在全球化和知识经济时代，技术水平是产业发展的制高点，技术创新能力是决定产业竞争力的关键要素，广东就发展新兴产业而言，企业自主创新的任务仍非常艰巨。现阶段，广东企业的总体能力还不足以单独支持面向未来技术发展态势的创新研究，需要政府加强资源整合，动员和促使企业联合起来，集中力量，才能形成先期的创新突破势能。

（一）广东企业自主创新能力建设的成效

广东企业已显现出作为技术创新的主体地位，企业在新兴产业方面的自主创新能力建设进一步加强。

1. 企业成为广东技术创新投入与产出的主体

目前企业已成为广东技术创新投入与产出的主体，七成以上科技活动机

构设在企业,近八成科技人员分布在企业,八成以上科技经费来自企业以及近七成高新技术产品由企业主导开发。

(1)七成以上科技活动机构设在企业

全省2527个(截至2016年,后同)科技活动机构中,企业有1856个,占73.5%;181个国家级和省级工程技术研究开发中心主要依托这类企业建立,所依托企业工业总产值占全省工业总产值20%以上。

(2)近八成科技人员分布在企业

全省27.76万科技活动人员中,79.3%进入了企业,其中深圳市90%以上的科技人员集中在企业。

(3)八成以上科技经费来自企业

全省科技投入362.96亿元,其中企业占总投入的87.7%。企业、科研机构、高等院校筹集的科技活动经费比例为88:8:4。

(4)近七成高新技术产品由企业主导开发

全省生产的64630个高新技术产品中,企业主导开发占70%以上。但总体看,高技术含量产品比重偏低,专利产品占30.37%,国际先进水平的只占24.7%,国际领先水平的仅占5.7%,高新技术企业成为广东省技术创新的主力军。2016年,全省已认定的高新技术企业共23070家,国家级重点高新技术企业1180家,占全国总数的11.8%。生产的高新技术产品实现产品销售收入61440.62亿元,利税7860.42亿元。累计承担国家和省级计划项目12000项。企业依靠境内自身技术力量研究开发并有自主知识产权的产品数占73.3%,其中由企业自主开发的占55.9%,技术来源于国内研究机构、高等院校和其他企业的占5.3%。[1]

2. 代表性行业的企业创新能力逐步提升

根据广东省统计年鉴可知,2015年九大支柱产业总产值占全省规模以上

---

[1] 数据来源:《广东省2016年统计年鉴》。

工业比重为73.4%，2016年更上升到75.1%，主导地位进一步加强。不同行业的企业技术进步和创新路径不同：

（1）IT类企业在引进发展壮大中逐渐具备自主研发能力

2015年全国电子信息百强企业中广东省企业有240家，通过引进国内外技术和资金，不断发展壮大起来，如TCL、中兴等。全国14家重点通信设备企业中近一半集中在广东省。这些企业普遍建立了自己的研发中心，自主知识产权不断增加，但由于核心技术、关键技术掌握在境外企业手中，与美国等发达国家不在同一起跑线上。一些龙头企业在自主创新上起到较好的表率作用。中兴通讯至2016年6月累计申请国内专利突破6万项，其中国际专利申请近3000项，牵头起草国内行业标准1000多项。华为、中兴所生产的数字程控交换机等通信产品，已达到国际先进水平。

广东软件业企业虽然缺乏操作平台及CPU研发能力，但具有很强的功能应用开发和系统整合能力，已具高端学习能力，引进技术由仿制——仿创结合——自主创新，不断提高国产化率；汽车及家用电子芯片的替代性产品研发正蓬勃展开；能够立足于引进消化再创新以及集成创新。

（2）医药类龙头企业科研力量较强，创新势头良好

广东省医药产业在资产规模、产业化和市场化等方面具有一定的优势，尤其在中药、生物制药领域全国领先。广药、三九、丽珠等一批企业不断发展壮大，产业资源进一步向优势企业集中，一批产品和品牌具有较高的市场知名度。如广药集团通过建立四个研发平台，在"十三五"期间研发投入272亿元，发明专利从"十二五"的500项升为790项（已经获授权150项），国家重点实验室——药品安全评价中心通过验收。但企业的产业集群化程度仍不高，缺乏一批国家级的药物研发机构，地方基础研发机构的科研开发、成果产业化能力有待提高，企业的研发体系还需进一步建设与完善。

（3）纺织服装类内资企业加大投入有望取得创新突破

纺织业是传统支柱产业，2015年纺织品服装出口1420.7亿美元，占全国

的23.1%。规模以上企业中，外资企业占2/3强，由于在传统产业领域，外资逐渐退出或转移，技术创新投入不足。据全国R&D资源清查统计，广东外商及港澳台投资企业R&D投入占其增加值比重只有0.84%，明显低于内资企业的1.24%；加工贸易和贴牌生产仍是主要生产方式，设计力量薄弱，研发投入少，产品功能、质量创新、技术创新等相对滞后。内资企业近年来通过引进新型无梭织机、印染后整理设备、新型化纤生产线等先进技术装备，竞争力有所增强，如果今后能够加大投入，将在这些领域取得更多原创性创新成果。

3. 省级企业工程中心成为企业创新的重要支撑

在省科技厅等部门大力扶持下，省级工程中心建设取得了显著成果。近些年累计政府拨款近70亿元，建立了覆盖全省21个地级市企业的省级工程中心1890个，取得国际领先成果1390项，国际先进成果17960项，在行业技术进步中发挥了关键作用。

4. 产学研合作势头良好

广东中小企业自身科研实力有限，以企业为主体逐步形成优势互补、风险共担、利益共享的产学研合作关系。从1992年起，广东省企业同200多所高等院校和研究所建立长期、稳定的合作关系。2000年以来，实施近100项重大技术创新项目、高技术产业化项目和博士后课题合作项目，高校与企业的信息交流渠道顺畅。至2016年年底，广东省已设立博士后科研流动95个，企业博士后科研工作站178个。据统计，企业博士后在站期间，人均获专利0.5项以上，完成3项以上技术创新项目，经济效益显著。

（二）广东企业创新能力建设存在的不足

1. 广东省企业自主创新能力不足的表现

（1）关键技术自主创新能力较弱，核心技术受制于发达国家

以数字电视技术专利为例，据官方统计，截至2016年年底共有专利24570件，其中72%被日、美、韩企业所拥有，广东企业仅拥有不到100件。

高新技术出口产品中，有77.3%的出口额是由来源于国外或港澳台地区的技术创造的。关键核心技术和设备如CPU、集成电路、通用软件等严重依赖进口的局面并无改变，受发达国家的技术控制，难以获得高额的产品附加利润，严重影响了企业的获利能力。

（2）总体上仍以引进创新和集成创新为主，原始创新不多

企业自主创新的意识和能力不断加强，一批大企业重视技术引进和技术改造，成为行业的排头兵。但从技术含量最高、最能反映自主创新成果的发明专利看，截止至2016年年底，广东十大企业集团累计获授权发明专利仅2040件，申请国外专利2240件；华为公司累计申请专利29440件，其中获得授权发明专利在5%以下。近10年，企业发明专利不断增长，但绝对量仍然很小。

以2016年广东高新区企业产品为例，发明专利产品只占总品种的5%，总销售额的13%；常规产品却占总品种的82%，总销售额的70%，高新区技术产品的技术来源。

优势企业处于产业链低端，即使生产制造技术极为成熟的家电企业，也缺乏核心技术，许多核心部件依然依赖于进口，参与国际市场竞争的主要优势在于廉价劳动力决定的低成本，局限性很大，无法取得国际市场控制权。

（3）对共性技术创新较缺乏动力

企业技术引进、技术改造和自主创新的需求基本来自市场，以适用技术研发为主，对前瞻性技术的研发投入少，技术储备深度不够。而共性技术的研发投入巨大，中小企业难以承担共性技术进入产业化生产前的开发风险，而且，技术越先进，开发风险越高。同时由于企业的自我利益观念很强，核心技术一般不愿意开放，如深圳市政府也曾推行过公共技术平台，但企业反应冷淡，积极性不高。

（4）创新投入总量逐年增长，但多数企业缺乏可持续投入

近年来，广东企业研发投入逐年增加，从2009年的520.4亿元增加到2016

年的1230.6亿元。不过，80%以上的中小企业科技人员比例和研发投入比较低，虽然很多企业设立了研发部，但没有稳定的投入机制，总体上缺乏自主创新的条件。在2016年，广东企业技术开发经费支出比上年增长13.50%，但占产品销售收入的比例为1.79%，比上年反而降低0.13个百分点。

创新投入不足是广东大部分企业的现实。作为家电王国的广东，2016年TCL、科龙和康佳3家的技术开发经费加起来才110.4亿元，而同行海尔却达到390.81亿元，差距悬殊。创维、格力、长城国际、广汽集团等广东50强，都没有进入技术开发经费支出前100名。

（5）企业自身设立科技机构比例下降

2016年全省大中型工业企业有开展科技活动的企业9020家，占全部企业的33.7%，比上年减少8.8个百分点；而建立技术开发机构的企业仅549家，占22.2%，比上年下降了2.2个百分点，这一比重已经连续两年下滑。从全省看，70%以上企业没有建立科研机构。从连续10年的调查结果表明，有技术开发机构的企业一般都有开展科技创新活动，所以建立机构是促使企业开展科技活动的突破口。[①]

2. 创新能力培育不足的原因

（1）专利保护不够，产品仿冒严重

知识产权制度使科学技术创新机制合理化、法制化，是创新最有力的杠杆。但目前企业专利保护与推广较难，技术创新者利益往往得不到保障。技术偷窃者在实践中仍难以量刑，现行专利法循赔偿性而非惩罚性处罚，难以起到警戒作用。

（2）外商投资技术扩散效应不彰，市场换技术战略失效

跨国公司对行业龙头企业的收购，会削弱企业原有的研发力量，使企业沦为跨国公司在华加工车间，将会形成技术来源基本依靠母公司的格局。如

---

① 数据来源：《广东省2016年统计年鉴》。

欧司朗收购上海灯泡厂后对佛山照明的实质性控股，就是从跨国公司构筑对中国市场的全行业竞争优势，消灭本土竞争品牌战略出发，而后从技术高端控制生产基地。又如，日系汽车在广州至今没有设立真正的研发中心，核心设计技术掌握在日本人手中，只对中方人员指导检测指标，却封锁生产过程的技术标准。

（3）创新资源没有得到优化整合配置

政府部门对企业的扶持缺乏协调，创新扶持政策缺乏连续性，技术成果缺乏共享机制，同质与同构的课题较多，整个社会的创新资源没有形成合力。广东虽拥有众多科研单位和企业技术资源，但大都各自为政，自我发展，造成研发基础设施投资重复，低水平重复研究，没有将有限的资源集约成创新和规模化的能力。

（4）创新平台建设重视硬件，忽视软件，创新效率有待提高

广东各地都重视创新的投入，但往往强调硬件，忽视创新队伍的组建和前期磨合，如广东Linux公共服务技术中心和顺德家用电器研究院启动以来，仍停留在基建阶段。要吸取香港发展高科技的教训，注重优良的硬件建设往往会失去宝贵的时间——香港科学园就是最佳反例。企业科技创新研究的规律是与时间赛跑，一旦落后其他的研发者，最后就会失去市场，失去创新的价值。

（5）对具公益及经济效益但非支柱产业类企业创新欠关注

近年，政府对信息产业创新投入巨大，而对传统产业的再创新重视不足。如交通建筑领域的科研一方面关系到人民生命安全，另一方面其潜在效益非常巨大，政府每年在高速公路上投资约200亿元，若创新技术降低软基施工成本或提高养护水平等，效益十分明显，也能取得原创性成果。

三、广东新兴产业的企业创新能力提升路径[①]

（一）实施建立多功能的产学研合作服务中心计划

针对广东省目前大学和科研机构少，公共科研服务力量薄弱的现实，应建立多功能的产学研合作服务中心，集中各种技术服务力量，形成合力。对于产学研合作服务平台，发达国家已经有了较多的实践，目前国内许多城市如上海、北京等都建立了类似的产学研合作服务平台。根据国内外建立产学研合作平台的实践经验，产学研合作服务中心是由政府引导和监控，以社会资金为主来经营，市场化运作的专业技术服务组织，把现实中的服务中心与虚拟的信息网络相结合，可以以现有的核心工业园区或产业集群为载体设立服务中心，与周围众多的工业园区、专业镇、产业集群及企业等的科研机构进行网络对接，实现实时的技术服务。除了为产、学、研之间的合作提供专门服务外，内部还设立中介服务机构（协会、商会、知识产权交易所以及咨询、评估、法律、会计、招投标等机构）和共性技术研发机构（知名大学、科研院所、实验室、检测中心以及企业研发机构、国际研发机构等），集三大功能为一体：一是企业与大学及科研机构之间的信息传递着和市场规则制定者；二是各种中介服务的集成提供者；三是共性技术的合作研发组织者，从而将企业、大学、科研机构、检测中心、中介机构及国际国内知名实验室、设计室等创新主体紧密联系起来，为企业技术创新提供全方位服务。

（二）实施企业成长路线图计划

实施"路线图计划"，针对战略性新兴企业种子期、初创期、成长期和成熟期等不同成长阶段，分别实施资助、投资、银行贷款、创业培训、改制上市等全方位支持。使企业成为科技创新的主体、要建立和运行"三全一协同"的全面创新管理体系。"三全"涉及以技术创新为核心的企业全要素

[①] 王红军：《战略性新兴产业创新能力评估及提升路径研究》，《技术与创新管理》，2016年第5期，419-423页。

创新：包括文化、制度、管理、战略等；涉及企业内外的所有利益相关者的全员合作与参与创新、包含整条价值链协同创新和产学研合作创新；全时空立体化创新：涉及全时、全球化、全流程创新等全时空维度的立体化持续创新。"一协同"是指所有创新要素在时空范围和全员参与背景下的协同创新，即全面协同创新。

（三）建立企业技术联盟，提高产业集群创新的内生动力

大企业在资金和技术方面实力雄厚，应引导和鼓励企业集群内的企业以大企业为核心建立技术联盟，发挥大企业对产业集群创新的示范和技术溢出效应，带动为之配套服务的广大中小企业进行技术创新。同时，通过发展专业化的中小科技型企业、支持行业龙头企业建设个研发中心、吸引跨国公司在集群内设立研发中心、鼓励本地企业与外资建立合资研发中心等举措，构建产业集群内部自主创新体系，提升产业集群自主创新的内生动力。另外，针对广东省本地企业即产业集群品牌影响力不强的现实，大力推动集群内企业从OEM（贴牌生产商）向ODM（原始设计制造商）、OBM（原始品牌制造商）转变，支持现有品牌做大做强，逐步形成一批具有全国乃至国际影响力的知名品牌，以品牌建设拉动自主创新能力提升。

（四）构建和有效运行新兴产业创新体系

要从三个维度建构新兴产业创新体系：第一，把企业建设为创新网络的节点。确立企业的创新主体地位，推动产业内新技术的产生。第二，建立水平和垂直的创新链。以产业链为基础，使业务相关和互补的节点组成水平创新链；上、中、下游节点组成垂直创新链，推动产业内新技术的转移和扩散。第三，建立创新网络。水平创新链、垂直创新链与外部的高校、科研院所、金融机构、中介组织等形成产业创新网络，实施协同创新，推动产业升级和核心竞争力的提升。在此基础上要有效运作产业创新体系，完善产业创新投入—产出—效益评估的全方位创新机制，努力践行其运行机理。

(五)建立和完善新兴产业创新平台

尽快把广东新兴产业九大领域项目纳入到国家战略性新兴产业发展总体规划布局体系。搭建和完善广东战略性新兴产业7大创新公共服务平台,包括产学研服务平台、人才服务平台、产业信息服务平台、融资服务平台、政策法规咨询服务平台、技术创新和推广服务平台、产品质量检测服务平台。有了这些平台,可以加快产业创新资源聚集和区域服务水平提升,为战略性新兴企业的创新能力建设提供很好的环境支撑。 总之,新兴产业是新兴科技与金融、工业、商业的深度融合,既代表着科技创新的方向,也代表着未来产业发展的方向,是推动产业和经济结构升级的重要力量,是后发区域抢抓产业机遇,实现赶超发展的战略选择。我们可采用基于德尔菲法的模糊综合评价法建立模型对新兴产业进行创新能力评估,并通过企业—产业—政府联动的创新能力提升路径和机制,来推动产业的发展。

第五节 产业创新体系的构建

一、产业创新体系及构成

产业创新体系指的是以产业链条上各企业为创新主体,构建企业之间以及企业和高校、科研机构、用户和供应商、金融机构、政府之间的联系网络,实现自主技术创新和产业升级。产业创新体系的实质是联系,即把企业和其他各次要参与者的创新活动联系起来,以技术创新为核心,形成集成创新能力,使创新活动个体的创新成本降低,效益最大化,由此推动产业内新技术或新知识的产生、流动、更新和转化,促进企业创新能力的形成和产业竞争力的提高。

产业创新体系由三个部分构成（见下图）。第一部分是产业创新体系的主体，包括主要参与者—企业，次要参与者—高校、科研机构、中介服务机构、金融机构、用户和供应商、政府。第二部分是产业创新体系的资源要素，包括高校和科研机构提供的知识资源、技术资源，政府为促进产业创新提供必要的科技基础设施建设，中介服务机构提供的技术市场、咨询和创业中心等服务，这些都是实现产业创新所必不可少的资源。第三部分是产业创新体系的对象要素，主要指通过产业创新体系实现的技术创新、组织创新和管理创新，产业创新体系的主要功能就是通过产业内企业之间以及企业和其他次要参与者之间的信息交流、知识共享与传播、人才流动、设施共享，促进产业内企业实现技术创新、组织创新和管理创新。第四部分是产业创新体系的运行机制。这是一整套规范产业创新体系主、次要参与者行为的规则和惯例，既包括政府为了促进产业创新体系的形成和完善而给予的必要法制调控和政策引导，也包括行业协会提供的一些标准和规则，以及产业创新体系自身在形成和发展过程中产生的相关机制，约束相关参与主体的行为，促进产业创新体系协作能力和服务功能的提高。

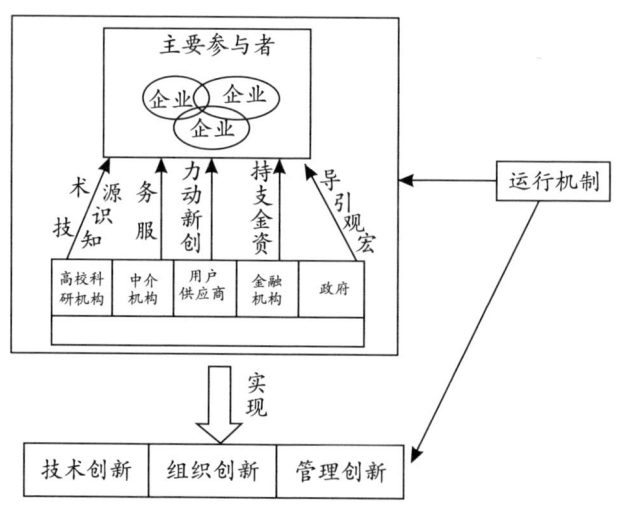

图25　产业创新体系的构成

新兴产业如果建立了完善的产业创新体系和健全的产业创新机制，就能相应降低新兴产业内创新主体进行创新的成本和风险，从而有助于使整个产业的创新活动形成良性循环①。

二、广东构建产业创新体系的现状分析

（一）广东构建产业创新体系的成效

改革开放三十多年，广东经济高速发展，技术水平明显提升，以市场为导向、企业为主体、产业化为目的、产学研结合的产业创新体系逐步完善，科技支撑经济社会发展的能力进一步增强，产业创新能力已经跃居全国第一梯队，创新的经济绩效、企业创新能力等都领先全国，区域产业创新环境得到了进一步优化。

1. 区域产业创新体系不断完善，对区域创新支撑能力不断提升

一是创新投入力度不断加大，区域产业创新能力不断提升。2018年广东全社会研发经费投入接近约2700亿元，是2008年的5.4倍，2008—2018年R&D经费投入年均增长18.8%；2018年R&D经费投入占GDP比重超过的2.7%，比2008年提高0.84个百分点。据科技部监测结果，自2008年起，广东区域产业创新能力连续6年排名位居全国第二位，在5个一类指标中，创新环境、创新绩效等指标稳居全国第一，企业创新能力名列第二。2016年，广东专利申请量260万件，增长15.1%，专利授权量已经达到170万件，增长10.9%。2016年广东有效发明专利拥有量达95475件，居全国首位，专利密度901.2件/百万人，保持全国第三位，仅次于北京和上海，位居各省份之首。广东PCT（专利合作协定）国际专利2013年申请量突破1.1万件，大幅增长25.1%，占全国比重提高至55.2%，稳居全国首位。

二是创新平台建设不断完善，对产业创新能力提升奠定坚实基础。2016

---

① 数据来源：《国家知识产权局2016年统计年报》。

年广东拥有国家工程实验室8家，截止2018年底，我省有国家工程（技术）研究中心23家，国家地方联合创新平台31家；2018年广东新增1136家省级工程技术研究中心，累计达5351家，国家级企业（集团）技术中心达到74家，省级企业技术中心591家（不含深圳），拥有广东省战略性新兴产业基地42家；现已建成孵化器达962家，众创空间886家；其中，国家级孵化场地面积已经超过1200万平方米，全省在孵企业近3万家，孵化器内高新技术企业达2260家，毕业企业累计上市（挂牌）企业580家，培育了一批高成长性企业，支撑实体经济发展效益突出。借助国家级重大科学工程与基础平台的建设推进，广东产业创新能力不断提升。2016年，广东牵头承担的国家重大科技项目（工程）继续呈现增长态势。在核心芯片、云计算集成与应用、新一代移动通信技术、新型电池、数控一代、装备制造、新材料、新能源等高端领域取得一批自主知识产权的核心技术，形成一系列产业发展的新增长点。

三是开放式技术创新体系建设稳步推进，产学研合作水平不断提高。2018年广东省新型研发机构25家。国际科技创新合作水平不断提高。以广东—独联体国际科技合作联盟为例，该联盟经过几年发展，辐射延伸的作用不断显现，带动各地大规模开展以国际科技合作为特色的科技创新。该联盟已在广州、惠州、清远、顺德、东莞、广州经济技术开发区建立了六个分中心，仅以广州经济技术开发区为例，联盟针对广州开发区的战略发展方向和产业布局，合作建设专注于新材料、新能源和新一代电子信息技术的"广州——独联体国际联合创新中心"，重点加强开发区的院士工作站的建设，引进独联体高端人才来开发区创新创业。①

2. 产业创新政策体系进一步完善，为产业创新提供了制度保障

一是创新环境不断优化，为科技创新提供有效保障。广东省率先在全国出台首部地方性自主创新促进条例——《广东省自主创新促进条例》，并在此基础上积极落实企业研发费用税前扣除、高新技术企业税收优惠等国家财税优

---

① 数据来源：《广东省2016年统计年鉴》与《国家知识产权局2016年统计年报》。

惠政策成效显著,帮助企业减免税收预计超过80亿元。为促进高水平产学研合作,广东相继出台《广东省人民政府教育部关于加强产学研合作调高广东自主创新能力的意见》《广东省教育部科技部产学研结合发展规划(2007—2011年)》《广东省人民政府中国中国科学院全面战略合作规划纲要(2009—2015)》等多项政策措施。此外,广东还出台《广东省人民政府办公厅关于促进科技和金融结合的目标要求》,分别从创业投资、科技信贷、资本市场以及科技金融服务体系和体制机制等四个方面促进科技和金融结合工作。

二是推动科技体制改革创新,完善创新驱动发展新机制。以组建工业、农业、社会发展和科技服务业等四大主体科研机构为重点,广东深化省属科研机构改革,充分发挥省属科研机构在科技创新中的骨干作用。广东积极落实国家扶持民办非企科研单位财税优惠政策,加大对新型科研机构的扶持力度。促进高校、科研院所和企业科技资源的整合优化和共建共享。深化科技管理制度改革,加强科技管理顶层设计和科学评价,通过分权制衡、流程再造、功能优化,公开透明,规范科技计划立项程序、评价体系和监督机制。全面实施重点重大科技项目预算评审制度。积极探索建设专家库,完善评审专家信用评价制度。

三是创新产学研合作新机制,提高协同合作创新实效。广东省结合国情省情,逐步建立了"三部两院一省"的合作格局,先行探索在顶层设计、专项组织、专项布局、项目管理和经费投入等方面的新机制。如建立高层会商需求驱动的顶层设计机制。三部两院一省主要领导利用每年两会、举办会议、考察等机会就深化省部院产学研合作的具体问题进行磋商,克服了地方政府跨区域整合创新资源的局限。成立了省部产学研结合协调领导小组,具体负责省部产学研合作各项工作。建立了多层次多主体协同合作的开放联动机制。逐步形成省市、校地、校企多层次联动,地方政府、高校、企业、研究机构、中介服务等多主体协同的机制,实施科技特派员计划,形成了点线面结合的系统推进机制,示范带动广东省产学研合作工作向纵深发展。建立了持续推动产学研合作的动态调整机制。根据不同时期经济社会发展需求，适时调整资助重点和对各类合作模式的资助方式。

（二）广东构建产业创新体系面临的问题

1. 政府创新体系建设投入不足，规划引导作用不强

政策支持不足，缺乏对构建产业创新体系的系统规划和战略定位，产业创新组织的发展处于自发状态，政府在重大技术创新方面缺乏有效引导。产业创新项目，培育周期较长。尽管每年省政府都会从本级财政拿出相当规模资金用于扶持企业自主创新，但为了体现公平，这些资金往往平均投放出去，结果造成需要集中资源、长期扶持、重点建设的产业创新项目和技术所需资金不足，影响创新成果的产业化。

2. 缺少具有产业创新能力的创新组织，创新技术不全面

尽管我省形成一批创新型企业，但相比广东经济大省地位而言，创新型企业还是相对较少，尤其像华为、中兴、格力等具有集成创新优势的大型综合性创新组织更少。很多大型企业虽然具有一定的研发实力，但产业创新能力不强，带动行业发展的关键性技术少，技术研发集中在引进和消化阶段，核心技术在外，不利于战略性新兴产业的形成和发展，更难以占领产业发展的制高点。很多大型企业都成立了专门的R&D机构，企业创新网络正在形成，部分企业已有较强的创新能力。但总体看，企业研发管理及内外创新网络整合的能力较弱，覆盖企业产品、工艺、市场营销和服务整个创新价值链的组织管理水平不高。一些企业缺乏有效激励自主创新的机制，导致创新信心和动力不足。在产业发展上重技术引进轻消化吸收，未能真正实现产业创新体系建设。

3. 在全球价值链中处于弱势地位，产业创新体系构建的支撑力不足

改革开放以来，广东企业积极利用改革开放政策优势，通过充分发挥土地和劳动力低成本比较优势，以代工或贴牌方式，参与到主要由跨国公司主导与控制的全球价值链分工体系中，迅速发展起以出口为导向的加工制造业，实现了贸易量的迅速扩大和制造业的高速成长，形成了企业制造力的支撑，"广东制造"虽已融入到全球价值链体系，但整体还处于价值链的中低端，缺乏价值链控制权和支配权，在价值链利益分配中处于从属地位。在生产者驱动价值链体系中，广东企业受制于发达国家跨国企业对核心技术以及核心元件、零部件的研发、生产的严密控制。

4. 科技成果产业化能力弱，创新组织之间联系不紧密

科技成果产业化周期往往较长，它包括产业概念的形成、实验室样机的研制、中间试验运行、定型生产、大规模推广等多个阶段，只有完成各阶段任务，科技成果产业化才能顺利实施。我省大型创新组织的科技成果产业化能力还有待增强。一方面，我省部分企业在有一定研发能力并能取得原创性创新成果的情况下，缺乏产业化的能力，难以将创新成果培育成为新兴产业。目前我省大中型工业企业新产品销售收入占主营业务收入的比重为9.9%，而江苏为18%，浙江为21.6%，差距非常明显。这在一定程度上反映了我省大中型企业在新产品开发以及创新成果产业化方面存在着很大的不足。另一方面，科研院所、大专院校提供的科研成果、专利项目多，但满足企业需要、能够有效对接的项目少，造成产学研合作的脱节，游离于企业之外的大量科技资源没有被充分利用，比如一些大型的实验设备和检测设备等。

5. 风险机制不健全，创新投入缺乏有效支持

新兴产业具有高投入、高风险、高汇报的特征，其发展迫切需要通过金融创新来构建风险分担机制和区别于传统产业的特别融资机制，实现新兴产业与金融资本之间的良性互动，从而推动产业规模的不断壮大和产业层次的不断提升。目前，我省资本市场还不完善，风险投资市场发展滞后，如还未建立省级风险投资引导基金，由于大型综合性创新组织缺乏有效的金融支持，从而限制了对产业创新技术的持续投入，进而影响后续创新成果的产业化，部分产业创新只能停留在技术研发的初级阶段。

三、推动广东构建产业创新体系的路径选择

产业创新体系具有一定的开放边界和地域空间，以企业、研发机构、高等院校、地方政府和中介机构为主要的创新主体，构成产业创新体系的社会空间结构。因此，促进广东新兴产业的发展，构建产业创新体系必须结合产业创新条件和特点，突出考虑制度因素对知识产生和知识流动的重要作用，强调知识流作为区域内要素交换的主要形式，鼓励创新主体间利用相近的价值、规范、社会关系等构建关系资本以增强产业创新能力。广东必须加强产业战略的顶层设计，推动有较强创新能力的企业、高校和科研院所向产业创新组织转变，形成产业创新的主体力量，占据自主创新的制高点，形成核心技术的突破，由此促进广东新兴产业发展，并在国际产业链中占据高端位置。

（一）建立并完善产业的顶层设计，选择重点产业领域突破

一是加强产业创新规划引导。结合当前广东的经济发展条件和产业发展现状，在科学预测与谨慎选择的基础上，应抓住新技术革命和新兴产业发展机会，以技术进步进一步推动制度创新，包括产业和市场制度创新等。通过制度协同效应来促进产业优势企业之间的联动创新，在产业间形成合理的经济联动创新，在产业间形成合理的经济联系，加快推进产业创新进程。在政策设计方面要结合产业创新的特点，注重不同产业发展背景下战略决策的连续性及政策制定的系统性，支持横向、纵向及交叉领域的创新，鼓励积聚发展、集群式创新，有效推动科研成果与市场需求的结合。充分发挥政府、企业、高校、科研机构的协同作用，形成完善的共同推动产业创新的高效的支撑体系。通过合作与联盟等多种方式，充分激活与整合相关创新资源和力量，促进产业技术创新的有效生成与转化。

二是明确产业创新体系路线。广东应顺应国际产业发展演变规律，努力把握全球新技术革命发展路径和未来产业发展方向，加快发展新兴产业，

突破关键核心技术，改变价值链低端环节循环锁定的困境，获取经济中长期增长的动力。从全省经济发展战略高度，要瞄准国际未来技术变化路径的前端，积极开展战略性新兴产业关键技术攻关，明确新兴产业创新体系的重点。充分发挥大型综合性创新组织在培育新兴产业中发挥技术引领者的作用，支持大型综合性创新组织结合自身科研实力、人才优势、平台优势等综合性创新优势，进一步加强技术研发，在关键技术领域率先突破，明确新兴产业的发展方向和技术突破路径，为全省新兴产业发展提供方向指导。

三是选择有基础的领域率先突破。应注重集成创新，引进消化吸收再创新的方式，在优先发展的时间顺序和各项资源分配上，把高端新型电子信息、新能源汽车和半导体照明等三大产业为新兴产业首要支持的领域，加快发展步伐。围绕新兴产业重点方向开展大协作、集中攻关，将人力、物力、财力等资源高度集中，形成研发合力，加大对基础理论的深化研究和重大关键技术的攻关力度。同时，我省应加大对我省有实力的大型综合性创新组织的注资，推动并购，通过兼并、收购、买断等方法，形成积聚效应，使国外先进技术为我所有。

（二）构建并完善培育产业创新体系的投入保障机制

一是加大对产业创新体系的财政资金投入力度。政府财政资金的投向，对企业和社会的投资行为具有明确的导向作用。以多种形式的资金投入确保产业创新体系的建设。加大财政投入力度，统筹使用各类科技专项资金，优化财政科技投入结构，集中力量支持产业技术创新，引导社会优质财政资源流向创新效益较好的创新主体，实现创新资源优化配置。

二是以项目建设带动产业创新体系的完善。专项资金主要用于关键技术突破研发、重大投资项目配套、新兴产业基地建设、标准制定等。充分发挥地方和行业的作用，各市建立相应的战略性新兴产业配套专项资金，省市联动推动大型综合性创新组织进行新兴产业重大专项的组织实施，择优扶持有利于发挥地方特色和新兴产业壮大的产业振兴专项，切实加强产业发展资源的集成与整合。

三是完善产业创新金融支撑体系。产业技术创新由于产品研发和商业化存在较大风险，需要引入风险投资，打开多层次的资本市场，建设市场化融资体系。大力构建与科技、产业紧密结合的多层次资本市场，完善科技投融资服务体系，引导金融资源向产业技术创新、战略性新兴产业领域配置，促进创新型经济发展。引导金融机构创新金融服务，建立适应新兴产业特点的信贷体系和保险、担保联动机制，促进知识产权质押贷款等金融创新。适当将高新技术产业发展专项资金向大型综合性创新组织发展的新兴产业领域倾斜，重点投向关键技术研发和成果产业化。同时，建立健全投融资担保体系和风险投资机制，充分发挥投资担保公司和风险投资公司的作用，加大对大型综合性创新组织的投融资担保和风险投资力度。

（三）加快培育产业创新组织并形成产业创新示范作用

一是制定和实施产业创新组织培育计划。增强政府部门支持培育产业创新组织的战略意识，将培育产业创新组织通过自主创新掌握自主知识产权，实现新兴产业关键技术突破提高到产业转型升级和经济持续发展的高度，进一步明确产业创新组织在培育和发展新兴产业中的核心作用。拟选一批具有一定规模、基础条件好、创新能力强、成长性高、产业拉动力明显的综合性创新组织，按照新兴产业发展需求，在创新能力建设、新产品研发、创新成果产业化以及市场、人才、融资等方面给予扶持，设定年度成长目标，实行动态管理和考核，力争培育出一批支撑新兴产业发展核心力量。

二是促进优质资源向产业创新组织集聚。鼓励和引导企业有效利用广大科研院所的技术成果、项目、人才等资源，促进优质创新资源加快向大型综合性创新组织流动。依托具有较强科技研发能力的科研院所、重点企业，组建国家或省级重点实验室，部署开展面向新兴产业的基础性研究和前沿研究，储备一批科技成果。对产业创新组织优先推荐申报国家、省科技资金项目，优先安排应用技术研发与产业化项目资金。

三是支持产业创新组织重大创新平台建设。重点支持大型综合性创新组织建设一两个重大创新平台，增强我省新兴产业基地的技术创新能力和产业发展的共性支撑能力。加强研发经费税前加计扣除政策的落实，引导大型综合性创新组织加大研发投入。支持产业创新组织、加强产品标准研制，申请成为国家行业标准。积极推进大型综合性创新组织建立国家重点实验室、国家研发中心等重大创新基础平台建设，鼓励并引导社会各界参与项目研发和推广，保证国家重点研发平台经费投入和产出效益的优化。

第六节　产学研合作的强化

新兴产业是科技进步和产业结构升级的必然产物，发展新兴产业是一国或地区实现经济结构调整和发展方式转变的必然选择。新兴产业的发展需要经济、教育、科技等方面要素的支撑，在这一过程中，积极推进产学研合作，提升产学研合作水平和绩效，是促进新兴产业发展的重要保障。

一、产学研合作在新兴产业发展中的作用

产学研合作是经济、教育和科技的互动合作，是不同生产要素在更高层次和更深程度上的融合发展。产学研合作对于提高生产要素利用效率，提升教育服务经济的有效性以及促进科技成果转化等，具有突出的推动作用。新兴产业是科技创新与产业创新深度融合的产物，它的培育和发展依赖于产业、教育、科技的良好发展及三者之间的紧密结合。因此，在新兴产业的发展中，产学研合作发挥着十分重要的作用。

（一）产学研合作是新兴产业的孵化器

新兴产业以社会重大技术突破和重大发展需求为基础，对经济社会全局和长远发展具有重大的引领和带动作用。新兴产业的产生，是科技与经济发展到一定阶段出现的社会现象，它依赖于科技创新与产业创新的深度融合发展。而产学研合作是联结技术成果与市场需求的纽带，是将各种潜在生产要素转化为现实产业要素的"熔炉"。从历史发展经验来看，任何新兴产业的形成，都离不开引导科技创新成果向现实产品转化的渠道和平台，而这个渠道和平台，就是产学研合作组织。立足社会重大发展需求，建立符合实际的产学研合作机制，有利于科技创新成果的加速转化，孵化出引领产业及经济社会发展方向的新兴产业。

（二）产学研合作是新兴产业发展的加速器

从新兴产业的本质属性来说，其发展的核心要素是创新人才和自主关键技术，而产学研合作创新则是培育这两大核心要素的"母机"和"加速器"。然而，由于新兴产业具有显著的创新性和先导性，其在发展过程中，可能会受限于市场、政策及体制等方面的缺陷或冲突，因此，如何突破市场、政府及企业等各领域之间的"兼容"瓶颈，为新兴产业的发展提供适当超前的市场环境与政策保障，是一个非常关键的问题。产学研合作是一种能较好解决市场、企业及政府之间实现科研成果转化，促进各主体良性合作的有效制度安排。

（三）产学研合作是新兴产业升级的重要动力

新兴产业具有强大的带动性与显著的阶段性，这决定了新兴产业的发展也是一个不断创新、壮大、成熟和升级的连续过程，而技术创新和市场需求是这一连续过程的强大驱动力。通过有效的产学研合作机制，可以充分整合包括大学、科研院所、国家重点实验室等在内的各种创新团队和研究力量，以关键核心技术研发、先进技术成果推广应用为重点，促进新兴产业的成熟壮大和升级。产学研合作是集成优势资源、完善技术创新体系的重要动力，可以较好实现科研、教育、生产等不同社会分工环节在功能和资源优势上的集成与协同，促进技术创新过程中上、中、下游的对接和耦合，对提升社会技术创新能力，促进创新成果转化，推动新兴产业的形成和发展具有无可替代的作用。

（四）新兴产业发展中产学研合作的特殊性

首先，新兴产业发展中的产学研合作风险更大。由于新兴产业所依托的科技创新成果具有更大的突破性先导性，在应用前景上也充满更大的不确定性，特别是在成果转化为产品的过程中，市场收益与成长路径都表现出较大的动态性与迂回性。因此，新兴产业发展中的产学研合作各方主体面临的风险更大，产生合作成效所需的阶段也越长。其次，新兴产业发展中的产学研合作主体收益分配更为复杂。在产学研合作中，各主体之间的收益分配方式与比例较为关键，它不仅关系到产学研合作主体的合作积极性，更影响到这种合作机制的可持续性。新兴产业的产学研，涉及的科技成果具有突出的创新性与超前性，因此，高校和科研院所对于科研成果价值的认定与企业存在更大的差异，从而影响到合作收益分配的方式与比例。与传统产业的产学研合作收益分配相比，这种收益分配显得更为复杂。再次，新兴产业发展中的产学研合作更多地依赖于商业模式创新。新兴产业在发展初期，往往面临着与现有同类产品相比成本较高、市场配套体系不完善等问题。同时，培育和发展战略性新兴产业要求将技术创新作为主攻方向，加快突破制约产业发展的关键技术、核心技术和系统集成技术，必须充分利用全球的创新资源，深化国际科技合作与交流。这就决定了战略性新兴产业产学研的顺利开展，必须进行深刻的商业模式创新。实际上，新兴产业的形成和发展过程也是商业模式创新的过程。总之，在产学研合作方面，新兴产业与传统产业表现出较大的差异性，只有充分认识这种差异性，才能建立合理的新兴产业产学研合作机制，促进新兴产业更好地发展。

二、广东产学研合作的成效与问题分析

（一）广东推进产学研合作的成效

广东作为我国第一经济大省，长期以来经济发展大而不强问题突出，要解决这一问题，只有加快经济发展方式转变的步伐，而提高自主创新能力又是加快这一转变的核心动力。但长期以来，广东在自主创新能力提升方面，存在着知识创新能力比较弱、产业自身创新能力不强等"短板"。针对这一现象，广东省委、省政府将产学研合作作为广东推动经济发展模式战略性转型的重大举措，特别是近年，从人、财、物、机构等各方面提供有力保障，走出了一条具有广东特色的产学研合作组织多元化、形式多样化、内容特色化、机制科学化的新路子，逐步形成了以国内外市场需求为导向，以企业为主体，政府机构积极参与和引导的"产学研"合作机制，并取得了巨大的成就①。

1. 省委、省政府高度重视产学研合作

2016年9月，广东省自主创新工作现场会议在深圳市召开。在这次会议上，省委、省政府把产学研合作确定为广东实施自主创新战略的重点任务。会议上强调，要全方位推进产学研合作和深层次合作，自主创新以企业为主体，但不能光靠企业"单干"。不仅要推进企业与高校、科研院所在项目上的"点对点"合作，还要大力推进他们之间共建实验室、建立战略联盟、相互交流培养人才等全方位合作。

2. 建立了产学研合作新组织体系

2015年，为了充分利用我国高等院校的创新资源，提升广东产业的发展水平，教育部与广东省签署了《关于提高自主创新能力，加快广东经济社会发展合作协议》，2016年成立广东省教育部产学研合作协调领导小组和办公室。全省各市、区积极采取行动，开展形式多样的组织发动、项目对接、

---

① 广东统计信息网：http://www.gdstats.gov.cn/default.htm

战略研讨等活动①。珠海、云浮、韶关等市专门成立了市一级的产学研办公室，广州、深圳、佛山、中山、汕头、江门新会区等市区制定了产学研合作发展规划，各自在人、财、物等方面加大产学研合作的投入和保障体系建设；各高校也积极采取措施，推进产学研合作新发展。例如中山大学将产学研合作办公室从科技处附属机构独立出来，升级为学校直属的产学研合作机构，加强了机构职能建设。华南理工大学成立了工业技术研究总院，专项负责科技成果产业化和应用技术的开发工作。

3. 建立了产学研合作政策新体系

2016年，广东省政府和教育部联合制定印发了《广东省人民政府 教育部关于加强产学研合作提高广东自主创新能力的意见》（粤府〔2016〕88号），明确了省部产学研合作的指导思想、基本原则、主要目标、主要任务、组织领导和保障措施等。并陆续出台了《广东省产学研省部合作专项资金暂行管理办法》《广东省教育部产学研合作项目管理办法》和《广东省教育部产学研合作示范基地管理办法》等政策文件。全省17个部门联合起草的《广东省促进自主创新若干政策》制定了建立产学研合作投入机制、支持产学研联合承担科技基础设施建设、实行联合攻关招标等方面的政策。全省各地级市也制定了相应的产学研合作政策，共同推进产学研工作走上规范化、制度化发展的轨道。

4. 产学研合作规模扩大

广东省人民政府的直接推动下，产学研合作的环境和氛围进一步改善，国内外优势创新资源积聚全面加速，合作规模不断扩大，合作层次不断提高。近5年来，全国200多所高校（其中国家重点建设高校92所）1万多名专家教授（其中广东省外专家超过5000名）与广东1万多家企业开展了形式多样的合作。校地、校企共建技术创新平台超过1500；62所高校和40个科研院所

---

① 广东省政府：《广东省教育部产学研合作工作会议材料》，2016年。

与广东21个地市、28县（区）和850家企业共同建设了176个产学研合作示范基地；60多所高校与广东200多个专业镇、产业集群区和产业转移园区开展全面合作；1个国家实验室、56个国家重点实验室和48个国家级工程技术研发中心与广东相关地市和企业共建了104个分支机构[①]。

5. 产学研合作功效放大，产业竞争力大幅提升

高新技术产业是产学研合作比较集中的产业。全省以广州和深圳为龙头，珠三角高新技术产业带为重点，带动东西两翼和山区发展的高新技术产业发展格局已初步形成。珠三角东岸的广州、深圳、东莞、惠州组成了"电子信息走廊"，西岸的佛山、中山、江门、珠海，形成了以电器、机械及专用设备制造为主导的产业链，呈现出较强的产业聚集效应。广东省科技的综合实力和区域创新能力连续四年位居全国第三位，连续两年居全国的第二位，企业在技术创新中的主体地位得到明显增强。目前，全省国家级和省级工程技术研发中心300余个中，有九成以上设在企业，全省的研发机构有近七成设在企业，全省的科技人员近80%在企业，全省的科技活动经费有七成多来自企业，60%以上的高新技术产品是以企业为主体开发的。

6. 省部产学研合作工作开局良好，成效显著

省部产学研合作有效地推动了广东企业的自主创新能力和产业核心竞争力，产学研合作以体制、机制创新为动力，实现了在更大范围内调动科技创新资源、聚焦区域优势的转型升级，产生了科技与经济合作的剧变效应，大幅度提升了企业的创新能力。2016年比2014年的利税增长了25%，促进了广东省产业机构的调整和优化升级，突破了产学研合作、突破了先进生产、先进设备、电子信息等一批制约广东优势自主产业发展的重大瓶颈，推出了一批重大产品、重大装备和新兴产品，加快了广东的现代化产业体系的建设。

---

① 广东统计信息网：http://www.gdstats.gov.cn/default.htm

三是提升了广东区域自主创新的能力,在省部产学研的推动下,广东大科技、大开放、大合作。区域创新体系加快落成,创新能力进一步跃升,创新型广东的建设进一步全面加速实现。

(二)广东产学研合作存在的主要问题

1. 产学研各方缺乏有效沟通,信息不对称①

在任何一个体系系统中,信息沟通都是不可缺少的环节。从产学研合作现状来分析,系统内部的企业、高校、科研单位、政府机构、融资机构等环节之间缺乏畅通的信息交流,市场信息、科技信息、生产信息、融资信息分布不对称、信息交流不完全,彼此的私有信息无法在产学研各方中均衡掌握,给各方的理解和沟通带来障碍。如高校教师在设立研究课题时,缺乏对研究出的科技成果在市场需求方面的了解,从而研究的科技成果未必是企业以及终端消费者所需的。目前校企交流的主要方式是企业来校咨询,或是高校应邀参加企业的洽谈会,但由于信息的不对称性,高校的科研成果并不是企业所需的,因此可真正实现转化的成果只是凤毛麟角,导致图中双方选择居第二的"产学研合作效率低"等结果。利用先进的网络技术搭建校企交流平台实现校企项目对接是实现科技成果转化简便快捷的重要手段,但由于信用管理制度不健全,合作双方缺乏直面沟通,缺少了解和信任,制约了产学研科研成果的成功转化。

2. 合作层次较低,高层次的合作较少

对产学研合作模式的研究主要是为了找到产学研合作成功的方式、途径。通过对广东产学研合作模式的了解,不仅可以看出当前广东产学研合作发展的主要特征,还能预测其未来的发展趋势,对于针对性地解决现有问题,制定未来政策具有重要的现实意义。合作开发主要是技术转让、委托开发的形式,基本上是学校和院所出人才和技术,企业出课题和资金,而共建

---

① 伍凤平:《广东省产学研合作的问题及应对策略研究》,华南理工大学硕士论文,2012年,30页。

实体是共建研究开发机构、共建实验室、共建研发基地、建立战略联盟等全方位、高层次的合作还较少。

广东省企业合作模式已从"点"（松散型的技术转让）上浅层次的合作，开始过渡到"线"（紧密型的合作开发）上中层次的合作，但是像"共建实体"等一体型、面上深层次的合作则不多。大中型企业寻求合作伙伴与合作项目时，大多数着眼于研究周期短，投入市场见效快，回收周期短的短平快项目，缺乏从长远考虑高层次的共建合作实体。

3. 中介服务机制不健全，制约产学研合作的深入发展

在产学研合作创新机制中，政府固然可以在重大项目技术创新中发挥领导作用，但是，在市场经济条件下，科技和经济之间的中介和服务处于更加重要的位置。高等学校和科研院所作为技术供给方和企业技术需求方在文化、空间和知识上存在相当大的距离。而科技中介机构作为产学研之间的一座桥梁，在促进政府、各类创新主体与市场之间的知识流动和技术转移等方面发挥着关键作用。

近几年来，广东省科技中介机构有了一定的发展，科技中介行业体系的架构初现雏形，已形成省科技系统、市科技系统、院校科研机构以及社会团体和民营科技中介服务机构四种类别的科技中介服务机构。广东省科技中介的组织管理体系初步建立。政府在组织领导、决策管理、财政投入等方面都加大建设力度。尤其是在信息平台建设方面，省政府先后建立了"广东省中国科学院全面战略合作信息网""广东省科技业务综合管理系统""广东省教育部科技部产学研合作信息网""广东省产学研合作促进会""广东省创新方法推广应用研究中心"等多功能科技服务平台。通过调查发现这些信息平台目前还不很完善，或者才成立不久，尚未能满足企业和高校、科研院所的需求。同时，广东省科技中介还存在行业体系不健全、能力不足、门类不齐全、规模偏小、专业化程度低、发展环境还不完善等问题。总体来看，广东省的科技信息平台不完善、科技中介不健全问题比较突出，在产、

学、研各方桥梁沟通作用发挥不到位，成为制约产学研合作的重要因素。

三、以产学研合作推动广东新兴产业发展的思路

新兴产业的发展对于转变经济发展方式、促进社会整体进步具有显著引领作用已经为历史和现实所证明。鉴于新兴产业发展中产学研合作的重要作用，重视产学研合作对新兴产业培育和发展的作用，创新产学研合作机制，促进新兴产业发展，显得尤为重要。

首先，要充分发挥政府在规划引导、创新激励、市场扶持、组织协调等方面的重要作用。在满足新兴产业对核心技术研发所需巨大投资的前提下，广东省应积极发挥市场机制的作用，选择新兴产业发展的具体产品、技术路径和主体企业，强化市场需求对新兴产业的拉动作用。同时，实施包括重大应用示范工程、国产首台（套）装备风险补偿、消费品购买者补贴、产业化成果政府优先采购等在内的扶持政策，加快建立重大产业技术标准，顺应新兴产业发展趋势，运用法律、政策、规划等手段强制性创造新市场。

其次，突破产学研合作模式障碍，建立和完善新兴产业的产学研用机制。目前，广东省产、学、研之间缺乏沟通渠道，各自为战，造成科技与生产严重脱节。一方面增加了技术创新失败的风险，另一方面也使得项目开发脱离实际应用，往往造成技术成果难以转化为市场价值。造成产学研脱节的主要原因在于缺乏合作机制的引导和约束。因此应通过一系列的制度设计及其运行来保证产学研合作更加顺畅。一是建立政府政策引导机制，为产学研合作铺路搭桥，同时充分发挥政府财政资金的引导与激励作用；二是制定产学研合作法规制度，对各合作主体的资质与行为进行规定和约束；三是建立中介机构的服务制度，对各科技中介机构的服务项目、标准、价格等进行明确；四是建立产学研合作中的利益分配机制，如对知识产权归属、研发经费出资比例、技术成果转让以及最终利益分配等进行规定和明确；五是建立技

术市场监管机制，维持公平有序的市场秩序。

再次，重视和发挥产业技术创新战略联盟的功能和作用。产业技术创新战略联盟是指由企业、大学、科研机构或其他机构，以企业的发展需求和各方的共同利益为基础，以提升产业技术创新能力为目标，以具有法律约束力的契约为保障，形成的联合开发、优势互补、利益共享、风险共担的技术创新合作组织。它是产学研合作发展的高级形式。产业技术创新战略联盟的构建和发展，对于整合产业技术创新资源，引导创新要素向企业集聚，促进产业技术集成创新，提高产业技术创新能力，提升产业核心竞争力具有重要意义。在全球争夺新兴产业发展制高点的背景下，组织产业技术创新战略联盟，实现联合开发、优势互补、利益共享、风险共担，显得尤为重要。

最后，完善各种制度安排和法律法规体系。作为一种发展"超前"的产业现象，新兴产业需要以全新的政策和法律法规为保障。在新兴产业的产学研合作中，广东省存在着各种政策瓶颈或法律法规的空白，因此，必须从根本上思考和突破这些瓶颈和空白，进行顶层制度设计和优化，建立健全相关法律法规体系，实现新兴产业产学研合作体系的良性运行。

加快培育和发展以重大技术突破、重大发展需求为基础的新兴产业，对于提升自主创新能力和国际竞争力，抢占国际科技和经济竞争制高点，促进经济社会可持续发展，具有非常重要的意义。新兴产业产学研合作是多主体联动的合作形式，追求合作过程中的协同效应，是提升产学研合作绩效的根本保障。由于新兴产业产学研合作与传统产业具有显著差异，因此，积极探索建立符合新兴产业特征的产学研合作模式，突破传统产学研合作的瓶颈和障碍，大力组建产业技术创新战略联盟，并切实推进商业模式创新，不断建立和完善各种政策、法律法规，才能实现新兴产业产学研合作的良好绩效。总之，必须充分发挥市场的基础性功能与政府的引导推动作用，深化体制改革，以企业为主体，推进产学研用紧密结合，将新兴产业培育成为国民经济的先导产业和支柱产业。

第七章
促进广东新兴产业发展的制度设计与政策创新

加快培育和发展新兴产业对于构建国际竞争新优势、掌握发展主动权、增强经济发展后劲具有重要的战略意义。近几年，广东省为了促进战略性新兴产业的发展，在制度化建设、科技、财政，金融等各大领域都出台了相关的政策措施，为广东省战略性新兴产业发展保驾护航。为此，广东省在新兴产业的发展上也取得了不俗的成绩。然而，在实际的发展中，依然存在产业创新体制机制尚未理顺，创新步伐缓慢，金融支持力度不够等一系列问题。为解决广东省新兴产业现阶段存在的问题，需要加强制度环境建设和出台更加有效的政策措施。

第一节 广东新兴产业发展的现行政策评析

一、支持新兴产业发展的相关政策概述

（一）产业政策

产业政策是引导、保障和促进战略性新兴产业健康发展的重要手段。在我国改革发展的关键阶段，充分发挥产业政策作用，对于加快培育发展新兴产业，推进产业结构调整，加快转变经济发展方式，具有十分重要的现实意义。当前和今后一个时期，世情、国情继续发生深刻变化，培育发展新兴产业既面临难得的历史机遇，也面对诸多风险挑战。培育发展新兴产业必须注重市场主导与政府推动相结合，在充分发挥市场配置资源基础性作用的同时，通过实施相应的产业政策，进一步消除制约产业发展的体制性障碍，注重市场准入、技术标准、发展规划等政策配套和要素整合，引导、保障和促进新兴产业快速发展。培育发展新兴产业一直是政府产业政策的一个重要目标，但也要充分注意到产业政策适用的环境、与其他政策的协调配合以及政

策退出等问题①。

1. 培育战略性新兴产业的相关政策

广东积极培育战略性新兴产业。广东省发改委牵头组织编制了《广东省战略性新兴产业发展"十二五"规划》,明确产业发展思路和重点领域,按率先突破和布局发展两个层次有序推进,确立高端新型电子信息、半导体照明LED和新能源汽车三大产业率先发展,其他产业协调推进的产业发展格局。出台了《广东省发展高端新型电子信息产业行动计划2010—2012年》《关于加快发展物联网建设智慧广东的实施意见》《关于加快推进我省云计算发展的意见》和《广东省智能制造发展规划(2015—2025年)》等一批重要政策文件,抓紧制定《关于推动广东省装备制造业重点领域加快发展的若干意见》和《广东省首台(套)重大技术装备示范应用实施办法》等政策,为产业发展营造了良好的政策环境。

三位一体推进,实施战略性新兴产业培育工程。以骨干企业、重大项目和产业基地为抓手,"三位一体"平稳有序推进。突出龙头企业带动,制定《广东省战略性新兴产业骨干企业培育认定实施方案》,实施骨干企业培育计划,全省共认定了138家战略性新兴产业骨干企业和191家培育企业,推动一批企业快速成长并成为业界的翘楚。突出项目载体作用,重点推进"省战略性新兴产业100强"等一批重大项目建设,并围绕重点项目强化完善产业链和产业配套。高世代液晶面板及模组、北斗卫星导航、通讯系统及设备、超算及云计算、三网融合、新材料、太阳能光伏等一批重点项目建成投产发挥效益。突出集聚集约发展,创新性开展省市共建战略性新兴产业基地工作,制定《广东省战略性新兴产业基地建设实施方案》,省市共建战略性新兴产业基地总数达到51家,支持基地开展重大项目、重大平台建设,提升了产业集聚发展水平。

---

① 刘澄,顾强,董瑞青:《产业政策在战略性新兴产业发展中的作用》,《经济社会体制比较》,2011年01期,196-203页。

强化创新驱动，推动企业突破技术提升竞争力。坚持以企业为主导推进产业技术研发创新，完善以国家认定企业技术中心为龙头、省级企业技术中心为骨干、市级企业技术中心为基础的企业技术创新体系，充分发挥企业在创新决策、研发投入和成果转化中的主体作用。成立了由企业和科研机构等专家组成的产业咨询评价委员会，研制高端新型电子信息等产业的技术要素图和产业发展路径图，组织自主创新100强突破关键核心共性技术。每年制定并发布关键技术攻关目录与指南，指导和支持企业牵头组织以产业化为目标的重点技术创新项目。三年来，实现了基础材料、关键工艺、核心元器件、装备装置、高端软件、系统集成、技术标准等领域关键技术突破，增强了企业核心竞争力。

组建产业联盟，推动产业链整合和配套体系建设。积极倡导通过产业联盟形式协同解决产业发展中的技术、生产、标准以及产业化和市场化中的问题。以龙头企业为核心组建产业联盟，鼓励联盟成员组织上下游关键技术联合攻关、行业标准制订、产业链配套合作、产品示范应用、市场开拓等环节紧密合作，推动产业优化资源配置，协同发展。为此，专门设立产业联盟扶持专项，重点支持北斗卫星导航联盟、DRA（数字音频）产业联盟、TFT-LCD联盟、云计算联盟和物联网联盟等产业联盟项目群建设，有效整合了产业链，提升了产业配套能力。

加大财政支持，推动社会投资战略性新兴产业。"十二五"期间省集中安排220亿元财政资金支持战略性新兴产业发展，引导社会资本投入。广东省经信委会同省财政厅组织省战略性新兴产业发展专项资金高端新型电子信息产业项目和省战略性新兴产业政银企合作专项。2011年以来，高端新型电子信息产业专项投入共13.5亿元，集中支持了126个重点项目，带动社会资金投入超过160亿元。同时，与18家银行和金融机构签订战略性新兴产业金融合作协议，财政资金放大倍数分别超过1∶30和1∶50，凸显了财政资金的杠杆和放大效应。

2. 增强产业技术创新能力的相关政策

改革开放以来，广东省委、省政府出台了《关于依靠科技进步推动产业结构优化升级的决定》《中共广东省委、广东省人民政府关于扶持高新技术产业发展的若干规定》等一系列提升产业发展技术水平的政策，有力地提高产业技术创新能力。广东以企业为主体的技术进步体系基本形成，大部分行业的技术装备水平都较高，许多行业居于国内领先地位，部分行业达到国际先进水平，多数行业普遍采用了以自动控制和流水线生产为标志的现代制造技术，以企业为主体的技术创新体系已基本形成。在衡量科技创新力的主要指标——专利申请量上，连续多年荣登榜首。高新技术制造业发展迅速，珠三角高新技术产业带初步形成。其中，以电子信息产业为龙头的高新技术产业持续快速发展。广东已成为全国乃是全球重要的电子信息产品制造基地，形成了通讯设备制造、家用视听设备制造、计算机制造和电子元器件制造四大优势行业，在生产规模、市场占有率，配套能力和出口能力等方面，都在全国名列前茅。

3. 加快企业自主创新及产学研合作的相关政策

2002年以来，广东大力推动产业自主创新，鼓励企业进行技术改造，深入推进"两化融合"，努力提高劳动者素质，推动产业发展由要素驱动转向创新驱动。先后制定实施和出台了《关于加快建设科技强省的决定》《广东省中长期科学和技术发展规划纲要（2006—2020年）》《广东自主创新规划》《广东省建设创新型广东行动纲要》《关于深化省部产学研结合工作的若干意见》《关于进一步加强技术改造投资推进企业技术进步的若干规定》《关于全面深化科技体制改革加快创新驱动发展的决定》《加快推进创新驱动发展重点工作方案》《广东省审计厅关于审计工作更好服务于广东创新驱动发展战略的指导意见》等一系列政策性文件，推进"十大创新工程"，加强省部产学研创新平台、示范基地和创新联盟建设，加快促进重大科技成果产业化发展。

在政策制定和落实中，建立全国第一个省政府落实促进企业自主创新政策联席会议制度，率先突破了企业研发经费税前抵扣的配套政策细则和操作实务的难点，率先系统制定落实自主创新产品和政府采购政策及细则，率先实施产业技术路线图计划，率先出台了关于深化科技体制改革、加快建设珠三角国家自主创新示范区、加强知识产权保护、建设高水平大学和高水平理工大学、工业企业创新驱动发展工作方案等系列重要政策措施，组织实施一批重大科技专项，建设一批国家重点实验室、国家工程实验室、国家工程研究中心、国家企业技术中心等创新平台，完善一批技术创新服务平台，全面、有序推进创新驱动发展战略落实。设立省财政挖潜改造资金等专项资金，组织开展了技术改造、技术创新滚动计划等工作，加大对存量技术设备的升级改造。组织实施重大科技专项，制定实施产业技术路线图计划，全面推进省部和省院产学研合作。在加快信息化建设方面，先后出台《关于加快推进我省信息化与工业化融合的意见》《关于加强信息技术和互联网应用建设数字广东的意见》《关于加快吸引培养高层次人才的意见》《广东省"互联网+"（2015—2020年）》等一系列政策，大力推进"两化融合""三网融合"和电子商务、电子政务，以信息化助推产业加快转型升级。

（二）财税政策

战略性新兴产业具有高投入、高风险、高回报的特征。进入21世纪以来，我国战略性新兴产业发展迅速，表现出良好的发展态势，但是我国依然处于市场经济发展的初级阶段，新兴产业的发展存在着产业规模偏小，部分产业技术底子薄弱等发展问题。由于市场存在固有的缺陷，因此政府在战略性新兴产业培育与发展的过程中都起着至关重要的作用，选择合适的财税工具是促进战略性新兴产业培育发展的必然选择[①]。

---

① 劳顺富：《促进战略新兴产业发展的财税政策研究》，《现代商业》，2013年29期，108-109页。

1. 国家支持新兴产业的财税政策概述

（1）支持新兴产业的财政政策

新兴产业的财政支持主要集中于以下几个方面：第一，鼓励科技型企业的技术创新活动，培育战略性新兴产业。第二，引导创投机构向初期科技型中小企业投资。第三，支持企业承担国家重点研发任务，提高企业的技术创新能力。第四，支持信息企业、电子企业、软件企业、集成电路企业、风电企业、再生节能建筑生产企业、清洁生产企业、高效节能产品生产企业、太阳能光电建筑应用项目的技术应用与产业化。第五，支持科研院所、高等院校对于战略性新兴产业领域战略性、前沿性和前瞻性的高技术研发活动。第六，支持符合国家重大战略需求的基础研究和专项研究，第七，支持战略性新兴产业相关领域重大公益技术、产业共性技术的研究开发与应用示范。第八，支持科技企业孵化器的培育和发展，支持高新技术产业化技术服务平台建设。第九，支持与战略性新兴产业相关的骨干文化企业、重点文化改革转制企业。

（2）支持新兴产业的税收政策

目前，我国对于新兴产业、企业、产品的税收法律和政策主要集中于财政部关税司、税政司的相关文件中。对于战略性新兴产业的税收支持时间，始于2007年，集中于2008年和2009年，并由此拉开了对于新兴产业的税收支持序幕。对于新兴产业的税收支持方式，主要是税款减免、减计收入、收入返还、加计扣除等方式，其中，税款减免是非常重要的较高频率运用的税收支持手段。战略性新兴产业的税收支持主要集中于以下几个方面：第一，对生产国家支持发展的重大技术装备和产品而确有必要进口的关键零部件及材料，以及承担国务院确定的16个科技重大专项项目的企业进口所需、国内不能生产的关键设备零部件及原材料，免征进口关税和进口环节增值税。第二，对从事符合政策规定的大规模集成电路芯片、薄膜晶体管液晶显示器件、等离子显示面板和有机发光二极管显示面板的生产企业进口国内不能生产的新科技净化室专用建材、配套系统及生产零配件，免征进口关税和进口环节增值税。第三，对国家重点扶持的高新技术企业，减按15%的税率缴纳企业所得税。第四，企业为开发新技术、新产品和新工艺所发生的研究开发费用，未形成无形资产计入当期损益的，在按规定据实扣除的基础上，按研发费用的50%加计扣除；形成无形资产的，按照无形资产成本的150%摊销。第五，企业购置并实际使用《环境保护专用设备企业所得税优惠目录》《节能节水专用设备企业所得税优惠目录》和《安全生产专用设备企业所得税优惠目录》规定的环境保护、节能节水、安全生产等专用设备的，该专用设备的投资额的10%可以从企业当年的应纳税额中抵免；当年不足抵免的，可以在以后5个纳税年度结转抵免。第六，企业从事节能减排技术改造等符合条件的节能节水项目的所得，自项目取得第一笔生产经营收入所属纳税年度起，享受企业所得税三免三减半优惠。第七，对单位和个人从事技术转让、技术开发业务和与之相关的技术咨询、技术服务业务收入，免征营业税。第八，一个纳税年度内，企业技术转让所得不超过500万元的部分，免征企业所得税；超过500万元的部分，减半征收企业所得税[①]。

2. 广东省支持新兴产业的财税政策概述

近年来，中央和地方政府为了促进高新技术产业的发展，先后出台了一系列相关的财税政策。广东在这方面也进行了积极的探索，努力完善高新技术产业的财税政策体系，对新兴产业的成长起到了极大的推动作用。

在研发创新方面，广东政府的财政拨款在鼓励创新和支持高新技术产业发展方面，起到了较大的资金帮助作用。而且，广东比较重视中小企业在技术创新中的地位。2009年《广东省科技型中小企业技术创新专项资金管理暂行办法》规定：专项资金通过无偿资助、贷款贴息等方式支持科技型中小企业的技术创新活动，给予单个项目100万元的支持限额，重点项目则为200

---

① 肖兴志：《中国战略性新兴产业发展的财税政策建议》，《财政研究》，2011年12期，51-54页。

万元的支持限额。2011—2015年间,省财政加大对高新技术产业,特别是战略性新兴产业的财政支持力度,具体政策如下:每年将新增20亿元支持引导发展战略性新兴产业,并且对获得一定级别奖项的专利给予专项奖励[①]。

2014年广东省委省政府又出台了《关于深化科技体制改革加快创新驱动发展的决定》,在该决定中提到,要强化大型企业创新骨干作用,引导大型企业完善创新投入原则,原则上应为近3年享受过研发费用税前扣除、高新技术企业税收减免等税收优惠政策的企业。同时要全面落实国有企业研发投入视同利润的考核措施,各级国有资本经营预算应当安排适当比例的资金用于国有企业自主创新并逐年增加。《决定》要求把推动企业成为技术创新主体、增强企业创新能力作为重中之重,如遴选有条件的企业牵头组织实施产业导向类科研项目。实施大中型企业研发机构全覆盖计划,到2020年大型骨干企业普遍建有企业研究开发院。充分发挥科技型中小企业创新基金引导作用,通过贷款贴息、研发资助等方式重点支持种子期、初创期中小微企业技术创新活动。在财政科研资金管理方面,《决定》要求要实施省级科技业务管理阳光再造行动,构建分权制衡、功能优化、责权统一、公开透明的科技业务管理阳光政务平台[②]。

2015年,为了贯彻落实《中共中央、国务院关于深化体制机制改革加快实施创新驱动发展战略发展的若干意见》和《中共广东省委、广东省人民政府关于全面深化科技体制改革加快创新驱动发展的决定》,制定了《加快推进创新驱动发展重点工作方案(2015—2017年)》,在该重点工作方案中提到,省市联动建立政府科技贷款风险补偿和风险分担机制,支持商业银行在高新区、专业镇和孵化器等建立科技支行,加快开展科技信贷。建立和完善创业风险投资引导机制,引导设立种子基金、重大科技专项创业投资基金、

---

① 《广东省高新技术产业发展"十二五"规划》
② 广东省科技厅:《省委省政府出台深化科技体制改革加快创新驱动发展决定》,2014年,07—17页。

新三板基金和科技股权众筹领投基金，建设科技股权众筹平台，吸引更多的社会资金投入科技产业。加快建立全省科技金融综合服务中心信息平台等线上平台，建设覆盖全省的科技金融服务体系。

在政策采购方面，《广东省实施〈中华人民共和国政府采购法〉办法》规定，政府采购应当有助于实现保护环境、节能减排、支持自主创新、扶持不发达地区和少数民族地区、促进中小企业发展等国家的经济和社会发展政策目标，首购和订购的产品应当具备首创和自主研发特性，采购比例一般不得低于60%。《广东省政府采购自主创新产品清单》对获得规定专利奖项的产品给予一定的价格扣除。各级财政部门和科技部门要做好政策指导及业务培训，打造企业和科研机构获取政府采购信息的"绿色通道"，初步将政府采购预算执行情况纳入绩效考评范围。

在融资担保方面，广东修订了《广东省战略性新兴产业政银企合作专项资金管理办法（修订）》，旨在发挥银企合作机制，支持重大项目融资建设。为了给企业更大的便利，广东还实行先付后贴的机制，对已获得银行贷款的战略性新兴产业项目，按一定贴息率给予贴息补助。为科技型中小企业的融资担保安排风险准备金1亿元，由财政替中小企业承担代偿责任。对新办或者创新的中小企业，可以享受营业税减免和投资减免等优惠政策。以上措施在一定程度上缓解了中小企业的融资难问题。

在人才引进方面，为了增强广东高新技术产业的人才优势，根据《2008关于加快吸引培养高层次人才的意见》，广东省财政在引进国内外先进水平的创新和科研团队方面，给予1000万元至1亿元的专项经费，特别是引进两院院士和同等级别的科学专家，对引进的领军人才给予专项经费500万和100万税后补贴，开展鼓励创新的南粤创新奖、南粤功勋奖等奖励活动。在吸引和留住人才方面，突出企事业单位的主体作用，可把引进人才的购房补贴、安家费、科研启动经费列入成本核算。

（三）金融政策

战略性新兴产业具有形成期、成长期、成熟期和衰退期四个阶段，其成长需要技术、管理、金融等多方面支持，而技术和管理又离不开资金的投入，自身战略性新兴产业的发展也需要原始资本的投入和后续资金的推动。因此，金融在战略性新兴产业的培育和发展过程中起着核心支持作用，金融支持是战略性新兴产业积极发展壮大的基础。鉴于广东战略性新兴产业正处于培育阶段（介于形成期与成长期之间），对于资金的需求除了自身的积累和政府财政手段的扶持外，绝大部分将依靠金融市场去解决。

1. 国家对新兴产业的金融支持

战略性新兴产业的发展依赖于政策性金融的支持，良好的金融支持政策成为决定战略性新兴产业发展的关键所在，培育和发展战略性新兴产业是一个包括金融支持、财政资源支持、税收资源支持等多方面内外支持因素的综合性系统工程。

《国务院关于加快培育和发展战略性新兴产业的决定》提到，我国需"健全财税金融政策支持体系，加大扶持力度，引导和鼓励社会资金投入"。我国对战略性新兴产业的金融支持形成了包括银行信贷间接支持、资本市场直接支持多方位的金融支持体系。

（1）银行信贷支持

"十二五"纲要提到，"综合运用风险补偿等财政优惠政策，鼓励金融机构加大信贷支持力度"。战略性新兴产业的发展依赖于银行信贷市场等金融体系的支持。

对发展初期的企业，信贷投放给予政策性地支持可适用于其风险高、收益低的特征。发展至中期具有中风险、中收益特点时，政策性支持可让步于市场性信贷支持，两者协同配合。发展到后期，已发展成熟的产业具有风险低、收益高的特征，已无需政策性的信贷支持。

虽然我国战略性新兴产业一直处于高速发展状态，但仍不成熟。因此，国家倡导各金融机构在信贷管理及贷款评审方面对新兴产业适度放宽，积极进行金融产品创新。

（2）资本市场支持

战略性新兴产业发展的一大问题就是融资渠道狭窄，过度依赖间接融资，市场直接支持力度不足。我国资本市场已形成了包括创业板、中小企业板、新三板的多层次体系。为解决融资难，国家倡导积极发挥多层次资本市场的融资功能。发展初期高风险低收益的企业具有极强的发展潜力，可通过创业板进行上市融资。发展中期中风险、中收益的企业，可通过中小企业板获得金融支持。当企业发展成熟具有低风险高收益时，增长速度趋于稳定，主板成为其必然选择。

2010年3月，证监会发布了《关于进一步做好创业板推荐工作的指引》明确保荐机构应重点推荐生物医药、新能源等战略性新兴产业企业在创业板上市。国家也在加速场外交易市场的建设，专门面向战略性新兴产业的新三板市场加速推进。完善各级市场之间的转板，以适应战略性新兴产业发展的不同阶段，最终实现各层级市场之间能够做到有机衔接，使不同发展阶段的企业需求得到满足。

在完善证券市场同时，国家也在推进战略性新兴产业股权投资基金的建立，如私募股权基金、原点基金等，并争取构建一个多元化的基金体系。国家还大力推动债券市场的发展，为企业开拓更多的债务融资渠道，重点扶持新兴产业的发展。由于战略性新兴产业以中小企业为主，国家倡导扩大其集合债券的发行规模，并针对其情况开发信用低收益高的债券、私募可转债等产品[①]。

2. 广东省对新兴产业的金融政策支持

2012年《中共广东省委广东省人民政府关于全面推进金融强省建设若

---

① 尹洪英等：《战略性新兴产业发展的金融支持政策研究》，《经济研究导刊》，2016年32期，124-125页。

干问题的决定（征求意见稿）》提出广东将大力发展国际金融、科技金融、产业金融、农村金融、民生金融，进一步提高金融产业在现代产业体系中支柱产业的地位，争取到 2015 年金融产业增加值占 GDP 比重达到 8%，新建 2 个具有全国影响力的金融市场交易平台，直接融资比例提高到 30% 以上。所以，金融结构是将金融资源有效转化为广东战略性新兴产业发展的可利用金融资源的保障。

在现有金融规模上，为提升金融效率，广东早在 2011 年就出台了《广东省战略性新兴产业政银企合作专项资金管理暂行办法》，用专项资金促进战略性新兴产业发展，增加对战略性新兴产业金融资源配置总量。2012 年广东深入推动粤港澳金融融合发展，大力发展跨境人民币业务，提高金融市场开放程度。2013 年 6 月，广东又着力建设具有广东特色的金融发展方式，在深圳前海、珠海横琴、广州南沙进行金融布局。这些跨区域资金汇集，增强了资本的流动性，长远来看有利于战略性新兴产业的融资。"十二五"期间广东专项安排 220 亿元用于支持战略性新兴产业发展，并先后出台了《广东省战略性新兴产业政银企合作专项资金管理暂行办法》《广东省战略性新兴产业创业投资引导资金管理暂行办法》，专项安排 50 亿元的战略性新兴产业政银企合作资金，对获得合作金融机构贷款的相关企业项目所实际支付的利息给予补助，这些都是风险共担，降低风险的措施。

伴随着战略性新兴产业的发展壮大，融资的途径更广泛，通过上市、发债、私募，成本将更低，抛去传统的间接融资，直接融资将作为企业首选，最终金融资源配置实现最优化。如果金融自由化程度较高，国外的资金也可以作为融资的渠道，金融资源配置将更有效。金融对资本的影响范围不断扩大，对资本的支持能力得到增强，加快了战略性新兴产业资本的形成，增强了战略性新兴产业防范市场风险的能力。

2014 年广东省出台了《关于全面深化科技体制改革加快创新驱动发展的决定》，其中提出，加强科研项目全流程痕迹管理和签字背书制度，加强项目、资金等关键环节监管，实行科研项目资金信息公开制度，省级科研项目资金均应在专项资金管理平台公开资金管理办法、申报指南、审批程序、分配方式、分配结果、项目绩效评价、监督检查和审计结果等。2015年发布的《加快推进创新驱动发展重点工作方案（2015—2017年）》中指出，省市联动建立政府科技贷款风险补偿和风险分担机制，支持商业银行在高新区、专业镇和孵化器等建立科技支行，加快开展科技信贷。建立和完善创业风险投资引导机制，引导设立种子基金、重大科技专项创业投资基金、新三板基金和科技股权众筹领投基金，建设科技股权众筹平台，吸引更多的社会资金投入科技产业。加快建立全省科技金融综合服务中心信息平台等线上平台，建设覆盖全省的科技金融服务体系。发挥粤科金融集团政策性科技金融平台作用，打造科技金融服务全产业链。

（四）土地政策

1. 国家支持新兴产业的土地政策

目前，面对附加值低、能耗高、污染严重的传统产业企业带来的环境负担，各地都抬高了环保门槛。用地结构已悄然发生了变化，各地结合资源优势发展新兴产业，项目用地逐步向新兴产业倾斜，实现土地的规模利用和集约利用。在国家层面，为了扶持新兴产业的发展，出台了一系列的土地政策。2005年国务院办公厅下发《关于促进国家级经济技术开发区进一步提高发展水平的若干意见》，其主要内容包括，国家级经济技术开发区的发展要纳入土地利用总体规划和城市总体规划并实行统一管理；2009年国土资源部下发关于印发《限制用地项目目录（2006年本增补本）》和《禁止用地项目目录（2006年本增补本）》的通知，主要内容有，对投资和新开工项目增长过快的地区，要适度控制土地审批进度。严格限制产能过剩行业新上项目。特别是2010年，国务院印发了《国务院关于加快培育和发展战略性新兴产业的决定》，根据《国务院关于加快培育和发展战略性新兴产业的决定》（国发〔2010〕32号），我国的战略性新兴产业包括节能环保产业、新一代信息技术产业、生物产业、高端装备制造产业、新能源产业、新材料产业、新能源汽车产业七大类。该《决定》强调，加强对各地发展战略新兴产业的引导，优化区域布局，发挥比较优势，形成各具特色、优势互补、结构合理的战略性新兴产业协调发展格局。

2015年，为了更好地支持战略性新兴产业，国土资源部联合国家发改委、科技部、工信部、住建部、商务部下发的《关于支持新产业新业态发展促进大众创业万众创新用地的意见》，旨在加快实施创新驱动发展战略、大力推进大众创业万众创新重大决策部署，增强战略性新兴产业支撑作用，推进"互联网+"行动，发展电子商务，构建众创空间等创业服务平台，支持培育发展新产业、新业态。《意见》明确了新产业、新业态用地类型。其中，属于下一代信息网络产业（通信设施除外）、新型信息技术服务、电子商务服务等经营服务项目，可按商服用途落实用地。

同年12月，国土资源部又联合住房城乡建设部、国土旅游局出台《关于支持旅游业发展用地政策的意见》。在该《意见》中，针对新产业、新业态特点，设计了相应政策：对于脱胎于传统产业部门的新产业、新业态企业，允许传统产业部门用地、用房兼容新产业、新业态创业主体进行生产、研发、创业活动，主要是集中使用了允许在一定时期内继续按原用途和土地权利类型使用土地的过渡期政策；对于独立自主新生的个人和小微企业创业主体，主要通过孵化器、多层厂房等形式为其提供灵活、便利、价格适宜的创业空间；对于传统产业主体本身通过延伸产业链、拓展上下游业务范围进行融合发展的，比如传统制造业企业发展生产服务业的，以及文化遗产、大型公共设施、知名院校、科研机构、工矿企业、大型农场等主体开展文化、研学旅游活动的，允许其在更灵活的尺度内调整原用地结构，并明确了支持措施。

2015年出台的两个《意见》，是国土资源部门在经济结构调整、增长动力转换过程中履职尽责的主动作为，是落实中央产业发展新要求、主动适应产业用地新需求的重要抓手，是完善产业用地政策体系、促进土地资源节约集约利用、服务经济社会发展大局的具体举措。

2. 广东省支持新兴产业的土地政策

广东省2011年出台了《关于贯彻落实国务院部署加快培育和发展战略性新兴产业的意见》，该文件中提出，允许按不低于所在地土地等级相对应工业用地出让最低标准的70%确定土地出让底价，加快项目审批进度。建立战略性新兴产业重点项目审批"绿色通道"。

2011年，印发了《广东省促进战略性新兴产业发展领导小组主要职责及各成员单位工作职责》的通知，其中明确了省国土资源厅的工作职责，即研究落实促进新兴产业发展的土地政策，保证重点项目用地；在审批权限内，对项目建设涉及的农业地转用、土地征收审查和报批给予优先办理；定期向领导小组报告有关工作情况和信息。

2016年，广东省国土资源厅根据全省进一步高标准建设自贸区的战略，出台了15条支持自贸试验区发展的土地政策。在坚持"规划引领、节约集约用地、生态保护"的三大原则基础上，着力提高土地效应，实行建设用地总量和强度双控，合理确立不同功能建设项目用地比例和结构，逐步开发建设。同时，广东省国土资源厅大胆推进土地市场试点"让利"重点项目。探索弹性出让、只租不让、先租后让、租让结合、分期供应等多种供应方式，逐步建立以租赁方式供应为主、出让方式供应为辅的工业用地供应制度，降低自贸区工业用地成本。在PPP项目上，自贸区的PPP项目用地可以划拨、租赁以及作价出资（入股）方式取得土地使用权；符合广东省优先发展产业目录的工业用地，土地出让底价可按相对应标准的70%执行等。

2017年，广东省把创新驱动发展战略作为核心战略，深入推进全面创新改革试验，积极推动双创，出台多项政策，包括建设高标准珠三角国家自主创新示范区和新型研发机构等创新平台，深入实施孵化器倍增计划，加快产业创新发展，持续培育高企；着力加强自主核心技术攻关，深入推动高水平大学和重点学科建设，大力建设创新人才集聚高地；加速促进科技金融深度融合，大力推进创新服务体系建设，全面提升国际和粤港澳创新合作水平。

2018年广东省强化实施创新驱动发展战略，进一步推进大众创业万众创新深入发展，出台政策包括创建珠三角国家科技成果转移转化示范区，建设知识产权保护和运营中心，开展投贷联动等融资服务模式创新，打造国际风投创投中心，构建全链条创新创业孵化育成体系；实施工业互联网协同创新行动，大力发展分享经济、数字经济，推进生态环保领域创新发展；推进高校、科研院所创新创业资源共享，激发科研人员创新创业活力，大力引进高层次人才，支持返乡下乡创新创业，加快建设"双创"示范基地，优化创新创业政务环境。

二、新兴产业相关政策存在的不足

（一）产业政策存在的不足

在广东产业调整优化政策取得巨大成效的同时，我们也必须看到广东省产业转型升级的动力转换的阻力还没有完全消除，创新驱动效果的潜力尚未完全挖掘，导致产业依然处于产业价值链的低端，产业国际竞争力的核心竞争力依然没有建立起来，加快经济发展方式转变和经济结构调整的任务仍然任重而道远。

1. 产业创新的体制机制尚未理顺，创新能力不足造成价值链低端锁定

当前，广东促进产业创新的体制机制尚未理顺，市场配置创新资源的机制不完善，行政配置创新资源导致有失公平和效率低下；产学研结合长效机制还未形成，激励机制尚不完善；科技管理体制尚待进一步深化改革，创新评价机制尚未建立完善，科研评价过于注重数量化硬指标；政府宏观管理体制尚不完善，全省自主创新工作条块分割局面依然存在，科技、产业、教育、财税、环保等政策扶持自主创新协同不够；自主创新的法制、税负环境

有待进一步优化,制约了企业和社会的创新活力,从而削弱了产业的核心竞争力。

2. 制度创新步伐减缓,先行一步的地位和优势减弱,在一定程度上制约了产业发展和产业结构的优化升级空间

广东改革先行者的形象与地位正在逐步消解或非主流化,改革创新精神不足,政策和环境竞争力下降。近年来各省(市)招商引资热情很高,措施灵活,土地供给、价格和地方税收返还、费用减免等力度之大前所未有,有的甚至采取"零地价"、代建厂房来吸引投资。而全省特别是珠三角城市群,保障用地已非易事,基本谈不上其他优惠。各省市通过对引进项目的"一企一议、特事特办、代办制"等措施,行政效率高。而我省不少地区和干部思想上变得保守了,抱住"教条"的多了,灵活变通的少了,审批程序冗长,效率不高,企业满意度下降,我省包括3个特区政策优势已经丧失甚至处于明显劣势。市场经济运行的制度基础仍不完善,服务业垄断经营制度、农村经济体制改革等仍然滞后,某些产业政策过多强化政府干预,弱化市场作用,影响了相关行业的健康发展和竞争力的提高。

3. 产业政策仍缺乏前瞻性,滞后于产业发展的需要

广东有关政策制定部门对产业发展和演变的基本规律以及世界产业发展的新趋势尚缺乏全面把握,因而导致某些产业政策与产业发展实际不符,或是产生时效差别,影响了政策实施效果。同时,针对企业素质提升的政策仍比较薄弱,在一定程度上影响了企业竞争力的提高。

4. 产业政策对转变经济发展方式路径引导和设计强调不够,导致外贸依存度依然偏高

广东现行产业政策较为侧重工业型、投资型、出口型"转变路径",对"坚持扩大国内需求特别是消费需求的方针,促进经济增长由主要依靠投资、出口拉动向依靠消费、投资、出口协调拉动转变"重视不够。导致我省外贸依存度仍明显高于江苏和上海,江苏和上海贸易依存度均低于100%。

分析表明，珠三角仍然以被动接受国际产业分工的低端外向型经济为主，由内源经济、本土资本主导的主动参与国际产业分工的开放型经济格局尚未形成。与江苏和上海相比，广东高新技术产品出口占比整体上仍是落后的，加工贸易出口占比仍然相对较高。贸易竞争指数和技术贸易竞争指数偏低反映了广东产业核心竞争力较弱的现状，广东产业依然处于国际价值链的低端。

5. 产业层次整体偏低的局面并未根本扭转

从政策实施看，我省总体上还存在着重工业轻服务的偏向，已出台和执行的政策中，支持工业转型升级的执行坚决，政府扶持资金多数投入工业，而服务业的扶持政策（信用平台、标准、水电价格同网同价、引导资金规模等）还未得到很好落实，这些导致了服务业发展相对滞后。广东现代服务业特别是生产性服务业发展滞后，研发、设计、品牌营销、物流和商务等五个行业增加值约占整体服务业的38%，远低于发达国家50%以上的水平。制造业技改投资偏低。

（二）财税政策存在的不足

1. 财政科技投入力度不足，结构不合理

政府在新兴产业的成长期，增加对新兴产业自主创新活动的资助规模是非常有必要的。目前，广东省财政科技拨款的规模相对于技术创新的资金需求来讲，始终存在着较大的缺口。从财政科技投入的增长趋势来看，财政科技支出占经常性收入的比重以及财政科技支出占财政支出的比重这两个指标的变化显示，广东财政科技投入水平的增速存在较大波动，并没有形成稳定的增长机制。

2. 政府投融资政策落实不够到位

广东对新兴产业创新创业的风险投资尚处于探索期，政府对社会资金的引导作用有待加强。从实践情况来看，科技创新基金最突出的问题是对科技创新项目的评价机制是非市场化的，即通过专家对项目进行评审，最终确定对项目的资助。但是这些专家多数不是企业家，而是财务或技术专家，他们判断项目前景的标准并不符合市场的实际情况，并且不对判断结果承担任何风险。因而，真正用于支持处于种子期的创新项目的资金还比较少。同时，政府用于中小企业的融资担保的专项资金规模较小，多层次的直接融资和间接融资体系仍处于起步阶段。

3. 人力资本投入的政策激励不足

在对奖励创新成就突出的个人所得税政策方面，虽然税法有规定一些能够获得减免的奖金、专利等条款，但是申请条件严格、覆盖面小，减免优惠是针对获得省级人民政府、国务院部委以上单位或者国际组织颁发的奖励，省级以下各部门颁发的奖项仍需缴纳个人所得税，无益于激发高新技术产业从业人员进行研发创新的主动性。企业所得税中，职工教育经费提取比例较低，并没有把高素质人才教育投入成本大的情况考虑在内，也就影响了企业对员工进行教育培训活动的积极性。此外，企业所得税和个人所得税之间缺乏有效的衔接，容易造成重复征税，不利于民间资本对高新技术产业的投资。

4. 直接优惠为主，间接优惠为辅

免征、减征、低税率等是直接优惠手段，税前扣除、亏损结转、投资抵免、加速折旧则是间接优惠手段。直接优惠政策多作用于已经获得一定创新收益的高新技术企业，无法惠及到正在开展创新活动且需要大量资金投入的企业，因而对高新技术企业的激励效果有限。广东高新技术产业税收政策中直接优惠的政策数量所占比重远高于间接优惠。为了更好地支持和鼓励更多的企业开展技术创新，广东应加大间接优惠手段的使用力度。

（三）金融政策存在的不足

1. 区域资本市场对战略性新兴产业与金融相融合的引导较弱

不同类型的产业资本与金融资本的融合需要倚靠的平台不一样，战略性新兴产业需要知识产权交易市场、股权交易市场以及其他要素市场紧密互动，共同构筑区域立体多层次的资本市场。目前广东省的区域资本市场的结构和机制还不成熟，金融资产不能通过市场体系在各个产业之间进行合理配置。

2. 商业银行针对战略性新兴产业的相关服务机制尚未形成

商业银行普遍缺少满足战略性新兴产业风险特征和需求的服务渠道、服务产品、管理工具，相关的知识产权质押、科技担保、科技企业信用评级等配套保障机制不完善，商业银行的科技银行功能发育迟缓。

3. 消费信贷对战略性新兴产业消费拉动乏力

广东省战略性新兴产业市场的启动和推广措施中财政补贴手段居多，金融手段较少。例如在三网融合市场推广中，互联网金融的推动作用不大；在新能源汽车市场推广中，电动汽车金融业务基本上是一片空白；在新能源与节能环保产业中，消费信贷在民用LED市场推广的成功案例还很少[①]。

第二节 推进广东新兴产业发展的制度环境建设

一、加强顶层设计，统筹规划新兴产业发展

（一）科学规划、政策引导，构建新兴产业政策体系

以国际视野和战略思维，结合广东省的产业基础、技术优势、市场需求以及战略定位，在科学预测与谨慎选择的基础上，加快制定和实施《战略性新兴产业发展规划》，确定具体时间段内每一种战略性新兴产业的发展方向和发展目标，以及为达到目标所要采取的具体政策和做法。同时，要把战

---

① 夏喆，王晓东：《广州市战略性新兴产业发展的金融支持政策研究》，《科技管理研究》，2014年24期，37-40页。

略性新兴产业的发展规划及时纳入"珠三角规划纲要""十三五规划"以及"现代产业体系规划",及时、全面、系统的推进战略性新兴产业在广东省的发展。

为实现战略规划,可以在广东省成立战略性新兴产业发展的专门领导组织机构,明确责任,协调全省的科学、科研力量进行攻关;协调各部门以及重点企业的分工协作,把项目落实,实现产业化;协调市场化运作发展,推进配套产业的同步进行。通过专门的领导组织机构,协调各部门联合构建战略性新兴产业发展的扶持政策体系,制订和完善财政、税收、金融、信贷、人才等方面的优惠政策,真正实现政策的激励、引导和协调功能。

建立官方的科技和产业发展信息公用数据库,跟踪世界先进国家和地区的科技和产业发展动态,预测全球市场消费趋势,引导产业界的技术发展目标和走向,推动战略产业的技术进步与发展,并根据技术进步与消费预测适时动态地调整战略产业目录。

准确把握国际科技和产业发展的大趋势,是各国各地区政府正确选择战略技术及制定产业发展战略的前提。特别值得关注的是,西方国家的战略技术及战略产业选择正在发生重大的变化,技术发展预测与市场发展预测日益结合,技术选择与其产业发展日益结合,而且重视对竞争对手的预测。因此,广东有必要组织专门力量建立自己的科技和产业发展信息数据库,跟踪世界先进国家和地区的科技和产业发展动态,预测全球市场消费趋势,定期发布关键技术报告,引导产业界的技术发展目标和走向,推动战略产业的技术进步与发展,在此基础上,根据技术进步与消费趋势适时动态地调整战略技术及产业发展目录,从而使广东的产业发展方向与世界先进潮流保持一致。

战略产业的选择和发展,必须与政府、学术界、产业界达成共识,社会各方力量共同支持和参与,尤其应得到产业界的认可。因此,舆论的引导和宣传显得十分重要,要大力宣传广东发展战略产业的紧迫性和战略意义,阐明发展战略产业对推动广东经济、社会发展的巨大效益,形成发展战略产业的良好舆论氛围。在此基础上，综合运用财政、金融、税收等政策的杠杆作用，制定配套的引导社会力量投资战略技术研发及战略产业的各项激励政策，鼓励和促进战略产业的发展。

（二）打破条块分割，转变政府职能，促进新兴产业快速发展

随着技术的融合和产业的相互渗透，针对某些战略技术及产业（如数字内容信息产业、文化产业等）的发展趋势，现有的管理和经营体制已不能适应甚至阻碍技术进步和产业发展，政府有必要顺应潮流，通过体制改革和创新，打破地区、部门、行业、所有制界限，打破条块分割和市场壁垒，规范和调整各种管理和市场行为，以深化体制改革转变政府职能，从战略高度促进新兴产业在广东的快速成长。

二、推进体制机制创新，消除新兴产业发展障碍

贯彻科技体制及其相关体制改革要求，对制约和阻碍创新驱动发展战略贯彻落实，制约和阻碍"双创"环境优化制约和阻碍提高科技资金绩效，制约和阻碍科技成果转化等体制机制性问题，要及时反映，推动破除制约创新的体制机制障碍。要关注影响科技创新的深层次问题，关注创新中出现的新情况新问题，推动完善科技制度和深化改革，促进形成新的制度或规定。

（一）着力建立完善科技管理和运行机制

1. 完善制度环境

首先，构建高效的宏观科技政策管理体系和市场化社会服务体系，延伸政府的社会服务和管理功能，积极发挥政府的政策导向作用，根据创新的需要，政府的行为需要从管制手段转到市场手段。随着区域创新系统不断地发展，政府的干预就需要进一步的转化为服务性质，以服务为根本特性的新型政府能够把有利的因素引入到系统内，把不利的因素排除于系统之外。

2. 提升区域科技创新能力

一方面，应该增加政府财政对于科技的投入，聚焦于有限的目标，对用

于原始创新、集成创新以及引进消化吸收再创新的资源进行合理的配置。改进资金的投入机制和模式,使政府创新资源的导向作用得到充分的发挥。保证用于科技进步的财政经费年增长幅度比财政收入的年增长幅度高,并通过贴息、贷款、产业化服务以及担保等各种方式发挥政府投入的导向作用,鼓励银行加大间接融资和金融服务,以扩大社会资金的投入。

另一方面,国内外经验表明,当产业群围绕着大学或科研机构集中地时发展最有效率。因此,政府的重要职能之一就是加大对大学和科研机构以及其他与高新产业发展有关的专项基础设施的投资,调整财政性科技投入的结构,同时加大政府采购的力度,积极为区域创新搭建平台,通过政策将科研院所和高等院校的力量引入到企业中来,与企业共同建立技术开发实体;以课题或项目为纽带,使产学研进行结合,帮助企业解决技术难题;围绕着产品,面向市场,积极推进科技成果的转化;培育技术创新示范企业,并支持他们参与实施行业、地方以及国家的技术创新计划项目,以提高示范企业培养和吸引创新人才的能力。除了普通意义上的财政补贴、税务优惠以及科研投入等创新资金的支持外,政府激励区域创新活力的一大要点在于积极推动区域内的企业或产业创新战略联盟的形成,引导区域内的企业进行技术创新合作。因为各个企业都是一个独立的经济实体,在进行创新技术交流时常常会存在一定程度的障碍。这种情况下需要由政府来推动和引导区域内企业的资源和创新要素的整合。因此,政府要推动建立起与纯粹的一体化关系或者纯粹外部市场关系不同的新型关系,以形成互相交叉、互相融合的外部网络,调动企业创新活力,针对特定的、共有的技术难题,整合力量,共同攻关,提升区域创新系统的竞争力。

3. 改善政府服务功能

当前政府干预对科技创新活动的总体影响是消极的。但这并不能完全否定政府在科技创新活动中的地位和作用,只能说政府的行为在市场经济活动中还有许多需要改善的方面。政府并非创新主体,但却是推动科技创新的重要力量。积极高效的政府服务能够极大的推动新兴产业的发展。

（二）加强财税金融体制创新

1. 创建良性金融生态环境

广东应警惕泡沫式战略性新兴产业发展之路，发挥政府主导性要因地制宜，信贷倾斜、利率优惠、政府补贴要适度，应与市场型金融资源配置相平衡，优胜劣汰，不盲目为大规模大建设而投资，创建良性金融生态环境。

为此广东省应着力改变政府职能，建设服务性政府。尊重市场经济规律，建设公平公正公开的投融资环境，让金融价格机制去调节资金的流动。政府还应构建社会信用体系，通过政府的公信力去优化信用环境，提高融资主体违约的成本，严厉打击金融投机行为，让社会公信力量去平衡战略性新兴产业的得与失，走良性持续发展之路[①]。

完善金融扶持体系，主要通过各种金融工具，提供给创新型企业一个好的融资环境。加强政策性金融支持，激励商业银行信贷，积极鼓励和引导社会资金建立中小企业信用担保机构，探索多种担保方式，弥补中小企业担保抵押物不足的问题。同时应该加大企业研发投入的税收激励政策，并健全创业风险投资政策。

2. 完善政府财税支持机制

首先，构建符合广东省战略性新兴产业发展周期的分层次，结构性的财税体系。对推动制定产业发展的风险投资和并购投资等资本运作行为减免税收的优惠，以此鼓励社会资本进入战略性新兴产业领域，对科技型中小企业进行税收优惠，鼓励更多在针对性领域活跃的企业进行深入开拓；对于传统能源集约型、资源集约型和不符合"两型社会"（资源节约型社会，环境友好型社会）要求的企业开征更高的环境税和资源税，以此来迫使传统企业转型，将市场更多的让与新兴产业。其次，均衡利用政府采购制度，政府采

---

① 刘湘虹：《广东战略性新兴产业发展的金融支持研究》，华南理工大学经济与贸易学院硕士论文，2014年，32页。

购制度在战略性新兴产业稳定市场尚未形成、原始积累尚未完成的初期至关重要，能够盘活企业的资金流，并为新产品的市场化运作和及时修正提供便利[①]。

其次，建立健全风险投资机制，拓宽战略产业技术研发的融资渠道。要改变风险投资领域资金供给主要依赖财政拨款、风险投资风险主要集中于政府，民间资本和境外资本规模过小、融资渠道过窄的局面。充分利用政府以外的风险承担和资金供给能力，积极促进企业、金融机构、个人外资的多元投资主体的形成，待条件成熟时，进一步向保险公司、养老基金等机构投资者开放，最终形成多渠道的风险投资资金来源。同时，针对战略技术风险大的特点，开展风险投资保险和技术转让保险业务，为风险投资业引入风险分散机制，进而拓宽并促进风险资金对战略技术研发的投入。

第三、改革财政科技投入方式，引导民间资本增加对战略技术的研发投入。利用贷款担保、贴息等多种方式，充分发挥财政资金的引导和杠杆作用。战略技术研发投入仅仅靠政府财政的直接投入是远远不够的，必须改革财政科技投入方式，发挥财政资金的引导和杠杆作用。可以采用有偿投资方式，如财政贴息、担保等政策倾斜方式，引导、拉动民间资金投入到战略技术产业的企业和项目中来。同时，以政府财政信用作为后盾提供担保，能够保证战略技术及其产业筹集到足够的资金开展研发活动。

第四，系统规划设计战略产业税收优惠政策。根据新兴产业发展的特点，尽量发挥有限税收政策资源的最大效能，实现税收资源的优化配置。一是在战略技术产业化发展的不同阶段，税收优惠的侧重点应有所不同；二是战略技术产业化进程的不同阶段所涉及的税种不同，税收优惠的具体方式也应有所区别。如对企业所得税可采取加速折旧、税项扣除、投资抵免等间接税收优惠方式，而对增值税、营业税则选择减免税、退税等直接税收优惠

---

① 汪亚青：《经济体制改革与战略性新兴产业发展研究》，《厦门特区党校学报》，2015年02期，51-54页。

方式。

三、加强软环境建设，形成高效完备的保障体系

（一）培育市场需求，完善市场规则，营造新兴产业的良好市场环境

积极为战略性新兴产业营造和培育市场需求，实行政府采购政策及新兴产品补贴政策等，扶持新兴技术企业发展，引导市场消费，减少企业技术创新及市场开发风险，促进战略技术成果产业化。同时，努力完善市场规则，促进公平竞争，特别要注重知识产权的保护与运用，在战略技术领域建立专门的专利服务和预警应对机制。适应产业发展规律，减少多头管理，给企业以宽松环境，发挥政府引导和市场推动的共同作用，促进战略性新兴产业的快速成长。

对特殊战略产业实行特殊保护政策，优先保证能源、原材料、特殊人才及交通运输的供给和便利。同时，对于本地区战略意义重大的产业实行资源准入，尤其对外资入股的比例和范围加以限制，充分利用国家有关技术壁垒及其他非关税壁垒政策对本地战略产业进行适度市场保护。

（二）加大对知识产权保护力度，保障新兴产业企业核心竞争力

建立对于科技产权保护有利的法律环境，同时提高知识产权的创造、保护、管理以及实施水平。对于侵犯知识产权的行为进行依法打击，完善知识产权的激励机制以及专利资助政策，以增加知识产权的保护力度，完善与知识产权保护相关的政策法规，对知识产权的保护环境进行优化，维护市场的经济秩序，积极推进知识产权立法，完善知识产权法律体系。积极引导企业在知识产权创造、保护、利用和扩散过程中的主体地位。建立对科技创新有利的政府采购法律制度，构建促进科技创新的风险投资法律机制，以规范科技创新行为，保障科技创新者的权益。

制定完善的知识产权保护法规体系，大力保护知识产权，打击侵害知识产权的不法行为，抵制各种商业欺诈，加大执法监管力度，切实保障和营造

公共竞争的健康市场氛围。同时，要提高新兴产业企业掌握和运用知识产权制度的水平，将知识产权的创造、占有、运用、保护纳入产品开发、生产经营、市场运作和资产管理的全过程，利用知识产权占领和扩大市场。在战略产业技术领域建立专门的专利服务和预警应对机制。实施标准战略，推动战略产业内企业抢占技术制高点，加强品牌创新和品牌保护，推进新兴产业产品的品牌带动战略。

四、加强粤港澳大湾区创新基础能力建设，聚焦关键核心技术攻关

围绕将粤港澳大湾区打造成为具有全球影响力的国际科技创新中心的战略定位，充分发挥粤港澳科技研发与产业创新优势，进一步加强大湾区基础与应用基础研究，大幅提升原始创新能力，强化重点领域关键核心技术攻关，努力建成全球科技创新高地和新兴产业重要策源地。

（一）大力加强创新基础能力建设

依托粤港澳大湾区重大科技基础设施建设基础，打造广深港澳科技创新走廊，携手香港和澳门共建综合性国家科学中心，争取国家支持集中布局建设世界一流的重大科技基础设施集群，聚焦具有国际先进水平的实验室、研发机构、科研院所、研究型大学以及顶尖科学家和高层次人才，重点开展基础研究和应用基础研究，打造原始创新的重要策源地。建立粤港澳科研协作机制，鼓励粤港澳高等院校、科研院所和企业开展合作研究。支持粤港澳高水平研究型大学和科研院所共建杰出青年人才培养基地，组建研究队，联合培养硕士和博士研究生，加速粤港澳青年人才培养。

加强粤港澳项目及平台合作，联合港澳地区科研单位，组织实施基础与应用基础研究项目，重点支持粤港澳学者在生命科学、环境科学、人工智能和智慧城市等领域开展深度合作。推进建设粤港澳联合实验室，鼓励港澳参与广东省实验室和重大科技基础设施建设，共同争取国家实验室、大科学装

置落户粤港澳大湾区。

推动粤港澳创新要素互联互通，畅通资金跨境拨付渠道，推动科研经费跨境便利使用，便利广东科研人员按需申请办理签注多次往返港澳。推进科研仪器设备通关便利，争取国家将省级新型研发机构购置的科研用仪器设备纳入享受进口税收优惠范围。加速实验室、大科学装置、大型科研仪器设备等创新资源互联互通与开放共享等。

建设粤港澳大湾区全球大数据硅谷和国际数据经济创新中心。搭建大湾区大数据、科技服务、知识产权服务、品牌和质量检测等共享平台。支持依托深圳国家基因库发起设立"一带一路"生命科技促进联盟。

（二）聚焦关键核心技术攻关

协同港澳面向重大科技领域持续攻坚，努力突破关键核心技术，抢占科技竞争和未来发展制高点，加快解决产业发展"缺芯少核"等瓶颈问题。针对重大领域的重大技术系统、重大工程、重大装备等进行系统化、全链条组织部署，如新一代人工智能、第三代半导体材料与器件、新能源汽车、智能机器人与装备制造、激光制造与增材制造、芯片、软件与计算、量子科学、脑科学与类脑研究、精准医学与干细胞、现代种业、宽带通信与新型网络、合成生物学。针对受制于人的关键核心技术、元器件、关键零部件、装备和主要依赖进口的部件装备等，进行集中攻关和重点突破。

健全以企业为主体的产学研一体化创新机制，推动技术与产业发展的无缝对接，让科技成果转化为现实生产力。支持粤港澳企业、科研机构参与国际科技创新合作，与发达国家和地区合作建立国际产学研创新联盟，设立全球领先的科学实验室和研发中心。支持企业到海外设立研发机构、创新孵化基地。实施高技术企业树标提质行动、新型研发机构高质量发展计划，鼓励企业建设产业技术研发和转化平台。

高校应当发挥学科门类齐全、科技人才聚集、基础研究厚实等独特优势，努力瞄准世界科技前沿，加强对关键共性技术、前沿引领技术、现代工程技术、颠覆性技术的攻关创新,在服务国家实现关键核心技术自主可控、牢牢掌握自主创新主动权方面担当重要责任。用好学科交融,为适应大科学、大数据、互联网时代的要求,系统调整高校学科布局,打破学科壁垒,促进学科之间、科学和技术之间、技术之间、自然科学和人文社会科学之间的交叉融合,组建国家级交叉学科群和科技攻关团队,布局一批体量容量更大、综合集成性更强的国家实验室,以学科交叉融合推动原创性、系统性、引领性研究取得突破。依托粤港澳三地教育资源优势,探索多种合作办学模式,支持共建实验室和研究中心,联合培养高层次人才,促进重点研究领域学科合作和大湾区人才的良性循环。

第三节 加快广东新兴产业发展的政策建议

一、加大财政投入,扶持新兴产业发展

(一)明确财政支持的重点领域和范围

根据广东省战略性新兴产业的发展规划,省财政部门应该明确产业的发展定位,优化产业发展布局的基础,科学界定广东省财政支持的重点领域和范围,有选择地对其中的重中之重的产业优先扶持发展,尤其针对存在的缺少自主知识产权和核心竞争力的内资大企业集团、缺少自主知识产权的关键技术和装备、缺少掌握核心技术的高层次人才,以及产业集聚不高,产业链不完善等问题,财政支出政策应重点支持解决这些战略新兴产业发展中的瓶颈问题。

(二)加大财政的科技投入,提高资金全使用效率

科研投入是科技进步和技术创新的必要条件,广东省政府应大幅提高对战略性新兴产业研发的投入,把发展新兴产业的科技投入作为预算保障的重

点，确保财政科技投入稳定增长，全省财政科技投入占财政总支出的比例逐年提高；确保资金投入不成为制约其发展的因素，注重财政资金的投入方式和使用。

财政补贴在助力战略性新兴产业发展的同时，更应该起到引导作用，使企业意识到科技进步和创新的重要性。为此，首先财政资金应该优先投向产业的关键领域，优先支持关键技术的发展。其次，政府应该灵活支配财政资金，在对产业提供普遍资金扶持的同时，将财政补贴资金和企业的科研成果挂钩。另外，政府应该加强对企业获得的财政资金的监督，规定政府拨付的科研资金不得用于一般的生产经营活动，只能用在技术开发方面，并制定一套切实可行的约束方案[①]。设立战略性新兴产业发展专项资金，并将高新技术产业发展专项资金、产学研专项资金、技术研究与开发资金、技术创新资金等专项资金向战略性新兴产业领域倾斜，用于新兴产业关键技术突破研发、重大投资项目配套、新兴产业基地建设、创新成果产业化、重大创新平台建设、标准制定等，培育壮大新兴产业。

二、加强扶持力度，完善新兴产业投融资体系

完善的投融资体系是加快新兴产业发展的重要手段，广东省应在原有投融资体系的基础上，进一步完善、提升，建立起适合新兴产业发展的高效投融资体系。

首先，加强新兴产业的金融支持服务。积极推动科技资本市场建设，加大对自主创新与高新技术产业化的支持力度。争取国家有关政策性金融机构向省内战略性新兴行业发放软贷款用于项目的参股投资，对广东省战略性新兴产业发展所需核心技术和关键设备的引进提供融资支持。利用专项资金、贴息、担保等方式，引导各类商业金融机构对重点项目积极给予信贷支持。

---

① 张淑欣：《支持战略性新兴产业发展的财税政策完善路径》，《合作经济与科技》，2012年21期，94-95页。

鼓励政策性银行、商业银行和其他金融机构开展知识产权质押业务。大力推动科技保险创新发展，支持保险公司开发与经营新兴产业产品研发责任保险、出口信用保险、营业中断保险等险种。

第二，加快完善战略性新兴产业的创业投资体系。设立创业投资引导专项资金，通过参股、融资担保、提供配套投资和奖励等方式，吸引国内外、境内外资金、社会资金来广东开展新兴产业的创业投资业务。鼓励国内外、境内外创业投资机构特别是国际投资机构来广东设立创业投资公司或直接投资新兴产业项目。

第三，建立和完善新兴产业的信用担保体系。推动形成省、市两级中小企业融资担保体系，支持担保机构为战略性新兴产业和企业自主创新项目提供担保，健全财政资金对融资担保机构的风险准备金补助机制。建立担保机构的资本金补充和多层次风险分担机制。积极推动有实力的担保机构开展再担保、互助性担保业务。通过引入国家开发银行软贷款等形式，增强商业性担保机构的担保能力。积极鼓励社会资金和外资开展担保业务。

第四，优先支持战略性新兴产业的龙头企业上市和发行债券。支持战略性新兴产业的龙头企业通过上市和发行债券，进一步拓宽融资渠道，加快发展。积极推动重点龙头企业进行资产重组、股份制改造设立股份公司，大力支持符合条件的重点龙头企业在境内外上市。

三、培养和引进相结合，培育新兴产业创新人才队伍

针对战略技术选择和战略性新兴产业发展制定合理的人才规划，广东应加快新兴产业的人力资源建设。

首先，加大机制创新和资金扶持力度，为战略性新兴产业培育和储备一大批专业人才。充分发挥教育资源的优势，引导高校进行相应的专业调整和设置，建立一套行之有效的创新人才培养机制，重点培养战略性新兴产业重点领域发展需要的工程技术人才和综合型管理人才。通过项目资助方式、培

训费用共担等方式，加大政府财政投入，加快培养一批技术创新拔尖人才和创新团队。

其次，积极引进各类创新人才。重点引进高层次创新人才。支持重大项目发展所需的人才引进，将引进项目与引进人才相结合，以项目资助带动人才引进。统筹设立广东省战略性新兴产业人才发展专项资金，主要用于资助引进高层次创新人才以及重点新兴产业领域紧缺人才的培训、培养。对重点培养和引进的高层次人才给予专项资助，并提供科研条件和居住、生活便利。切实做好符合条件创新人才的配偶入户、就业推荐和子女入户、入学工作。

第三，完善战略性新兴产业人才奖励激励机制。战略性新兴产业人才可以其专利、发明、技术、资金等要素投资入股并参与分配，分配比例由受益单位与本人协商确定。提高科技奖励标准，重奖对我市战略性新兴产业发展做出重大贡献的企业家、科技人员和组织。

最后，注重保护科技创新中的新生事物，注重保护科技人员的创新性和积极性，注重维护科研人员的合法权益，推动完善保障和激励创新的分配制度。对突破原有制度或规定，但符合科技创新大会精神，有利于提升科技创新能力，有利于科技创新目标实现，有利于推动科技成果转化，有利于为经济发展注入新动力，有利于促进经济社会协调发展，有利于保障国家安全的创新举措，要予以支持，鼓励探索。要积极发现破解科技创新难题的好做法好经验，促进总结和推广。

四、加快创新载体和平台建设，强化新兴产业自主创新体系

通过强化战略性新兴产业基地建设、加强公共技术创新平台和资源共享平台建设以及支持新兴产业的科技中介服务机构发展，加快企业创新载体和平台建设，打造粤港澳大湾区高水平科技创新载体和平台，优化区域自主创

新体系。

首先，强化战略性新兴产业基地建设。整合现有各类先进制造业、现代服务业以及高新技术产业基地资源，推进战略性新兴产业基地的建设，拓展战略性新兴产业基地的发展空间，形成具有一定影响力、竞争力的战略性新兴产业基地。通过加强产业基地的孵化器、创业服务平台建设，进一步完善基地内部的自主创新体系和能力。

其次，加强公共技术创新平台和资源共享平台建设。围绕我省战略性新兴产业重点领域，规划和建设一批共性和关键技术创新平台、自主创新平台，如共享的生物实验室、公共软件开发和测试平台等，建立比较完善的公共技术服务体系。支持和培育一批国家级和省级重点实验室，争取承接国家科技基础条件平台建设规划的地方布点。支持科技文献、信息资源、成果转化公共服务平台。建立和完善高新技术公共技术创新平台和资源共享平台向企业和社会开放共享的体制机制。

第三，支持新兴产业的科技中介服务机构发展。鼓励发展与战略性新兴产业技术成果转化相关的科技中介服务机构。加快培育一批科技中介服务机构，建设市场化、社会化、网络化的科技中介服务体系。支持科技中介服务机构服务能力建设，提升科技中介机构服务能力和水平。发展区域性技术产权交易市场，积极对接区域性、全国性产权交易网络，实现资源共享、信息联网。构建社会化、网络化生产力促进中心服务体系，引导其向专业化、规模化和规范化方向发展，为战略性新兴产业技术成果转化提供专业化服务。

第四，加强企业研发机构和创新平台建设，构建科技企业孵化育成体系。通过财税、金融、投资等政策，推动企业特别是重点龙头企业建立国家级或省级的技术中心、工程中心、工程实验室等研究开发机构，提高科研成果的工程化与系统集成能力。通过企业技术创新平台水平的不断提升和完善，促进创新人才、项目、资金、设施、信息等各类创新要素的集群集聚，进而推动整个行业的集聚发展，形成区域性新兴行业的技术创新、质量技术标准和检验检测、融资担保、信息服务、物流配送、人员培训等平台，推动新兴产业的整体提升。

第五，打造粤港澳大湾区高水平科技创新载体和平台。推动建设"广州—深圳—香港—澳门"科技创新走廊，以沿线的科技（学）城、高新区、高技术产业基地等创新载体建设为抓手，打造创新要素流动畅通、科技设施联通、创新链条融通的跨境合作平台。推进国家自主创新示范区建设，有序开展国家高新区扩容，将高新区建设成为区域创新的重要节点和产业高端化发展的重要基地。推动珠三角九市军民融合创新发展，支持创建军民融合创新示范区，支持广东国防科技工业技术成果产业化应用推广中心建设。支持港深创新及科技园、中新广州知识城、南沙庆盛科技创新产业基地、横琴粤澳合作中医药科技产业园等重大创新载体建设。支持香港物流及供应链管理应用技术、纺织及成衣、资讯及通信技术、汽车零部件、纳米及先进材料等五大研发中心以及香港科学园、香港数码港建设。支持澳门中医药科技产业发展平台建设。

五、依托龙头企业和产业集聚优势，建设新兴产业集群

通过充分发挥现有产业集聚优势，利用龙头企业的扩散带动效应，引导新兴产业相关企业聚集发展，形成以龙头企业为核心，优势明显、布局合理的战略性新兴产业集聚群。

首先，引进和培育龙头企业，形成产业集聚原动力。重点扶持关系产业全局的战略性新兴产业重大项目和重点企业，争取尽快培育一批实力强、规模大、关联度高、辐射力强的新兴产业龙头企业。通过充分发挥龙头企业的扩散带动效应，发展一批新兴产业相关企业聚集发展，形成新的战略性新兴产业集聚群。

其次，依托现有产业集聚优势和布局，形成产业集聚群。依托广州和深圳两个国家创新型城市构建"广佛创新圈"和"深港创新圈"，形成研发

创新轴上的两个核心,以及东莞、佛山创新后台服务基地,整合国内外创新资源,以新技术带动形成新兴先导产业,形成辐射带动全省的"创新源"和"动力源",推动广东成为全国战略性新兴产业发展的重要策源地。同时,突出高端制造和规模发展,依托广佛肇、深莞惠和珠中江三大经济圈,构建高端化、自主化、集成化主体产业区,集约集聚发展新兴主导产业,形成新的经济增长极,推动我省建设成为全国战略性新兴产业发展示范区和高端产业集聚地。最后,突出区域特色和配套支撑,依托东西北地区广阔的腹地以及东西两翼绵延的海岸线,发挥自然资源和区位条件优势,重点发展资源禀赋型和区位指向型新兴特色产业,形成特色产业带,为先导产业和主体产业发展提供配套服务和后台支撑,实现全省战略性新兴产业协调发展。

六、积极利用国内外创新资源,加强创新资源整合能力

通过产学研合作、组建企业技术联盟、吸引区域外龙头企业和研发中心,加强创新资源的整合能力,联合研发新兴产业的关键技术,协力打造新兴产业技术的服务平台,共同培育新兴产业的市场需求,提升新兴产业的市场环境和产业支撑体系。

首先,进一步推动产学研紧密合作。突出企业在产学研合作中的主导作用。引导和鼓励企业与高校、科研机构共建研发机构,组建多种形式的战略联盟、产学研结合的研发基地,开展产业关键共性技术研发。充分发挥广东省内高校和科研院所的创新资源优势,与国家重点高校和科研院所建立战略合作关系。鼓励高校和科研院所在科技研发、技术咨询和成果转化等方面为企业提供服务,支持企业与重点高校和科研院所建立战略合作关系。设立产学研合作资金,用于支持和鼓励企业与境内外高校、科研机构联合开展技术研发或共建研发机构,支持以企业为主体的重大产学研合作项目。

其次,支持企业组建技术联盟。引导和鼓励企业组建多种形式的技术联盟(产业联盟、行业联盟),促进企业之间、企业与高等院校和科研院所之

间的知识流动和技术转移。对依托联盟建立的第三方共性技术创新平台，以及技术联盟联合开展的科技攻关研究、行业标准研究、产品开发等，给予优先重点支持。引导战略性新兴产业的中小企业按照产业链和技术链分工加强与大型企业合作，推动各类企业协同创新、共同发展。

第三，积极吸引区域外新兴产业的龙头企业和研发中心落户广东。针对战略性新兴产业发展的重点领域，积极引进一批国外龙头企业和项目。支持鼓励跨国公司、外资企业和国内龙头企业来广东以合资、合作、独资等方式设立研发中心。积极推进区域科技创新合作，共建区域开放型创新协作体系。

七、优化粤港澳大湾区创新环境，加快实现要素资源高度自由流动

支持粤港澳在创业孵化、科技金融、成果转化、国际技术转让、科技服务业等领域开展深度合作，推动建设具有国际竞争力的科技成果转化基地。

充分发挥香港、澳门、深圳、广州等资本本市场和金融服务功能，合作构建多元化、国际化、跨区域的科技创新投融资体系。鼓励港澳在大湾区设立创投风投机构，鼓励社会资本设立科技孵化基金，推动设立粤港澳大湾区科技成果转化联合母基金，引导风险投资和天使投资投向种子期、初创期的科技企业，建立天使投资风险补偿机制。依托区域性股权交易市场，建设科技创新金融支持平台。

强化知识产权行政执法和司法保护，更好发挥广州知识产权法院、深圳知识产权法庭等机构作用，加强电子商务、进出口等重点领域和环节的知识产权保护办法，推进电子商务领域知识产权保护地方立法，建立健全大湾区知识产权纠纷多元化解决机制。建立大湾区知识产权信息交换机制和信息共享平台。加快推进中国（广州）知识产权保护中心、中国（佛山）知识产权保护中心的建设运营，支持中新广州知识城开展国家知识产权运用和保护综

合改革试验，推进珠海横琴国际知识产权交易中心和中国（南方）知识产权保护中心建设。

加快构建跨境产学研合作机制，完善科技企业孵化育成体系，推动珠三角国家科技成果转移转化示范区建设，支持设立粤港澳产学研创新联盟，完善"省部院"产学研合作机制、产学研深度融合体系，培育建设华南技术转移中心、国家技术转移南方中心等。建设企业技术需求数据库，推动科技成果与企业技术需求对接。加快建设一批面向港澳的科技企业孵化器，联合港澳共建国际科技成果孵化基地。支持掌握关键核心技术、拥有自由知识产权的港澳科技人才或团队在大湾区内地落地转化科技成果。

参考文献：

［1］袁中华．我国新兴产业发展的制度创新研究．博士论文．西南财经大学，2011．

［2］芮明杰，张琰．产业创新战略——基于网络状产业链内知识创新平台的研究．上海财经大学出版社，2009：18-20．

［3］高雪莲．新兴产业国内外研究综述．国家社科基金重大项目，2014．

［4］刘思峰，施红星，等．战略性新兴产业生长机理研究．科学出版社，2013．

［5］高雪莲．新兴产业国内外研究综述——基于新兴产业和新兴产业集群的视角．郑州轻工业学院学报（社会科学版）．2014（4）：36-42．

［6］唐宁．日本的新兴产业战略．日本研究．2006（1）：16．

［7］刘志迎．基于效率理论的高技术产业增长研究．博士论文．南京农业大学，2006．

［8］邱爽．产权创新与经济增长．博士论文．2008．

［9］刘新艳，陈圻，张新婷．创新要素对新兴产业的牵引分析．科技进步与对策，2011（24）：50-54．

[10] 罗肇鸿：高科技与产业结构升级．上海远东出版社，1998：100-133．

[11] Arrow. The Economic Implications of Learning by Doing．The Review of Economic Studies，1962，29（3）：155-173．

[12] Romer Paul．Increasing returns and long-run growth．Journal of Political Economy，1986（5）：1002．

[13] The Global Entrepreneurship Monitor．GEM 2007 Report：Entrepreneurship is Going Global｛EB/OL｝．http://www.gsom.spbu.ru/en/research/eship/projects/gem．

[14] 夏锋．新兴产业形成与发展的影响因素分析．山西青年，2016．

[15] 李光敏．创新的内涵：基于技术、经济、服务、社会四个维度．商业文化，2014．

[16] 李金华．创新的内涵特点及其实现条件．河南社会科学，2003（3）：137-139．

[17] 张银玲，邓玲．以创新推动传统产业向战略新兴产业升级．经济纵横，2013．

[18] 张银银，邓玲．创新驱动传统产业向战略性新兴产业转型升级：机理与路径．经济体制改革，2013．

[19] 曾萍，李熙．产学研合作研究综述：理论视角、合作模式与合作机制．科技管理研究，2014（22）：28-32．

[20] 付俊超．产学研合作运行机制与绩效评价研究．中国地质大学博士学位论文．2013．

[21] 王成军，王二霞．典型产学研合作模式研究及其经验借鉴．中国高校科技与产业化．2010（11）：32-34．

[22] 申俊喜．创新产学研合作视角下我国战略性新兴产业发展对策研究．科学学与科学技术管理．2012（2）：37-43

[23] 袁中华．我国新兴产业发展的制度创新研究．博士论文．西南财经大学，2011：12-13．

［24］张伯里．积极参与和推动全球经济治理．
http：//theory.people.com.cn/n/2015/1203/c49154-27884247.html

［25］马宝成，吕洪业．实现政府职能转变新常态．
World Bank. Innovation Policy-A Guide for Developing Countries.Washington D. C，2009，41．

［26］曾培炎．领导干部宏观经济管理知识读本．人民出版社，2002．

［27］邹东涛．中国经济体制改革基本经验．中国人民大学出版社，2008．

［28］苏东水．产业经济学．高等教育出版社，2010．

［29］王珺，丘海雄．珠三角产业集群发展模式与转型升级．社会科学文献出版社，2013．

［30］吕薇．区域创新驱动发展战略：制度与政策．中国发展出版社，2014．

［31］W．W罗斯托．经济增长的阶段．中国社会科学出版，2001．

［32］夏大慰．产业组织与公共政策：芝加哥学派．外国经济与管理．1999．

［33］国务院关于印发《中国制造2025》的通知．2015，5．
http：//www.gov.cn/zhengce/content/2015-05/19/content_9784.htm

［34］黑龙江省战略新兴产业的税收激励政策研究．

［35］付广军．运用税收政策促进战略性新兴产业发展．兰州商学院学报，2011（2）：1-9．

［36］财政部，国家税务总局，科技部．关于完善研究开发费用税前加计扣除政策的通知．2015．

［37］刘虹，肖美凤，唐清泉．R＆D补贴对企业R＆D支出的激励与挤出效应——基于中国上市公司数据的实证分析．经济管理．2012（4）：19-28．

［38］白志远 论政府采购政策功能在我国经济社会发展中的作用．宏观经济管理．2016，3．

［39］刘慧．促进战略性新兴产业发展的金融支持研究．硕士论文．山东大学．2014，7-9．

［40］姜棱炜．战略性新兴产业初期融资模式及其效率评价．博士论文．武

汉大学．2013，60-70．

［41］广东省统计局．2013年广东省战略性新兴产业发展情况分析．http：//www.gdstats.gov.cn/tjzl/tjfx/201408/t20140828_162315.html，2014．5，26．

［42］广东省统计局．引领企业创新 稳定工业增长——"十二五"时期广东高科技制造业运行情况．http：//www.gdstats.gov.cn/tjzl/tjfx/201611/t20161128_348984．html，2016，11，28．

［43］广东省统计局．2016年广东工业经济运行情况分析．http：//www.gdstats.gov.cn/tjzl/tjfx/201702/t20170216_355489.html，2017，2，16．

［44］中共广东省委政策研究室，广东省科技厅文件起草小组．广东创新驱动发展路线图．广东科技．2014（17）：24-30．

［45］廖晓东，郑秋生．广东省实施创新驱动发展战略的路径选择与对策研究．决策咨询．2015（3）：79—84．

［46］李振连．坚定不移实施创新驱动发展战略．南方日报．http：//news.163.com/15/0509/09/AP5O5K3B00014AED.html，2015，5，9．

［47］江湧，陈敏，刘佐菁．"五位一体"视角下的广东实施创新驱动发展战略路径研究．科学管理研究．2017（2）：46-50．

［48］广东省统计局．广东科技研发创新现状分析及思考．http：//www.gdstats.gov.cn/tjzl/tjfx/201608/t20160816_342049.html，2016，8，16．

［49］梁智昊，许守任．"十三五"新一代信息技术产业发展策略研究［J］．中国工程科学．2016（4）：32-37．

［50］广东省经济和信息化委员会，广东省发展和改革委员会．广东省"十二五"节能环保产业发展规划．

［51］广东省人民政府办公厅关于加快新能源汽车推广应用的实施意见，2016．

［52］广东省发展和改革委员会．广东省新能源汽车产业发展规划（2013-2020）．

［53］卢山．2015-2016年中国战略性新兴产业发展蓝皮书．中国电子信息产业发展研究院．

［54］巫细波．加快广州新能源汽车产业发展的对策建议．汽车工业研究．2015（1）：32-40.

［55］赵国珍．论技术创新与制度创新的和谐互动．中共浙江省委党校学报．2008（3）：118.

［56］陈裕芬．开放式创新：提升中国企业自主创新能力．科学与科学技术管理．2009（4）：82.

［57］孙品一．高校学报编辑工作现代化特征．中国高等学校自然科学学报研究会．1998（3）．

［58］广东统计信息网．http：//www.gdstats.gov.cn/default.htm

［59］广东省政府．广东省教育部产学研合作工作会议材料．2007.

［60］林永东．江门规模以上工业企业研发活动现状与思考．江门统计分析．2012（4）：25-26.

［61］伍凤平．广东省产学研合作的问题及应对策略研究．硕士论文．华南理工大学，2012：30.

［62］袁中华．我国新兴产业发展的创新研究．博士论文．西南财经大学，2011：77.

［63］陈爱雪．我国战略性新兴产业发展研究．博士论文．吉林大学，2013：174.

［64］邓菁．战略性新兴产业发展的财政逻辑．博士论文．东北财经大学，2014：72.

［65］李玲，陶峰．广东省发展战略性新兴产业的路径与政策选择．特区经济．2011（12）：32-34.

［66］闵惜琳等．广东知识产权创造激励机制研究．广东科技．2015（20）：18-20.

［67］张源，张文宋．支持广东战略性新兴产业发展的税收政策研究．财政监督．2011（28）：63-64.

［68］张源，张文宋．支持广东战略性新兴产业发展的税收政策研究．财政监督．2011（28）：63-64.

[69] 林平凡,刘城. 广东战略性新兴产业的成长条件和培育对策. 科技管理研究. 2010（20）：67-70.

[70] 黄伟华. 促进区域经济协调发展的财税政策研究——以广东省为例. 科技经济导刊. 2016（28）：218-223.

[71] 劳富顺. 促进战略性新兴产业发展的财税政策研究. 现代商业. 2013（29）：108-109.

[72] 孙宇杰等. 加大土地政策支持 促进新兴产业发展. 现代城市研究. 2012（12）：60-64，69.

[73] 尹洪英等. 加战略性新兴产业发展的金融支持政策研究. 经济研究导刊. 2016（32）：124-125.